U0925942

WOGUO CHENGXIANG RONGHE FAZHAN
JIBEN GEJU JI DIANXING XINGTAI YANJIU

我国城乡融合发展
基本格局及典型形态研究

刘俊杰 等 著

人民出版社

目　录

第一章　导　论

一、研究背景与意义

（一）研究背景与问题提出

城市化过程是区域要素从集聚到扩散，区域城乡间产业、空间、基础设施与公共服务从非均衡“极化”走向融合发展的过程，这个过程必然伴随城乡关系形态的改变。在城市化发展的不同阶段，受制于区域资源禀赋、城乡分工水平、要素流动自由化程度、技术与制度变革导向等，城乡关系形态呈现区域异质性和动态演化特征。

从绝对数量看，中国已成为世界上最大的城市化国家，2019 年城市常住人口接近 8.48 亿。我国的城市化过程经历了从人为的城乡隔离、以城市为中心向城乡统筹、一体化发展的实践探索，以此为背景的城乡关系也经历了从传统的城乡形态向新型城乡形态的转型。新型城乡形态是在破解传统城乡关系的制度安排，追求包容与协调、共享与公平发展理念的经济社会背景下，随着城乡之间要素流动、资源配置方式的历史性巨变，从城乡二元结构向城乡融合发展进程中体现出的城乡经济、社会等内部组织结构和外部空间关系的表现形态，是统筹城乡改革和探索城乡融合发展的实践模式。随着我国城乡关系的深化演进，城乡融合从基本形态到内在属性都在发生着一系列深刻的变化。站在新的历史起点，客观分析、解读新型城乡形态的理论基础、科学实践内涵，剖析新型城乡关系形态的驱动机制与建构路径，对于提升和完善统筹城乡发展的政策逻辑，促进城乡关系走向全面融合和一体化发展，全方位推动我国工业化、新型城镇化、农业现代化和信息化发展，实现“两个一百年”奋斗目标具有重要的理论和实践意义。

进入21世纪以来，我国工业化、城镇化速度以及全面建成小康社会的步伐迅速加快，目前正处于产业转型升级、国土空间优化、经济增长内生动力与创新活力形成培育的重要时期，也处于城乡二元结构不断淡化、城乡融合深入发展、新型多元化城乡形态不断形成的关键时期。深刻理解新型城镇化、城乡一体化对经济社会发展的重大意义，把握城镇化、城乡一体化蕴含的巨大机遇，研判新型城乡关系、城乡形态形成演变的新模式、新动力、新特点与新趋势，是转型期区域经济领域面对的重要研究课题。

在我国，由于自然条件、制度因素以及发展差距，城镇化、城乡融合注定是一个极其复杂的实践过程，新旧问题层出不穷。现阶段，我国城乡关系转型发展中面临一系列艰巨而复杂的问题和挑战，但当下最迫切的问题主要有三个，即城乡之间相对巨大的收入差距、基础设施与公共服务差距；资源配置进程中获取资源的机会不均等、行政壁垒和空间不平衡；城市内部隐含于城中村、棚户区等非正式空间的多层“次级二元结构”。按人口属性的空间结构看，以户籍计算，依然有三分之二左右的人口户籍在农村，而接近三分之二的人口居住在中西部地区；从城市内部看，上述具有农村户籍的大量农民工长期无法融入各级城镇，处于亦城亦村的空间流动状态，就业时属于居住在城镇的常住人口，而失业后则可能随时返回农村，变为农村人口。其中不少农民工等流动人口长期居住在城中村、棚户区，加起来约占一半的城镇常住人口，他们既无法融入城市而又不甘心返回乡村。正视城镇化高速发展中面临的以上问题，形成包容、可持续发展的新型城乡关系,是未来城镇化过程中必须解决的重大课题①。

包容发展的城乡关系为农村人口提供分享城镇化成果的均等机会,即不仅在城镇获得就业就会,积累财富和储蓄,也包括在农村范围获得同质的公共服务,创造发展机会,确保城乡间尽可能同质同量的公共服务。可持续的城乡关系是与资源环境、自然条件相适应的城镇化,即提供与城乡人口生产、消费、居住愿望相称的生活质量。改善城乡环境、优化资源利用的改革将有助于实现可持续的城乡关系。

国内外城乡融合发展经验表明,城乡融合是主动适应经济社会优化转型,实现健康、协调、可持续发展的必由之路,是推动区域经济提质增效升级和高质量发展的重要驱动力。党的十七大、十八大明确提出,推进新型城镇化、统筹城乡发展、实施城乡一体化战略是建立以工促农、以城带乡、解决"三农"问题的长效机制和根本途径,是现代化的必由之路,是最大的内需潜力所在,也是一项重要的民生工程。党的十九大更是进一步作出了建立健全城乡融合发展体制机制和政策体系和实施乡村振兴战略的重大部署。改革开放以来,在资本、产业、政策以及土地等因素综合影响下,我国初步形成了一批城乡互补融合发展的典型城乡融合形态,包括近10年互联网与农业农村全面融合形成的"淘宝镇"、"淘宝村"形态,旅游资源富集区旅游要素整合形成的城乡旅游一体化形态(桂林阳朔、恭城等),以全域规划、土地制度变革、要素流动创新为基础的以城带乡、城乡共建型新型城乡形态(成都、重庆)以及以城中村改造、优化公共服务为驱动机制的城市内部新型城乡关系形态等。

值得一提的是,近10年,随着信息化与传统产业以及城乡空间的快速融

① 2014年3月,第十二届全国人民代表大会第二次会议上,李克强总理在政府工作报告中指出,今后一个时期,我国将着重解决好现有"三个1亿人"问题:促进约1亿农业转移人口落户城镇,改造约1亿人居住的城镇棚户区和城中村,引导约1亿人在中西部地区就近城镇化。

合，一批以互联网为纽带、以智慧要素集聚为特征的城乡网络信息融合格局逐渐形成，"淘宝村"、"淘宝镇"等新型城乡融合组织形态正在改变原来的城乡要素流动及市场交易模式，这些以技术创新为动力，以工业化、农业现代化、信息化、新型城镇化高度融合为特征的新型城乡形态，在推进我国城乡融合发展、淡化城乡二元结构、充分发挥城乡比较优势、促进城乡要素流动方面的作用正在日益凸显。

毋庸置疑，由于长期的制度惯性和路径依赖，我国城乡关系发展进程中累积的矛盾和制约因素仍然不少。在这些城乡形态中既有其成功的经验，也存在一些亟待跟踪研究的问题及路径走向，如与不同区域工业化阶段相适应的城乡形态影响因素，典型城乡形态赖以形成的人口、土地、资本等要素和资源配置、产业空间组织与产业布局、产业结构特点，推动新型城乡形态形成发展的政府与市场关系，不同区域背景城乡形态发展演化趋势、新型城乡形态发展的可持续性等。因此，从城乡要素流动与配置、产业结构与空间布局、基于政府与市场关系的制度特征等三维层面，尝试对上述问题进行分析解读，寻求创新性路径，是本书基于问题导向的主要着力点。

（二）研究意义

1. 理论意义

从理论意义而言，基于产业形态、空间形态、制度形态三维互动分析视角入手，探讨新型城乡形态形成的理论基础与运行机制，一定程度拓展了城乡融合的理论研究框架。

（1）主流经济学研究城镇化、城乡关系问题时，往往将区域和城市看成是既定的，将经济分析建立在一个"没有空间维度的空中楼阁中"①。西方空间经济学在研究城乡关系、城镇化问题时，经济、社会制度和个人偏好仍然被看

① 艾萨得：《区域科学导论》，商务印书馆 1989 年版，第 13 页。

作外生给定，因而无法利用现有的理论框架来说明不同制度安排对城乡产业结构演变、空间区位选择和城乡区域经济增长的重要影响。本书将城乡融合及城乡形态问题纳入产业与空间结构转型、资源配置方式与机制体制转型的特殊背景，试图通过个案归纳与对比分析，揭示转型因素之间互动关联的基本特征，这种研究对于城乡融合理论的发展有一定探索性价值。

(2)传统城乡融合理论主要强调农村人口的向心集聚(流动)，或将城镇化片面看成是非农要素集聚、工业化发展的结果。相应的政策含义是，前者必然导致无节制的农村人口向城市转移，出现“过度城市化”，而后者则以严格的制度安排(如户籍管理)限定农村人口向城市的转移，以保证将有限资源倾斜配置于城市工业，因此不可避免地出现“滞后型城市化”。上述情况导致或加剧了工业化与城市化之间的失衡，城乡二元结构不可避免。本书把产业结构转型演进和要素集聚看成是城市化的本质属性，认为只有将城乡关系优化融合建立在基于产业结构变动引导的城乡关系发展过程中，则人口转移的城镇化、城乡融合才具有坚实的载体和可持续性。这个界定，在城乡融合理论方面是一个深化。

(3)产业发展是城乡融合的基础，产业结构演进和要素集聚不仅催生了各级各类城市，促进了城市体系形成发展，而且也在不断改变着区域城乡空间结构，形成了不同类型的城乡关系形态，在信息化、城镇化内生动力主导区域经济增长的阶段，这种互动效应尤为显著。但以往关于结构变动与城乡融合的研究过多地关注工业化对城乡关系的影响，从产业升级特别是涉及“互联网+”、现代服务业与城乡互动效应之间的作用机理研究，在城乡融合文献中尚不多见，目前仍处于观察阶段。因此，本书尝试从产业与区域互动的角度研究城乡关系形态问题，对于进一步探讨在调结构、转方式背景下城乡关系演变的最新趋势与城乡互动机理，具有一定的理论意义。

2. 现实意义

从国际产业结构变动与城乡转型的一般规律看，目前我国已进入工业反哺农业、城市支持农村新阶段，在这个阶段，数以亿计的农村人口将持续进入、融入各类城镇①，这个复杂的演进过程是融入制度变迁、结构转换、经济增长与城乡转型于一体的多元变动过程。这个过程不仅需要科学的制度安排，更需要适度超前的理论供给，而科学的理论则可以降低决策和制度供给的成本；理论与实践的结合首先是一个比较、借鉴和学习的过程，从发达国家和条件相近国家的发展过程中吸取经验与教训，然后根据中国的国情进行对比分析，才能提出可操作的政策含义。因此，探求转型期中国城乡融合演进与新型城乡形态发展的理论逻辑，特别是探讨产业融合、要素集聚及城乡分工深化之于城乡关系形态的影响，对于提供适应城乡融合快速发展中相关政策建设的参考依据，具有重要现实价值。

我国国土空间辽阔，受自然因素、历史基础等影响，各地工业化、城镇化发展阶段和推进机制具有明显区域异质性特点。揭示城乡融合进程中不同地域新型城乡形态的发展特点和有益经验，寻找城乡互动融合发展的约束瓶颈，提出改善路径与措施，推动城乡关系由传统的剥夺、对立向新型的互补融合发展，总结推广城乡融合发展的典型形态与经验，对于促进不同规模层级城市和小城镇互动协调发展，发挥不同主体功能区城市对农村的辐射带动作用，促进城镇化和新农村建设良性互动、引导非农产业和农村人口有序向小城镇集聚、实现就地创业具有重要现实意义。

总结城市化进程中城乡融合新形态，对探索缓解我国“三农”矛盾的路径具有现实意义。我国农村人地关系紧张，传统的城乡二元体制导致土地经营

① 《新型城镇化发展规划》、《国务院关于深入推进新型城镇化建设的若干意见》等明确提出：“今后一个时期，我国将着重解决现有‘三个1亿人’的城镇化问题”。

分散,难以实现规模效应,这也是"三农"矛盾的根源①。新型城镇化与新型城乡关系的发展,既有利于集约节约农村用地,促进农业适度规模经营,也可以提升城镇经济实力,进一步增强以工促农、以城带乡能力,最终实现城乡一体化包容发展。

二、基本思路与内涵界定

(一)基本思路

由于我国不同区域(特别是不同主体功能区)经济发展的初始条件、制度安排和要素禀赋存在差异,因此不同区域城乡融合发展、工业化城镇化进程中表现出的城乡关系形态和模式多种多样。产业结构演进、空间结构转型与城乡融合程度的相关性之间往往存在较大反差,这种反差在中西部地区尤为明显。

本书密切结合十七大、十八大和十九大以来我国新型城镇化、城乡融合的相关政策精神,借鉴国内外城乡融合、城乡形态形成发展的已有研究文献,把握城乡融合、城乡互动发展主要理论视角,梳理总结国内外城乡融合典型形态与城乡关系发展的经验启示。在此基础上,探讨城乡融合发展、城乡互动融合的驱动机制与重点,通过对工业化与城市化发展阶段以及不同阶段驱动机制的探讨,分析我国不同工业化阶段的城乡融合进程,同时分析评价全国不同区域(东、中、西部、东北地区)城乡融合发展与经济增长的关系,探讨城镇化、城乡转型发展的经济社会效应;分析改革开放以来尤其是20世纪90年代以来影响我国城乡融合进程的主要因素,论证我国业已形成的典型城乡融合形态;探讨我国主要城乡形态存在的主要问题的基础上,提出构建以空间形

① 目前我国拥有2.2亿个农户,农户平均土地经营规模大致8.7亩,远远达不到农业规模化经营的门槛。美国的农村劳动力平均占有耕地828亩,户均耕地面积是我们的100倍。

态、产业形态和制度形态互动耦合的新型城乡形态。研究的具体思路如图 1-1 所示。

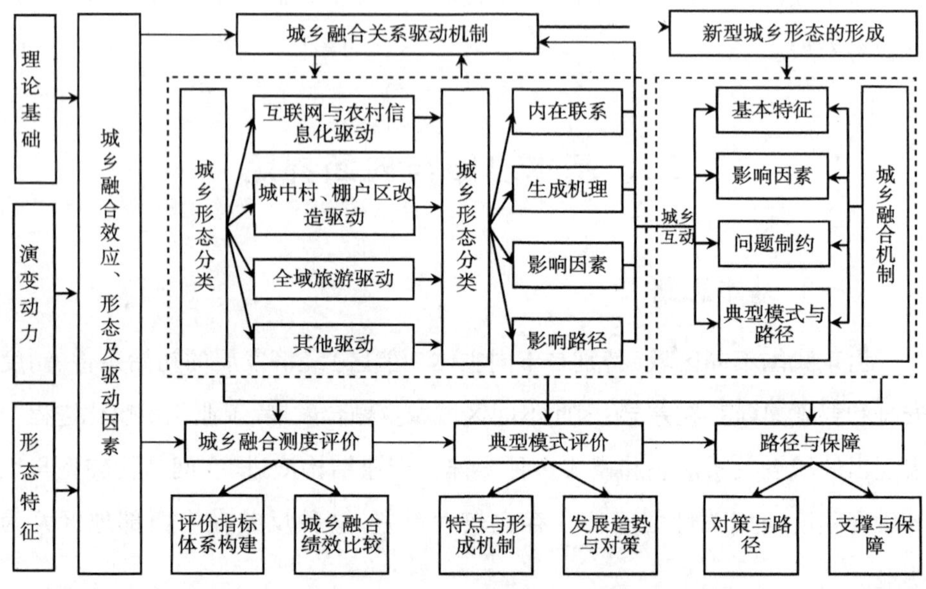

图 1-1 城乡融合进程中的新型城乡形态研究基本思路

（二）内涵界定

1. 新型城镇化

不同阶段的产业与地域分工，在不同的制度安排、资源配置背景下形成具有不同内涵的城镇化属性。传统意义的城镇化，一般指以资源和要素优先向城镇集聚为特征，形成城市优先发展、农村支援城市、城乡二元结构突出的空间格局。而新型城镇化以城乡协调、互补发展、包容共享为特征。不同层次城市的人口规模得到合理调节，中小城市对要素的吸引能力显著增强，以人的城镇化为核心的城镇化质量逐渐提升。创新、协调、绿色、开放、共享的新发展理念成为新型城乡关系与城镇化演进的核心价值追求。新型城镇化以人的城镇化、以民生改善、以城乡空间功能优化为核心。新型城镇化将着力淡化人口的户籍身份，提高常住人口及流动人口深度融入各级各类城市和城镇的比率，将城乡基本公共服务均等化作为新型城乡关系的切入点，“更加注重环境宜居和历史文脉传承，更加注重提升人民群众获得感和幸福感”①。在我国经济发展进入新常态，调整产业结构、转变发展方式、城乡融合进程中，新型城镇化是实现“两个一百年”奋斗目标、建立现代文明社会的必由之路，也是充分发掘我国经济增长的内需潜力，形成新的驱动机制和发展动能的现实所在。

2. 城乡融合

城乡之间以各级各类小城镇为节点或纽带，形成相互依托、互惠互利、相互促进、包容发展、共同繁荣的新型城乡关系，是城乡之间从传统的二元结构转向一元化发展的新阶段。城乡融合就是要把连接城乡的一二三产业、不同规模城市（镇）与乡村、城镇人口与农村人口作为一个有机整体，统筹部署、综合研究，通过整合各类资源、创新制度安排，实现城乡规划建设、要素分工流动、产业互补协同、基础设施共建共享、公共服务互联互通、生态环境不断改善等方面的一体化，让农村人口与城镇居民享受相对均衡的文明和实惠，促进不同区域城乡经济社会步入协调健康发展的轨迹。城乡融合是一个综合系统的融合发展，既包括收入分配、要素流动、产业组织与产业结构、经济绩效等经济指标，也包括文明进程、利益冲突、生活方式、生态环境、公共服务、制度安排等综合指标。

综上可以认为，城乡融合是指城市与乡村这两个不同特质的经济社会单元和人类聚落空间，随着分工与要素流动的日益深化，从初始的相对隔绝状态逐步走向相互依存、协同互动与融合共生的过程。城乡融合是城乡关系的最高境界。

---

① 《习近平总书记系列重要讲话读本（2016 年版）》，学习出版社、人民出版社 2016 年版，第 161 页。

3. 城乡形态

从发生学角度看，城市和乡村在产业特征、资源禀赋、空间景观、治理模式等方面具有异质性，资源配置制度与治理模式的演进、工业化发展导致的产业和空间分工深化，使得城市和乡村在不同阶段形成与工业化水平相对应的形态特征。当一国或地区工业化、城市化达到一定程度之后，城乡之间的融合和一体化发展成为新的趋势，由此导致新型城乡关系形态的出现。狭义的城乡形态主要指城乡产业、景观、空间格局等有形的物理或几何形态；广义而言，城乡形态既包括有形的物质、景观形态，也包括无形的制度、文化等非物质形态。前者主要包括城乡区域内产业空间布局形式、城乡用地外部几何形态、城乡区域内各种功能地域分异格局等，后者包括城乡区域内社会、文化公共服务等各无形要素的空间分布形式。显然，狭义的城乡关系形态是城乡区域无形形态的表象形式。与城乡关系形状、形式内涵不同，城乡形态是城市化、城乡融合进程中城乡关系形式、结构、功能演进和发展的综合反映，是物质的空间景观、抽象的非经济因素和治理机制有机联系的结果。

改革开放以来特别是近20年，中国进入一个快速城市化过程，这一过程伴随城乡间区域经济与社会结构从多元异质性向一体化目标的重构。在城乡融合发展进程中，同成熟市场经济体相比，中国城乡形态的变化，从历史路径、驱动机制到实体环境都显示出转型经济体特色，其制度转型的导向性、利益博弈的复杂性与实践模式的多样性对城乡关系形态的理论与案例研究具有十分特殊的价值。在经济发展进入新常态、着力推进供给侧结构性改革以及新型城镇化、城乡统筹发展背景下，我国不同区域城乡间要素流动与重组、产业联系与结构演变、空间地域功能和演进机理出现新的特点。这种新型而复杂的城乡融合发展过程也必然通过一定的外在形式反映出来，从而表现出特有的城乡关系形态特征。

第二章 城乡融合形态研究的理论基础

城乡融合涉及城乡关系的多个层面，包括城乡之间经济社会、环境生态、景观空间、治理机制等，因此学术界对城乡融合研究的理论视角也有所不同。梳理以往研究的理论成果，既包括以田园城市、生态城市为内涵的发展模式，也包括基于价格机制、分工拓展和比较优势出发的空间资源配置理论；既包括从核心要素流动视角出发归纳城乡演化进程的人口流动理论、土地流转理论，也包括从规划与景观视角出发的全域规划理论等。20 世纪以来，随着全球城镇化、城乡一体化进程的多层次推进，国内外城乡融合理论也呈现蓬勃发展态势。中国正处在城市化进程快速推进的阶段，梳理城乡融合理论内涵及其演变，认真研究和借鉴国内外城乡融合理论的内涵和精华，对把握我国城乡融合发展的逻辑和路径具有重要指导意义。

一、西方城乡融合理论及其模式的演进

西方城乡融合发展理论起源于圣西门、傅立叶、欧文等空想社会主义理论和早期的城市规划思想。霍华德（Ebenezer Howard，1898）、赖特的理论从城市规划的角度体现规划对促进城乡融合发展的重要性，其中田园城市、区域整

体规划理论主张城乡之间应有机、协调发展。恩格斯从分工深化视角出发，强调以分工消除空间隔离，实现城乡融合；通过生产教育、变换工种、利益共享，推动城乡居民全面发展①。芒福德（Lewis Mumford）则认为，作为区域空间组成的城市与乡村，在发展进程中应当有机结合在一起，不能截然分开，两者对区域同等重要。如果一定要作出选择，只能说相比人工环境，自然环境更有价值。虽然部分学者认为城乡结合更为重要，但未成为主流意识，二元结构理论的提出是城乡关系研究的转折点，成为城市偏向的理论策源地（Arthur Lewis，1954）。

20 世纪 50 年代以来，随着一批发展中国家工业化、城市化进程的明显加快，基于城乡间人口、资本、土地、空间格局等变化的实证与理论研究风生水起。从“刘易斯—拉尼斯—费景汉”模型开始，城乡关系理论研究发生了某种“回归”，在 80 年代中后期影响逐渐扩大。区域经济学、发展经济学、经济地理学等领域的相关学者率先观察、研究城乡分割和城市化、工业化偏向的政策及空间效应，如利普顿对“城市偏向”的研究（Lipton，1977），弗里德曼和道格拉斯的“乡村城市”发展战略（Friedmann John，Douglass Mike，1975）等。发展中国家城乡联系、协调发展的理论模型、政策主张相继被提出，如朗迪勒里的“次级城市发展战略”（Rondinell，Dennnis A.，1983），麦吉提出的“desakota”模型（McGee，1989），道格拉斯的区域网络模型（Douglass，1998a，1998b）等理论。有关城乡统筹发展重点理论如表 2-1 所示。

表 2-1　城乡融合发展重点理论简介

时间	代表人物及理论模型	理论内容
20 世纪 50 年代至 70 年代	“刘易斯—拉尼斯—费景汉”模型	从动态角度研究农业和工业均衡增长理论模型。认为“城市—工业”率先发展是推进区域现代化和向城市文明主导的社会转化的先决条件；比较利益、分工深化驱动大量劳动力从农业转移到城市非农部门。因而城市掠夺农村要素理所当然。工业化过程中，忽视农业而不断向工业转移资源的结果将造成农产品总供给的结构性短缺，粮食问题不可避免。

① 淮建峰：《国外城乡统筹发展理论研究综述》，《科技创新导报》2007 年第 14 期。

续表

时间	代表人物及理论模型	理论内容
20世纪50年代至70年代	托达罗模型①	农村劳动力流入城市是一种理性选择的经济现象,农村劳动力向心(中心城市)集聚的驱动力在于预期的城乡收入梯度差,这种差异与流入中心地的人口规模成正比。迁移者在现代部门就业的概率与城市失业人数成反比。该模型过于强调对城市工业部门的投资,对农业部门重视不够,是导致发展中国家农业相对落后的主要原因。
	佩鲁"增长极"理论②	国家或区域经济非均衡发展是一种常态。经济增长和高资源配置效率通常始于一个或数个"增长中心",这些增长中心率先崛起并实现大规模要素集聚后,规模报酬逐渐从递增向边际递减转换,扩散效应向其他部门或周边地区传导。后发经济体工业化初期可通过中心城市或优势区位倾斜投资于资本密集型工业刺激当地经济增长,当增长达到一定程度后再通过"涓滴效应"辐射扩散到非优势产业或边缘化乡村地区,是一种"自上而下"的区域发展动力机制和政策导向。
20世纪70年代至80年代	利普顿对"城市偏向"的研究③	工业化初期,政府通常采用城乡之间非均衡的产业和区域政策,为促进区域增长和资源集中配置,一般会制定有利于城市亦即城市偏向的价格政策和支出政策,从而导致城乡之间福利差距趋于扩大。发展中国家城乡关系的实质在于通过"城市偏向"的非均衡区域政策使各类要素和资源流入利益主导的核心区。这种资源配置的结果必然制约乡村发展,导致城乡差距扩大,同时也引起农村内部发展的不平等。
	弗里德曼和道格拉斯的"乡村城市"发展战略④	强调通过合理的城乡联系在全国范围建立经济与社会均衡发展的乡村城市发展格局。主张通过国家或区域内部多层次的城乡要素关联,促进乡村发展的良好效果。

① 高帆:《二元经济结构理论最新研究进展》,《经济学动态》2003年第9期。

② [法]佩鲁:《新发展观》,张宁等译,华夏出版社1987年版。

③ Lipton, Michael, *Why Poor People Stay Poor: Urban Bias in World Development*, Harvard University Press, 1977.

④ Friedmann John, Douglass Mike, *Agropolitan Development: Towards a New Strategy for Regional Planning in Asia*, University of California, Los Angeles, 1978.

续表

时间	代表人物及理论模型	理论内容
20 世纪 80 年代至 90 年代	朗迪勒里"次级城市发展战略"①	认为城市的规模等级结构决定发展成败,建立一个完整、分散的次级城市体系,是加强城乡联系,特别是农村和小城市间的联系,促进发展中国家和区域全面协调发展的关键。
	施特尔和泰勒"选择性空间封闭"发展理论	认为以"自上而下"的统一规划为导向推进区域发展的实践并没有收到应有效果的情况下,需要反思和变革;提倡基于民间资本导向的"自下而上"发展模式,即发展劳动密集、小规模、以农业为中心的产业,重视适用而不是最高技术产业的发展。优先考虑地域"自主性模式",即采用不同层次的"选择性空间封闭"模式,把某些集中决策权分散到按地域组织的单元,激励不同区域最大限度发挥其潜在优势。
20 世纪 90 年代以来	麦吉的"desakota"模式②	亚洲许多区域在工业化进程中出现"城市与乡村界限日渐模糊,农业活动与非农业活动紧密联系,城市用地与乡村用地相互混杂的"空间交错融合形态。这种趋于融合发展的城乡形态是城市化的拉力和农村工业化的推力交互作用形成的产物,其最终发展趋势是城乡一体化。

(一) 田园城市理论

20 世纪,英国著名城市学家、风景规划与设计师,英国"田园城市"理念与模式创立者埃比尼泽·霍华德③,在其《明日的田园城市》一书中提出变革工

① Rondinell, Dennnis A., *Secondary Cities in Developing Countries: Policies for Diffusing Urbanization*, Sage Publications, Beverly Hills, 1983.

② McGee T. G., *Labor Force Change and Mobility in the Extended Metropotitan Regions of Asia*, In Roland Fuchs eds, Mega-City Growth and the Future, UN: University Press, 1994, pp. 62-102.

③ 19 世纪末,霍华德目睹了工业化给英国城市面貌和城市生活带来的重大变化,考察了城市空间无序扩张产生的诸多问题,如伦敦、曼彻斯特、纽约等大都市出现的人口过度集聚、喧嚣和环境污染、罢工、奢侈和贫困的悬殊对比等景象。这些城市问题引起社会广泛关注,城乡发展何去何从困扰着那个年代几乎所有的人。在此背景下,伦敦政府授权霍华德进行城市调查并提出整治方案。《明日的田园城市》(*Garden Cities of Tomorrow*)对全球城乡一体化发展社会变革、理念导向和城乡统筹规划实践的影响延续至今。

业革命导致的大城市过度发展弊端，他从社会进步、人地关系协调角度出发提出建设新型田园城市的理论设想。

1. 理论要点

霍华德基于对过度工业化导致的人地关系问题的反思，认为城市和乡村各有其优点和缺点，城乡分离将永远无法解决城市和乡村各自出现的诸多问题，提出城乡融合发展思路，试图用城乡一体的社会经济结构形态取代传统的城乡分离格局。以健康生活为理念进行产业布局和设计土地利用结构的"田园城市"，其规模边界以多元生活、方便闲适为约束条件，大小适中；城镇外围被乡村覆盖，土地归公众所有，或托付专人为社区代管。可见，霍华德的田园城市理论并不单纯追求形式或景观的现实实用主义，实质上是一种对产业组织、社会生活空间的改良，亦即，是一种对社会发展起重要影响的城市景观、城乡有机系统的总体愿景规划，他从区域功能定位、社会结构、空间组织、运作机制、管理模式以及发展目标等方面进行了系统化设计。

他认为，"城市和乡村必须成婚，这种愉快的结合将迸发出新的希望、新的生活、新的文明"。"田园城市"将成为一个融生动活泼的城市生活和美丽、愉悦的乡村环境为一体的"磁体"。随着时间的推移，"田园城市"从空间形态将形成一组城市群体，他把这个城市群体称为"社会城市"。这个空间结构既考虑了城市与城市的关系，也兼顾了影响区域要素流动、资源配置的城乡空间的优化。①

霍华德的"田园城市"设想并不是单纯关注城市内部结构和空间布局，不同于一般简单化的城市设计，而是倡导通过充分认识人们生活的环境，全面规划城市空间，并建立职能明晰的城市管理机构，以可行的投资回报机制来实现城乡融合和协调发展的价值理念。强调"自然之美，社会公正，城乡一体"。

① ［英］埃比尼泽·霍华德：《明日的田园城市》，金经元译，商务印书馆 2010 年版，第 13—15 页。

田园城市理论及其实践，对于阻止大城市蔓延式扩张、追求城市化功能和质量，突出关心人民利益、以人为本、强调城乡融合的空间发展理念具有极大的超前性和价值导向，被其后的规划界誉为“现代城市规划的开端”。

2. 田园城市的空间形态

在“田园城市”的空间设计中，霍华德把城市分成六个扇形地区，建成区空间平面呈圆形，分别有六条主干道路均匀地从中央公园周边辐射，一些独立的公共建筑布局于核心部位。一条环形的林荫大道设于城市直径线的外三分之一处，并形成补充性的城市公园，居住用地分布在林荫大道的两侧。各类工厂、仓库和市场布局在城区的最外圈层，交通便捷。

霍华德田园城市空间形态的主要模式特征包括：以相对独立的区段作为构成城市的基本单元；土地利用以同心圆带状分布，土地区块有相对明显的分工；各城市之间放射交织的林荫主干路以及在交通、给排水等设施上连为一体的网络设施；具有145英亩的被水晶宫所包围的中央花园；不同功能的土地利用相互配合，城市和乡村、工业与农业有机结合，形成城乡一体的都市区。

通过收入支出的测算，霍华德对“田园城市”实现收支平衡充满信心。生活在“田园城市”的居民不但可以承受较轻的赋税，还拥有土地以及可支配的其他收入，拥有和享受雅静的住宅、快捷的交通和清新宜居的环境。从城市运行的角度，一个理想状态下的未来城市发展框架得以形成。

3. 对城乡关系发展的启示

作为一种理想化的空间模式，田园城市在实践中的局限性毋庸置疑。由于城市规模过小导致难以发挥聚焦效应，同时，这种理想化的空间模式在现实中很难找到符合要求的“本底”区位，而对已经建成的大城市来说，转型整改成本之巨大难以想象。尽管在奥地利、澳大利亚、比利时、法国、德国、荷兰、波兰等国家田园城市的规划实践中，人们付出了大量智慧，但“田园城市”在具体实践中还是无法规避过于理想化、乌托邦的约束。

田园城市理念发展至今，规划师经过了大量实践和改良，人们从不同视角赋予其更多的价值内涵。从空间结构视角看，它更注重城乡空间融合协调，追求适度规模、低交易成本、高效便捷的公共服务等；从可持续发展视角看，它符合人地关系优化、绿色低碳、生态宜居等价值追求，强调“以人为本”，以最大程度满足城乡居民对生态环境、经济增长、就业与社区文化的需求为根本目标，是一种经济高效、环境舒适、充满人文关怀、人地和谐的人类聚落，参见图2-1。

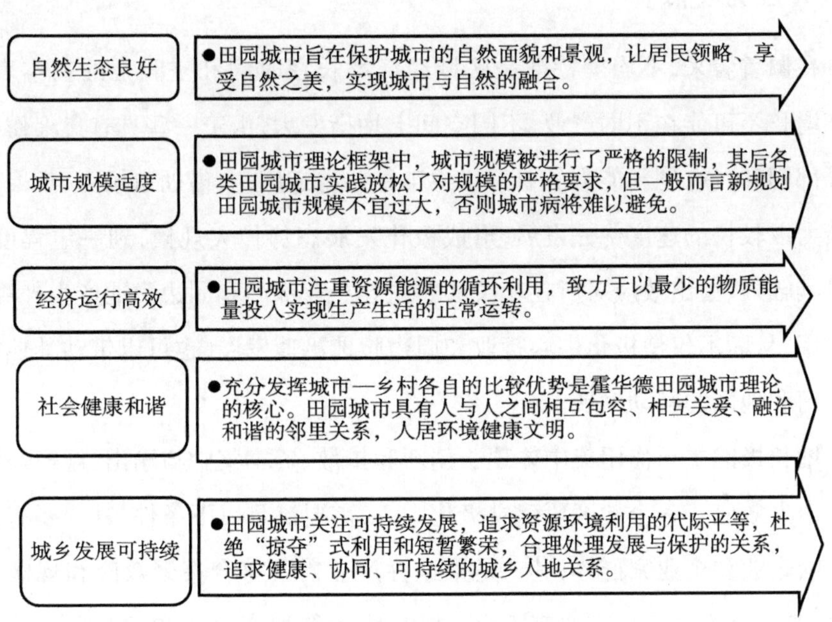

图 2-1　田园城市理念的现代发展

在“田园城市”理论的影响下，俄国、西班牙和美国也都试验性地建设了“田园城市”或类似称呼的示范性城市，我国成都等地也将田园城市作为推进城乡融合发展的行动蓝图和理念，在实践中取得了积极的效应。

（二）“增长极”理论

由法国经济学家弗朗索瓦·佩鲁(Francois Perroux)于1950年首次提出，是20世纪40年代末50年代初西方经济学关于一国一地区经济平衡与不平衡发展孰优孰劣，探寻解释、预测区域产业与城乡空间结构演变，推进区域经济合理增长等相关理论交锋的产物。[①] 法国经济学家布代维尔、美国经济学家弗里德曼和赫希曼、瑞典经济学家缪尔达尔等分别立足不同视角进一步丰富和发展了这一理论，使之成为区域不平衡发展论的重要流派。

1. 理论要点

在佩鲁看来，不均衡特征是区域经济增长在时间和空间上的基本表现。经济增长不可能在不同产业、不同空间上均衡发力，由于一些具有集聚作用的主导部门和具有创新能力的要素集中于一些特定区位，借助市场力、集聚力和创新力以较快的速度优先发展，形成极化发展态势扩大规模，到一定程度，再通过其辐射、溢出效应对所在相关的非主导产业部门和周边腹地产生外溢、支配作用，从而不仅使极化中心行业和周边腹地迅速发展，也可以带动其他非主导部门和地区的联动发展。

增长极的主导作用集中体现于创新和扩散、资本集中与输出、规模经济效益和集聚效应。一个地区要建立极化中心，需要满足以下条件：其一要有创新能力的企业和企业家群体；其二是推进性产业需要符合集聚效应和规模经济效益；其三是周边腹地需要有资金、技术、人力等要素供给和相对自由的政策与市场环境。

因此，增长极理论可以概括为产业层面和空间层面相互渗透的三个体系：先导产业或推进性产业要素集聚和规模扩张；产业集群与集聚效应导致的地

---

① 安虎森：《增长极理论评述》，《南开经济研究》1997年第1期。

方化、专业化经济;极化中心的增长、辐射效应与区域一体化发展。在此理论框架下,区域经济增长演绎成为一个由点到面、从中心城市到乡村、从推进性工业到所有产业、由局部到整体协同依次递进、有机联系的空间系统。

诚然,增长极理论的运用,离不开有效的市场与政策环境。国内外大量实践表明,增长极理论指导的区域政策,在很多国家和地区并没有实现预期的空间均衡增长,反而扩大了区域非均衡差距,尤其是城乡差距。究其原因,以该理论为依据制定的政策在实践中有着难以克服的缺陷。

首先,过度的极化发展可能引发"极化陷阱"①。增长极推进性产业和少数"优区位"的发展导致的规模效应和集聚效应,使腹地的人力、技术、资本等要素大规模转移到核心极化区,严重削弱了周围区域的发展与竞争机会,使核心地区与边缘腹地的差距日益扩大。其次,作为极化效应的反向过程,向周边扩散的辐射力与向核心凝聚的集聚力往往在很长时间是不对等的,向心极化效应可能远远大于辐射效应。缪尔达尔也认为,仅从市场力的作用看,以价格、竞争为导向的资源配置机制通常倾向于扩大而不是缩小地区间的差异。因此,在极化作用长期发展以及城镇化加速、城乡差距和区域差距逐级拉大过程中,区域政策的适时积极干预是促进回流效应(即极化效应)向扩散效应有序转化的必要环节。

2. 对城乡关系的启示

对城乡关系而言,增长极理论的内涵显而易见。即城乡关系不可能从一开始就实现均衡一体化目标,城乡融合的实现路径,首先需要培育增长极,通过极化—辐射效应带动城乡共同发展。而增长极的形成至少有两条途径:一是市场机制的内生选择,即基于空间比较优势的竞争和价格机制引导要素自发集聚于特定产区位,自发形成极化中心;另一种则是借助产业政策、地区政

---

① 周密:《"极化陷阱"之谜及其经济学解释》,《经济学家》2009年第3期。

策，由政府通过倾斜投资自上而下嵌入式培育建成极化中心。工业化国家和一些新兴经济体的实践证明，随着极化发展阶段的不同，城镇化对应的城乡差距也呈现阶段性特征，城镇化初期，要素流向极化中心，城乡关系非均衡特征趋于上升，这种非均衡关系基本持续到城镇化中期阶段，要素极化的边际效应递减，要素的扩散和辐射逐渐增加，城乡对立逐步向融合转型；当城镇化达到后期阶段，扩散效应超过集聚效应，城乡一体化发展态势更加明显。参见图2-2。

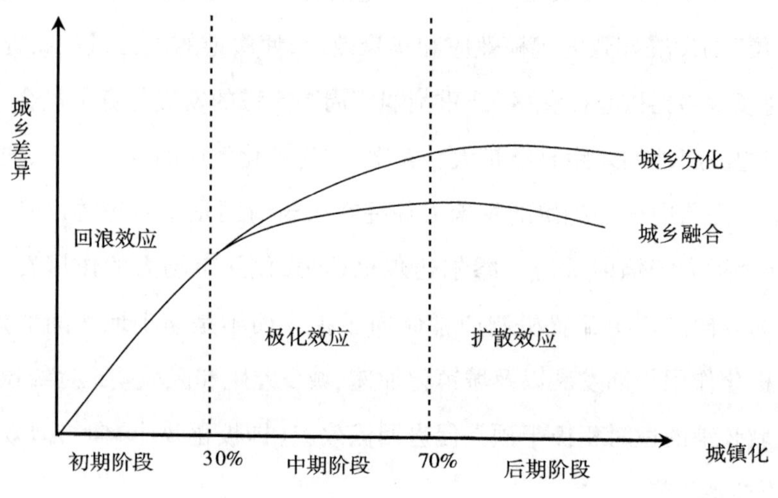

图 2-2 极化发展阶段与城乡关系示意图

当然在这一过程中，科学合理的产业政策与区域政策、市场公平竞争赖以持续的法律保障以及创新环境培育等，无疑起到积极的作用。中国的城乡和区域关系经历了从相对均衡（20 世纪 50 年代至 70 年代）到非均衡扩展（80 年代至 90 年代初）再到非均衡收敛（90 年代中期至今）的波动演进过程，城乡和空间异质性、不平衡性之国情和区情，决定了以增长极理论为基础，打破行业壁垒和行政分割，发挥比较优势，优化国土和城乡空间格局，从非均衡型极化发展走向均衡协调包容发展的空间战略，是一体化发展的必由之路。

（三）核心—边缘理论

1. 理论要点

一种关于创新与变革、资源与要素配置在城市和区域间相互影响、相互作用的理论体系。核心—边缘理论模型最初来自阿根廷发展经济学家劳尔·普雷维什创立的“中心—外围理论”（Core and Periphery Theory），该理论将全球经济体划分成生产结构同质性和多样化的“中心”以及以提供原材料和初级产品生产的“外围”两部分。前者以发达经济体为主，后者则由大部分发展中国家构成。“中心”与“外围”间虽然存在结构性差异，但它们并非相互隔离的两个经济体系，由于分工、技术进步及其空间溢出，导致中心与外围之间在相互依存、互为条件的背景下，通过产业分工、贸易合作构成非均衡、不平等发展的世界经济体系。该理论此后被巴西学者特奥托尼奥·多斯桑托斯、秘鲁学者阿尼瓦尔·基哈诺等进一步发展，形成研究发达经济体与落后经济体之间不平等关系的“依附发展论”①。

美国规划师约翰·弗里德曼在20世纪60年代后期将中心—外围理论及相关学术思想引入区域经济研究，尝试从区域中心区（城市和新增长中心）和外围区（农村以及资源衰退区、老工业基地等）等区域发展角度讨论核心—边缘模型。弗里德曼强调，发展的产生是通过一个不连续的但又是累积的创新过程实现的。发展起源于数量相对较少的“变化中心”，创新由这些中心向外围地区扩散，周边地区依附于中心而获得发展②。该理论模型将空间结构中的核心区和边缘地带作为基本组成要素。核心区是社会地域结构的组织、指

① 特奥托尼奥·多斯桑托斯等:《帝国主义与依附》，社会科学文献出版社1999年版。

② 1966年弗里德曼（J. R. Friedmann）在他的学术著作《区域发展政策》（*Regional Development Poliy*）一书中正式提出核心—边缘模型后，1969年在《极化发展理论》中，他又进一步将该思想归纳为一种普遍适用的主要用于解释区际或城乡之间非均衡发展过程的理论模式。参见陈秀山、张可云（2003）。

挥、协调中心，由于核心区集聚了大量创新要素，因此推进区域发展变革的主要创新、革新产生于核心区；相对于核心区，边缘区是区域另一个次级空间系统，边缘区与核心区在资源配置、经济增长方面相互依存，但其发展方向、驱动力主要取决于核心区。核心区与边缘区相互作用，共同组成一个完整的空间经济系统。

亦即，中心区作为创新源地在不断产生创新成果、促进新的创新要素进一步集聚的同时，将已经成熟的、在中心区失去比较优势的创新资源和要素（包括技术、制度、移民、投资、信息等）又源源不断向外围扩散传递，引导和激发周边辐射区域的产业结构升级转型，促进制度以及社会结构的转换和优化，从而促进创新差距和经济增长差距的非均衡收敛。当然，在传统的区域分工体系下，作为“大的工业中心”的创新源地和“为大的工业中心生产粮食和原材料”的外围关系，其分工和技术扩散并不同于古典或新古典模式，由于技术进步及其传播机制的空间非均衡，导致两个地域之间的关系是不对称、不平等的。其后，新经济地理学创立者克鲁格曼于 1991 年通过对 D-S 垄断竞争模型的优化改进①，通过 C-D 函数构造一个假定存在农业和工业双部门的两区域空间模型，并得出资源配置最终会内生成以工业化区域为中心、农业区域为外围的中心—外围构架。中心—外围的形成取决于空间运输成本、规模经济以及制造业在国民收入中的比重，贸易的产生并不完全源于古典贸易理论所谓比较优势的存在，而主要体现为规模经济产生的空间报酬递增。

2. 对城乡关系的启示

显然，核心—边缘理论适用于国内城乡之间要素的相互作用和扩散。相对城乡结构而言，核心区是区域经济社会地域组织的中心地，是区域产业和要素的组织、指挥、协调和控制中心，也是区域创新的源地，亦即，作为核心区的

① 迪克西特—斯蒂格利茨模型（Dixit-Stiglitz Model，简称 D-S 模型），由迪克西特（A. K. Dixit）和斯蒂格利茨在 1977 年发表的论文《垄断竞争和最优产品的多样性》中提出。

中心城市既可以是创新的发源地，也可以吸引大量的革新；而边缘区是相对核心区的另一个次级空间系统，与中心城市相互依存，其产业、要素的分工与发展方向主要取决于作为核心区的中心城市。城市与乡村之间密切的分工和联系，形成快速发展阶段的转型大国，我国在城乡关系优化转型中，可以通过加大在城市群、城市密集区和地区中心发展知识密集型、资本密集型产业，通过促进现代要素集聚和倾斜投资，刺激核心区产业结构转型升级，实现创新性经济增长和全要素生产率的提升，同时，这种增长再通过传统要素和传统产业的空间转移，以“涓滴效应”扩散到乡村或后发展地区。

弗里德曼将制约经济增长的社会、制度因素引入空间分析模型，从空间联系角度解释不平等问题，认为以城市为主导的中心区之所以能够对乡村和后发展外围地域施加影响，除了中心区具有相对密集的创新活动，成为区域创新发展的发动机之外，还具有使外围后发展区域服从、追随甚至依附的制度权威和主导资源配置的权利。中心—外围之间创新要素的扩散、经济资源和发展权利的分配往往是不平等的，外围地域在工业化进程中争取机会均等、要求城乡一体化包容发展的呼声越来越大，在一体化制度安排上要求更大的博弈空间和政策保障。对转型发展中的中国城乡关系的启示在于，在实行区域协调发展和国土空间优化战略，鼓励产业转移、创新要素扩散时，要尽可能实现公共服务和资源配置的包容发展，防止经济增长、制度偏好和创新资源配置的次级分化，保证在新常态背景下推进结构转型、区域优化发展政策时能有一个相对稳定的顶层设计和制度安排。通过主体功能区、国土结构优化和城市群战略，合理引导创新资源要素配置以及增长内生潜力的释放，推进中心区和外围区最终走向区域一体化。

（四）二元结构理论

1. 理论要点

二元结构理论由英国经济学家刘易斯于 1954 年发表的《劳动力无限供给

条件下的经济发展》一文中率先提出，是区域经济学的奠基性理论之一。"二元结构"指的是在发展中国家并存着传统的自给自足的农业经济和城市现代工业两种不同的经济体系，前者为"现代元"，后者为"传统元"。① 该理论发现，大量后发经济体分布于农村的一次产业中，存在着边际生产率为零的剩余劳动力。在此背景下，农业剩余劳动力流向城市的非农化转移，能够逐步消减传统的二元经济结构。费景汉、拉尼斯(1964)在其后的研究中进一步优化了二元结构模型的最初假设，动态考虑在传统农业和现代工业两个部门实现平衡增长的基础上农业剩余劳动力流转特点的二元结构思想，以此形成经典的二元结构分析模型——刘易斯—拉尼斯—费景汉模型。基于对古典框架下二元结构理论以及人口流动与失业问题的反思，哈里斯特和托达罗(1970)则进一步拓展了发展中国家城乡之间、工农业之间的劳动力流动理论。②

在发展中经济体的工业化进程中，现代工业和传统农业两大部门并存是其城乡结构的基本特征，现代工业和传统农业两大部门在要素禀赋、运行机制、产业绩效和相关的社会效应方面均存在着本质的差异。城市现代部门往往凭借其比较优势和集聚效应，从外围农村地区吸引要素集聚攫取农业剩余，进一步推进中心区非农产业的规模效应和范围经济。在此空间资源配置过程中，发展中国家由于种种原因(如出于赶超目的集中有限资源优先发展工业等)设置人为壁垒，以现代产业对传统农业部门的无偿剥夺为代价，资源和要素(特别是劳动力)在由外围低效益农村区域向城市高收益现代产业的自发流动中存在障碍，区域经济各产业部门收益率的有效均等化受阻。也就是说，事实上形成农业部门、非农产业部门两种相互孤立的要素市场。前者要素市场要素收益率远低于后者的要素收益率，农业要素通过向非农产业要素市场的流动获得社会平均要素收益的可能被阻隔，形成二元化社会经济结构。③

① 刘易斯、施炜：《二元经济论》，北京经济学院出版社 1989 年版。
② 谭崇台：《发展经济学的新发展》，武汉大学出版社 1999 年版。
③ 胡代光、高鸿业：《西方经济学大辞典》，经济科学出版社 2000 年版。

在刘易斯看来，剩余劳动力从农村传统部门向城市现代部门的转移是二元经济的核心。这种转移产生的结果，是现代要素进一步集聚，现代部门持续扩张，迁入现代部门和中心城市的农村人口享受就业便利、公共服务增加、城乡贸易均等机会，现代部门和传统部门在要素流动与溢出效应中实现二元经济向一元经济的转型。美国经济学家舒尔茨比较研究了发达国家和发展中国家的工业化和现代化进程及其现代生产要素的引入和配置，提出了“现代要素引入论”①。他认为，二元结构的转变，切入点在传统农业的现代化，农村落后状况的改变，依赖于新的生产要素以及技术和制度创新，通过引入人力资本，提高农业投资的边际收益率，农业（农村）的发展则指日可待。

哈里斯特和托达罗（1970）从工资扭曲视角揭示发展中国家二元结构背景下的失业及人口流动行为。认为最低工资法规定的城市最低工资水平高于劳动力市场均衡工资水平导致了失业，高于农业的工资导致了城乡人口流动移民，农村人口的向心集聚进一步加剧了城市失业。在托达罗看来，城乡之间预期的而非实际的收入差异是导致人口流动的主要诱因。21世纪以来，二元结构理论作为研究后发展经济体转型进程的基准模型，理论视角呈现不同层面和维度的扩展，如J. Temple（2005）梳理了这些二元经济模型在分析要素不合理配置下的产出损失，要素市场扭曲下的总量增长，分析了部门要素生产率的国际差异以及规模报酬递增的潜在作用。P. Belan、P. Michel、B. Wigniolle（2005）进一步分析了存在两部门（传统和现代）、两种行为人（工人和资本家）的二元经济中不完全竞争与资本积累的关系等。

2. 对城乡关系实践的启示

自二元结构理论提出以来，从该理论的基本逻辑和分析框架出发，人们对

① 从20世纪30年代开始，舒尔茨发表了一系列关于美国农业危机的研究论文。60年代后，舒尔茨把对农业经济问题与人力资本理论的研究结合起来，研究发展中国家的农业问题，从而对发展经济学作出了开创性的贡献。舒尔茨的代表性著作有：《改造传统农业》、《不稳定经济中的农业》、《农业经济组织》、《向人力资本投资》、《经济增长与农业》、《人力资本投资》等。

发展中国家二元经济结构背景下诸如劳动力市场、反贫困问题、公共服务有效需求及供给问题等进行了诸多大量实证研究。我国具有发展中国家典型的二元结构特征，近年逐渐消除户籍限制淡化制度性二元结构壁垒，在经济高速增长背景下，流入城市及发达地区的农村劳动力在非农产业部门实现就业，获得高于农业或农村地区的收入。目前看，二元结构的淡化虽然促进了总体经济增长，增加了农民收入，实现了一定阶段的反贫困目标，但毋庸置疑的是，新发展背景下，二元结构遗留的一系列现实问题也进一步凸显。这些现实问题既包括城乡之间公共服务及不断变化的发展差距，也包括受制于区位、历史基础、快速城镇化等因素诱发的多重二元结构问题，如城中村原住户与城市居民及未来移民的关系、棚户区改造与老工业基地转型、农村内部现代农业与传统农业和城市内部不同产业及区位之间的二元结构反差。需要深化对中国二元结构复杂性及其衍生效应的研究，拓展二元结构理论的实践指导价值。

二、国内城乡融合理论及其范式演进

（一）农村一二三产业融合理论

1. 理论内涵

数字技术发展引起的产业间相互交叉引发了学术界关于产业融合研究的兴起。产业与产业之间融合发展，已成为全球资源配置、产业转型优化发展的新趋势，它通过产业要素、产业组织的相互渗透、融合和重组，激发产业价值链的分解、价值环节重构和竞争功能升级，引发产业内在属性、形态、组织方式和商业模式等方面的重大变化。

在产业融合理论基础上，日本 JA 综合研究所今村奈良臣于 1994 年首次提出日本农业六次产业化概念，即将一次产业的大农业与二次产业的制造业、三次产业的零售服务业等整体协同推进，有效整合地区资源以实现更高的附加价值。① 亦即，农业的六次产业是指农村不同优势地区三次产业融合产生的累加效应，即 1+2+3=6；也可理解为三次产业高度融合产生的乘数效应，即 1×2×3=6。只有依靠农业为基础的各产业间的相互渗透、高效有机融合，才能增加农民收入，更好地发挥农村和农业比较优势，实现农村和农业综合效益全面提升。

农村一二三产业融合发展，以农业及非农产业之间相关要素、结构的耦合互动和重组为内容，以农业产业链向二三产业两端延伸、产业组织规模及范围拓展和产业竞争能力、产业绩效提升为基本特征，以城乡融合、农村发展方式转变、农业供给侧结构性优化为结果，通过形成农业农村发展新业态以及新型商业模式，带动城乡和各类资源、要素、技术、市场需求在农村的整合集成和优化重组，实现农村产业空间布局的调整。农村一二三产业融合发展，在机制和路径上一般形成以农业为中轴，然后向农产品精深加工、农特产品贸易、农村信息化服务、农业旅游、农业产业园区等纵横融合的方式②，参见图 2-3。

随着工业化、信息化、新型城镇化的发展以及消费升级要求，城乡居民生活方式、消费结构、消费理念也呈现全方位转型，对农产品功能、品质及安全的要求越来越高；农业和农村的生活、生态文化功能也逐渐受到消费者重视，与农业相关的休闲旅游、文化传承、生态环保、科技教育等特色消费呈现需求扩张态势，创新供给、消费导向、激活需求对农业发展的意义也在迅速凸显，在此背景下，推进农村一二三产业融合发展势在必行。

---

① 赵海峰、王海清、王皓：《由日本“六次产业化”实践引发的思考》，《中国农业综合开发》2011 年第 9 期。

② 姜长云：《推进农村一二三产业融合发展 新题应有新解法》，《中国发展观察》2015 年第 5 期。

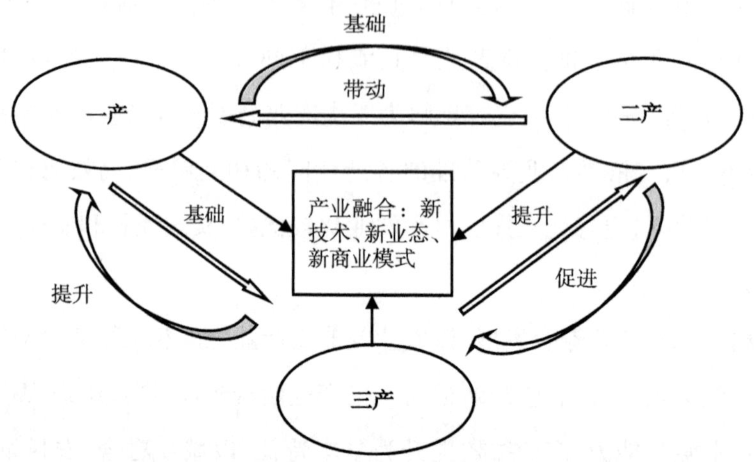

图 2-3　农村一二三产业融合发展逻辑关系图

产业结构的转型升级为跨行业、跨部门融合发展提供了技术和制度支撑，“互联网+”、“创客”、“众筹”等新营商模式孕育着无数未知的新型产业形态和产业发展空间。借鉴国外产业融合理论及实践经验，推进我国农村一、二、三产业融合发展，本质上是实现以大农业为基础，以实现农民就业和持续增收为目标，以广阔的农村要素供给和市场需求、新型城镇化为依托，以构建、延伸农业产业链与价值链为方向，以农业与信息产业、旅游业、制造业等关联行业间各类要素、市场、管理方式的交叉渗透和优化重组为途径，形成农村三次产业高度一体化、农业现代化与新型城镇化相互推进的新型农业产业与空间形态的过程。

2. 农村一二三产业融合的主要形态

农村产业融合理论对不同国家农村发展实践的指导因区域工业化、农业发展阶段不同而不同。从我国基本实践看，各地产业融合的基础和路径千差万别，不同农村区域、不同行业及领域，一二三产业融合形成多种不同形态，参见表 2-2。

表 2-2 农村三次产业融合的主要形态

融合类型	模式	具体形态
横向融合	一、三次产业间融合	休闲生态观光农业;淘宝村淘宝镇;创意旅游农业;会展信息化农业;特色服务和环保农业等
纵向融合	垂直一体化模式	农业价值链纵向延伸;农业技术与设施研发;农产品加工制造;资本投入;现代物流;品牌营销;农业产业化龙头企业
	分工合作模式	"公司+农户";"合作社+农户";"公司+合作社+农户";"公司+合作社+基地+农户"等
	空间产业集聚模式	新型城镇化,农村二三产业向县城、特色小镇、产业园区集聚,"一镇一村一品"、"一乡一业"
	循环经济模式	绿色生产系统;生态有机农业;"种植业—养殖业—生物质产业—种植业"循环模式

就涉及的产业(产业链)关系而言,大致可分为产业的横向融合和纵向融合。前者主要指价值链的拓宽,即信息化、工业化、服务要素等渗透到传统农业,使之具有了其他产业的功能;纵向融合主要是指产业链向两端延伸,即传统农业的原有价值链环节与其他延伸的价值链通过垂直一体化联系在一起,表现为产业内部分工合作的深化、空间区位上相关要素的专业化集聚、特色农业的崛起以及特色城镇、绿色循环模式的发展。

从融合主体看,农户、专业化规模经营主体、家庭特色休闲农场、农民合作社、龙头企业、旅游观光、健康疗养、环保生态、文化创意、设施服务、互联网信息服务平台、技术研发、现代物流、品牌营销、售后服务等呈现纵向、横向或交叉式融合发展。基于分工深化、高度集聚和比较优势基础上的农业产业融合,同时催生了城镇化的发展,一批以农业为主导的特色小城镇也迅速崛起。

(二) 新型城镇化理论

新型城镇化是基于国内外城镇化发展的经验教训,立足我国国情和城镇化特定发展阶段,在城镇化基本路径和实现方式方面提出的创新探索。新型城镇化内涵十分丰富，其中包括以人为本和包容发展、城乡一体和产业融合、低碳节约和绿色发展、格局优化和集约发展、新技术引领和创新发展等方面，在上述内涵中，包容发展和以人为本是新型城镇化的核心内容，推进城乡公共服务一体化、实现人的全面发展和社会公平正义和谐，是新型城镇化的重要切入点。

新型城镇化坚持创新、协调、绿色、开放、共享的新发展理念，坚持以人为本、包容发展，是突破城乡二元结构，实现城乡要素有效配置、城乡劳动力自由流动的基本保障。新型城镇化理论强调在区域发展中兼顾城乡统筹推进、工农互惠协同、城乡要素平等交换和公共资源一体化配置，注重空间体系优化、大中小城市和小城镇协调发展，着力城镇化进程和新农村建设全面协调推进。这种发展理念摒弃了传统工业化进程资源配置中"城市偏向"和"忽视乡村"的发展导向。

新型城镇化进程中尊重人的价值，强调以人为本，是在对中国长期以来实施户籍管理、设置城镇化人为壁垒、城乡二元结构等深刻反思和对现阶段城镇化背景条件理性评估的基础上，推进城乡融合、包容发展、资源优化配置以及尽可能保障公民人权、发展权的有效途径。在人地关系紧张、农村流动人口特别是农民工数量庞大、农民城市落户率低、土地退出率低、农业全要素生产率比较低下的特殊国情下，合理有序推进农村人口向心集聚融入城镇、城市的步伐，推进农业转移人口市民化，实现城镇基本公共服务覆盖所有常住人口，还需要在不断完善户籍、土地、住房、教育、社保等制度性难题的同时，有足够的历史耐心，充分尊重农村人口、农民工的城乡居住意愿和自主选择权，不实行"一刀切"，不强迫不代替农民选择，宜城则城，宜乡则乡。

新型城镇化伴随绿色、集约和空间不断优化。注重生态可持续发展，将低碳节约的生产、生活和消费方式融入城镇化进程。在城镇建设、产业布局和要素配置过程中，注重全要素生产率的提升，注重集约节约使用土地、能源、水资源，强化节能减排降耗，探索实施循环经济模式。废水、废气、废物是造成城乡环境污染的重要方面,倡导新能源开发和利用,推行绿色交通工具和低碳出行,完善公共交通服务体系,减少私人交通工具的使用,培育绿色低碳的生态文化。亦即,新型城镇化与环境友好型、资源节约型经济社会发展协同推进。

新型城镇化以城镇体系等级和职能结构优化、城市内部资源利用空间结构完善、城镇发展格局和形态优化为基础。以人地关系、人水关系和资源环境承载能力,确定城镇及其内部空间布局。在城镇化发展的不同阶段,合理定位,构建科学合理的城镇体系和城乡关系;合理规划、正确处理政府与市场在城镇体系和城乡关系中的作用,积极培育各具特色的卫星城(镇)以及农村特色小镇,疏散中心城区、中心城镇功能,将要素的集聚与扩散有机结合,提高城市生产和生活效率的同时,推动城市与小城镇、经济增长与生态环境良性融合。

第三章　我国城乡融合空间格局及发展绩效

本章重点对我国不同区域的城乡融合发展格局及其绩效进行评价。首先构建了区域城乡融合综合评价指标体系，主要涉及城乡经济、人口、生活、基础设施及公共服务等方面的融合，就时间和空间两个维度分析我国整体及各省（区、市）的城乡融合发展水平；其次从就业结构、产业结构等方面，利用时间序列数据和空间面板数据分析我国城乡融合转型的空间经济绩效；再次从不同地区，利用空间计量模型分析城乡融合对区域经济增长的空间溢出；最后得出相关结论及政策思考。

一、城乡融合评价指标体系的构建

受自然环境和制度因素等影响，我国各地区城乡融合发展程度呈现不均衡发展趋势，对各地共生秩序、公平与效率、内生发展动力产生巨大的影响。加快城乡发展融合发展进程，是激发农村发展的巨大潜力，克服“三期叠加”背景下结构转型与经济增长压力，实现全面建成小康社会目标的必由之路。统筹城乡发展力度，促进城乡产业要素平等交换和公共资源均衡配置，形成以工促农、以城带乡、工农互惠、城乡一体的新型工农、城乡关系，具有重大现实意义。

就城乡融合发展水平测度而言，已有研究从城乡经济、人口、生活、生态环境等方面构建相应的指标体系（杨荣男，1997），也有学者从城乡经济、社会、环境、生活发展等方面构建城乡融合指标（顾益康、许勇军，2004；朱颖，2008）。有学者梳理了城乡融合的影响因素，并就这些因素如何作用于城乡融合发展进行分析。研究发现，地区农业技术水平与城乡融合发展水平呈现正向关系，是影响城乡融合发展的重要因素（Halliday，1979；刘红梅等，2012）；而城乡收入差距和地理距离、固定资产投资体制改革也是影响城乡融合发展水平又一因素，但产生消极影响（洪银兴，2008；刘红梅等，2012）；城镇化和工业化促进了农业现代化，加快了城乡融合发展步伐（Long，H.L.&Zou，J.and Liu，Y.S.，2009）；产业结构与人口结构不协调、农业发展落后、人地矛盾突出等阻碍城乡融合发展进程（张永岳，2011）。一些学者也针对城乡融合与经济发展的关系进行了探讨，研究证实城乡统筹与经济发展两者存在因果关系，城乡统筹发展能够促进经济发展（蔡雪雄，2008），但经济发展并不会自动缩小城乡差距，主要还是需要政府的作为（朱允卫、黄祖辉，2006）。从研究方法看，现有文献主要涉及指数评价法（任平等，2006；张果等，2006）、德尔菲法（苏春江，2009）、均方差决策法、层次分析法和网络层次分析法（焦必方等，2011）、因子分析法（陈国生等，2009）、引力模型法（刘红梅等，2012）等。

（一）城乡融合指标体系的构建

本章城乡融合指标选择尽可能体现城乡产业、就业与人口、公共服务、基础设施等方面的差异。对涉及指标的选择，笔者参照现有研究，并在笔者以往研究的基础上，对指标进行部分调整。本部分的城乡融合发展水平评价指标体系的构建主要从收入与消费水平、产业结构、人口与就业、基础设施及公共服务融合等方面进行评估。

其一，城乡经济融合。城乡融合发展过程中，城镇与农村之间的收入、消费等方面存在差异，收入和消费是反映城乡居民差距的重要因素，在选取城乡经济融合指标时，应当从这两方面进行考察。城乡经济融合包含城乡人均收入比、城乡人均消费支出比、城乡恩格尔系数比等指标。城乡人均收入比反映城乡收入的差距。收入是影响消费的重要因素，城乡人均消费支出比，反映城乡居民经济生活水平，城乡恩格尔系数比是反映城乡用于食品支出的比例，从侧面反映居民的收入水平，进而反映经济发展水平。

其二，城乡人口融合。城乡融合发展过程中，农村人口向城镇的迁移，农业部门人口向非农产业部门就业的流动，提高了人口城镇化率。人口的转移一般是从欠发达地区向发达地区转移，当人口转移到发达地区后，增加了发达地区的城镇人口，提高了常住人口城镇化占比，而对于不发达地区来讲，则减少了农村人口，提高了人口城镇化率，农村人口转移后，需要城市提供更多的就业机会，因此城乡人口融合主要从城乡人口、城乡就业人口等方面分析，城乡人口融合指标包含城乡人口比、城乡就业人口比等。

其三，城乡生活融合。城乡生活融合主要从城乡消费结构角度分析，重点从城乡居民的衣食住行等方面的消费差异考虑，因此，城乡生活融合指标包含城乡人均食品消费比、城乡人均衣着消费比、城乡人均居住消费比、城乡人均家庭设备用品消费比、城乡人均医疗保健消费比、城乡人均交通通信消费比、城乡人均教育文化娱乐消费比、城乡其他商品和服务消费比等指标。

其四，城乡公共服务融合。城乡公共服务融合主要考察医疗卫生、教育、社会保障等基本公共服务。以政府为主体，在城乡之间合理配置公共服务资源，向城镇居民及农村居民提供大致相等的基本公共服务，使得城乡在基本公共服务的数量、质量和可及性等方面实现融合。城乡公共服务融合采用的指标包括每万人卫生技术人员比、城乡每万人医疗机构床位比、城乡全社会住宅资产投资比等。

具体构建的指标体系如表3-1所示，以城乡融合度作为目标层即一级指标，城乡融合划分为城乡经济融合、城乡人口融合、城乡生活融合、城乡公共服务融合等，上述 4 个方面作为二级指标（朱允卫、黄祖辉，2006；李志杰，2009；江宇明等，2012）。在二级指标基础上，再选取 16 个三级指标，其中城乡经济融合包括 3 个指标、城乡人口融合包括 2 个指标、城乡生活融合包括 8 个指标、城乡公共服务融合包括 3 个指标。

表 3-1　城乡融合发展水平评价指标体系及其说明

二级指标	三级指标	指标定义
城乡经济融合	城乡人均收入比 x_1	城镇居民人均可支配收入/农村居民人均纯收入
	城乡人均消费支出比 x_2	城镇居民人均消费支出/农村居民人均消费支出
	城乡恩格尔系数比 x_3	城镇居民恩格尔系数/农村居民恩格尔系数
城乡人口融合	城乡人口比 x_4	城镇人口/农村人口
	城乡就业人口比 x_5	城镇每千人就业人口/农村每千人就业人口
城乡生活融合	城乡人均食品消费比 x_6	城镇居民人均食品消费/农村居民人均食品消费
	城乡人均衣着消费比 x_7	城镇居民人均衣着消费/农村居民人均衣着消费
	城乡人均居住消费比 x_8	城镇居民人均居住消费/农村居民人均居住消费
	城乡人均家庭设备用品消费比 x_9	城镇居民人均家庭设备用品消费/农村居民人均家庭设备用品消费
	城乡人均医疗保健消费比 x_{10}	城镇居民人均医疗保健消费/农村居民人均医疗保健消费
	城乡人均交通通信消费比 x_{11}	城镇居民人均交通通信消费/农村居民人均交通通信消费
	城乡人均文教娱乐消费比 x_{12}	城镇居民人均教育文化娱乐消费/农村居民人均教育文化娱乐消费
	城乡其他商品和服务消费比 x_{13}	城镇居民其他商品和服务消费/农村居民其他商品和服务消费

续表

二级指标	三级指标	指标定义
城乡公共服务融合	城乡每万人卫生技术人员比 x_{14}	城镇居民每万人卫生技术人员/农村居民每千人卫生技术人员
	城乡每万人医疗机构床位比 x_{15}	城镇居民医疗机构床位/农村居民医疗机构床位
	城乡全社会住宅资产投资比 x_{16}	城镇居民全社会住宅资产投资/农村居民全社会住宅资产投资

（二）相关数据来源及说明

考虑到指标数据的可获得性，本章所选用数据主要来自2002—2020年的《中国统计年鉴》、《中国农村统计年鉴》等，其中乡村就业人口数据来自2001—2020年《中国农村统计年鉴》，部分缺失数据来自各省区市统计年鉴。有关经济增长的数据，采用的各地区的GDP来代表经济增长的水平，为减少或避免价格差异的影响，本章采用以1978年为不变价格进行计算。

二、城乡融合发展总体特征

上述对城乡融合发展水平评价指标体系的构建主要从城乡经济融合、城乡人口融合、城乡生活融合、城乡公共服务融合等方面进行，因此有关城乡融合发展现状问题分析，也主要从这四个方面进行描述分析。

（一）城乡经济融合分析

有关城乡经济融合主要从城乡居民人均收入、城乡居民人均消费、城乡居民恩格尔系数等方面进行比较。

图3-1显示，2001—2019年城镇居民人均可支配收入、农村居民人均纯收入都呈现上升趋势，但从城乡居民收入边际递增的趋势看，城市居民人均收

入增幅从2005年开始明显超越农村居民,两者之间的差异越来越大。我国城镇居民人均可支配收入、农村居民人均纯收入分别由2001年的6859.6元、2366.4元上升至2019年的42358.8元、16020.7元,年均增长率分别为10.67%、10.14%。城乡居民收入水平的变化是影响城乡消费水平变化的重要变量。从城乡居民人均消费支出比看,城乡居民人均消费支出比呈现先上升后下降的趋势,2003年以来进入缓慢下降通道,一定程度上说明我国城乡之间人均消费支出呈现收敛态势。

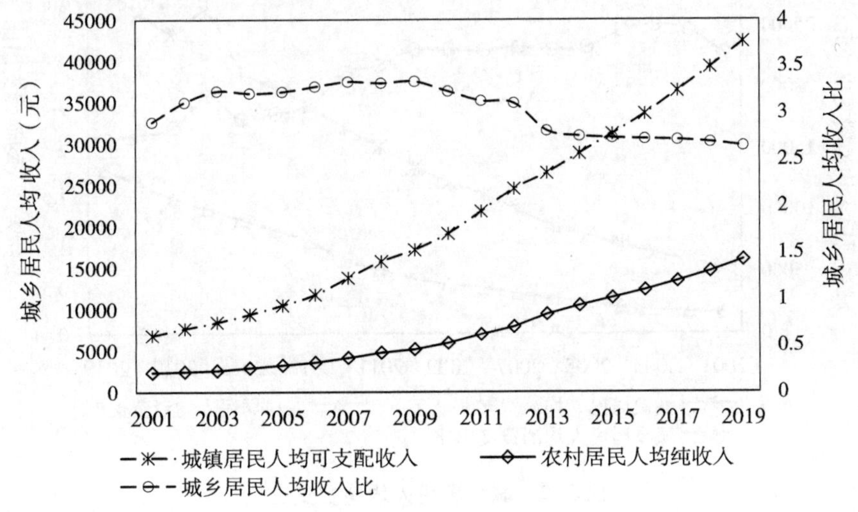

图3-1　城乡居民人均收入

数据来源:根据2002—2020年《中国统计年鉴》相关统计数据整理绘制。

城乡居民的人均消费支出与城乡居民收入的变化存在共同增长态势,但城镇人均消费支出的边际增加值在进入21世纪后明显超过农村人均消费边际支出;城乡人均消费支出比呈现从2001—2019年缓慢上升后震荡下降的趋势。收入是影响居民消费的重要因素,图3-2显示,城镇人均消费支出、农村人均消费支出都呈现上升趋势,且两者之间的差异越来越大。城镇居民人均消费支出、农村居民消费支出分别由2001年的5309元、1741元上升至2019年的28063.4元、13327.7元,年均增长率为9.54%、10.26%。城乡居民收入与消费状况直接或间接导致城乡不同家庭财富拥有的差距。来自《中国家庭财富调查报告(2019)》的统计显示,2018 年我国城乡家庭人均财富大约为 20.88 万元,同比 2017 年的 194332 元增长了 7.49%,其中城镇、农村分别为 29.29 万元和 8.77 万元,城镇居民人均财富拥有量是农村家庭的 3.34 倍。除城乡差异以外,家庭财富也存在着一定的地区差异。东部地区的家庭人均财富水平最高,中部地区次之,西部地区最低。①

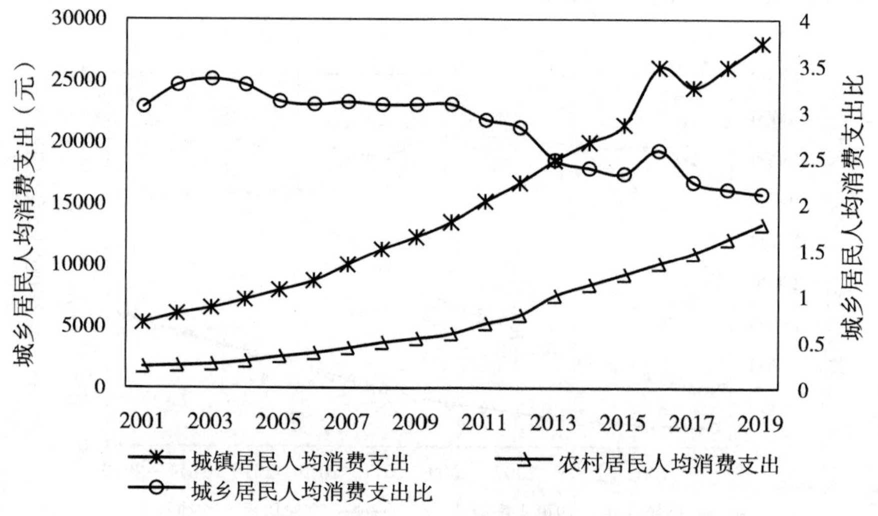

图 3-2 城乡居民人均消费支出

数据来源:根据 2002—2020 年《中国统计年鉴》相关统计数据整理绘制。

从城乡居民恩格尔系数来看,由图 3-3 可知,2001—2019 年我国城乡恩格尔系数比总体呈现持续上升趋势。但具体来看,城乡恩格尔系数均呈现下降趋势,但农村居民恩格尔系数总体仍高于城镇居民,虽然两者之间的差距呈现收敛态势。从城镇居民恩格尔系数来看,城镇居民的恩格尔系数全部小于 50%,城镇居民恩格尔系数从 2001 年的 38.2%下降到 2019 年的 27.5%,年均

① 参见《中国家庭财富调查报告(2019)》,该报告基于覆盖全国 25 个省、268 个县共 12000 户家庭的入户访问调查数据,涉及中国家庭财富的规模与结构、城乡与区域差异、金融资产和住房、养老计划等方面,全面客观地反映了当前我国家庭财富的基本状况。

下降率为 0.56%左右;农村居民恩格尔系数由 2001 年的 47.7%下降至 2019 年的 30%,年均降幅为 0.93%。

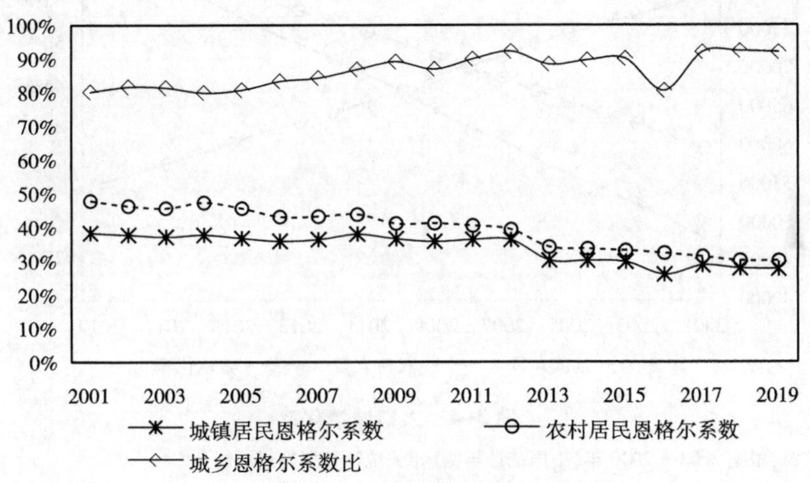

图 3-3　城乡居民恩格尔系数

数据来源:根据 2002—2020 年《中国统计年鉴》相关统计数据整理绘制。

(二) 城乡人口融合分析

有关城乡人口融合主要从常住人口城镇化率、就业人口城镇化率等方面进行比较。这两方面能够反映城乡人口和就业方面的差异。

从常住人口城镇化率看,2001—2019 年我国城镇人口呈现上升趋势,城镇人口由 2001 年的 48064 万人上升到 2019 年的 84843 万人,农村人口呈现下降趋势,农村人口由 2001 年的 79563 万人下降到 2019 年的 55162 万人。随着经济的发展,部分农村劳动力逐渐从农村向城镇转移,农村人口的数量递减的同时,城镇人口的数量相应增加,导致人口城镇化率呈现上升趋势,提高了人口城镇化水平,常住人口城镇化率由 2001 年的 37.66%提升至 2019 年的 60.6%,年均增幅达 1.2 个百分点左右。

图 3-5 显示,2001—2019 年我国城镇就业人口呈现上升趋势,由 2001 年

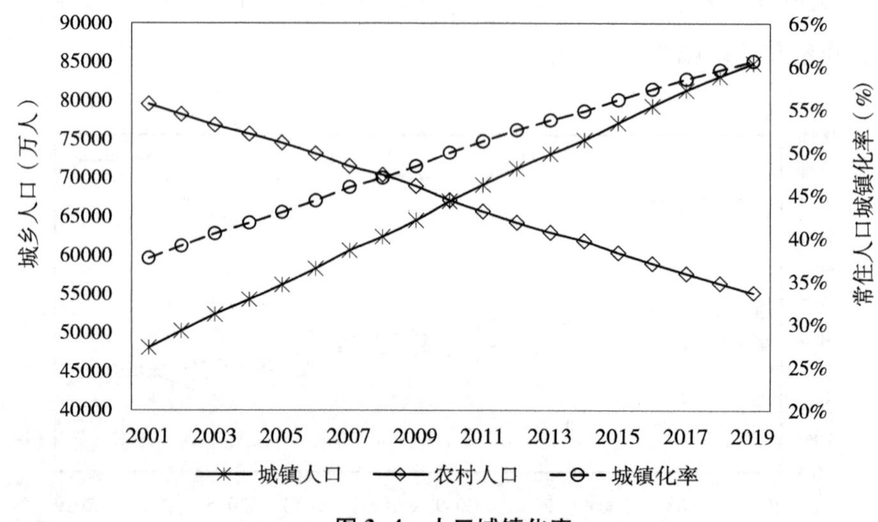

图 3-4　人口城镇化率

数据来源:根据 2002—2020 年《中国统计年鉴》相关统计数据整理绘制。

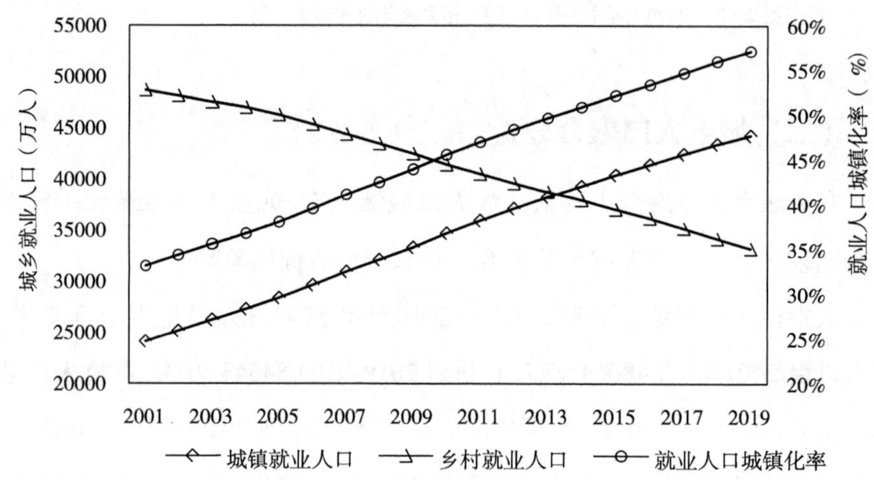

图 3-5　就业人口城镇化率(城镇就业人口与就业人口比值)

数据来源:根据 2002—2020 年《中国统计年鉴》相关统计数据整理绘制。

的 24123 万人上升到 2019 年的 44247 万人,城镇就业人口的上升主要来自农村剩余劳动力的转移,在增加城镇就业人口数量的同时,导致乡村就业水平下降。我国乡村就业人口由2001年的48674万人下降到2019年的33224万人,近20年减少超过1亿就业人口。从就业人口城镇化率来看,2001—2019年就业人口城镇化率呈现上升趋势,由2001年的33.14%提升至2019年的57.11%,年均增幅达到1.26个百分点,超过常住人口城镇化率的年均增速,一定程度上有效推动了常住人口城镇化率的发展步伐。农村劳动力的转移主要从欠发达地区向发达地区转移(跨区域)或就地向区域中心城市转移。与先行工业化国家相比,随着农业全要素生产率的提升,产业分工的深化和非农产业特别是随着城市服务业的发展,我国劳动力从农业、农村流向非农产业和城市,从落后地区流向发达地区的总体格局不会发生明显变化。

(三) 城乡生活融合分析

城乡生活融合主要从城乡居民人均食品消费支出、人均衣着消费支出、人均居住消费支出、人均家庭设备用品消费支出、人均医疗保健消费支出、人均交通通信消费支出、人均文教娱乐消费支出、人均其他商品和服务消费支出等方面进行比较。

从人均食品消费支出看,2001—2019年城镇人均食品消费支出基本呈现上升趋势,但2014年后有所下降,至2014年城镇人均食品消费支出仅为6000元,2001—2013年城镇人均食品消费支出呈现出较大的提升幅度,由2001年的2014.02元上升为2013年的5940.3元,提升了3926.1元,年均增幅达到302.1元。2013年之后,城镇人均食品消费支出增幅有所放缓,由2014年的6000元缓慢提升至2019年的7732.6元,总体仅提升1732.6元,增幅放缓明显。同时,从农村人均食品消费支出看,2001—2019年农村人均食品消费呈现持续上升趋势,由2001年的754.23元上升到2019年的3998.2元,年均增长率为7.07%。从城乡人均食品消费支出比来看,2001—2019年城乡人均食品消费比呈现波动下降的趋势,由2001年的2.67波动下降到2019年的1.93,其中2012年达到最高位2.56,说明农村居民生活水平不断得到改善的同时,城乡居民消费支出差距呈现持续缩小态势，城乡二元消费结构得到逐步缓解。

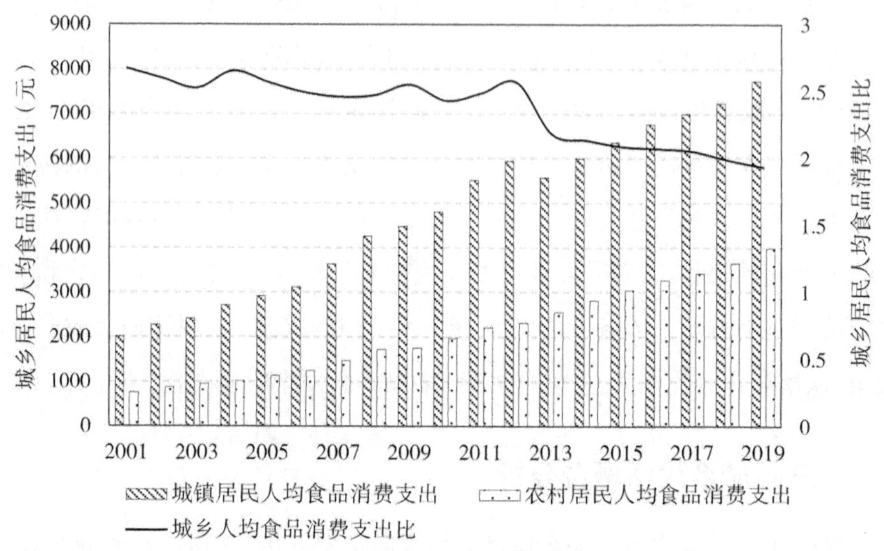

图 3-6 城乡人均食品消费支出

数据来源：根据 2002—2020 年《中国统计年鉴》相关统计数据整理绘制。

从城镇人均衣着消费支出看，总体呈现先上升后下降的发展态势，先由 2001 年的 533.66 元迅速提升至 2012 年的 1823.29 元，提升幅度达到 1290 元，但在 2012 年之后呈现出先下降后缓慢提升的趋势，由 2012 年的 1823.29 元下降至 2014 年的 1627.2 元，之后开始缓慢提升至 2019 年的 1831.9 元，在六年时间中仅提升了 204.7 元。从农村人均衣着消费支出看，整体呈现出持续提升的发展态势，说明我国农村居民生活水平得到持续提高，生活质量不断改善。农村人均衣着消费支出由 2001 年的 101.2 元提升至 2019 年的 713.3 元，提升了 612.1 元，但依然小于城镇居民人均衣着消费支出。从城乡人均衣着消费比看，城镇人均衣着支出远大于农村，但两者的比值呈现先上升后下降的趋势，最高的 2008 年达到 6，最低的 2019 年仅为 2.56。

无论城镇人均居住消费支出，还是农村人均居住消费支出均呈现上升趋势，特别是近 10 年，城乡人均居住消费支出呈现大幅提升态势。2001 年我国

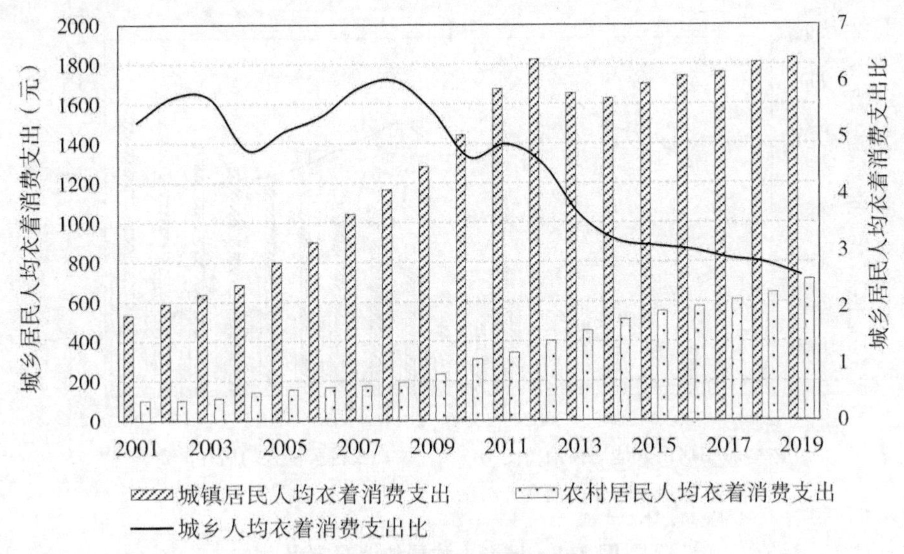

图 3-7　城乡人均衣着消费支出

数据来源：根据 2002—2020 年《中国统计年鉴》相关统计数据整理绘制。

城镇居民人均住房消费支出仅为 747.96 元，至 2019 年达到 6780.2 元，提升幅度高达 6032.24 元，年均涨幅达到 317.48 元。农村居民人均住房消费支出也由 2001 年的 320.1 元提升至 2019 年的 2871.3 元，提升幅度为 2551.2 元，年均涨幅为 134.27 元，但涨幅有限，低于城镇居民人均住房消费支出。从城乡居民人均住房消费支出比的演进趋势看，2001 年以来城乡居民人均住房消费支出呈现先上升后下降的波动演进态势，总体可以分为两个阶段。分别是：2001—2007 年快速上升阶段，此期间的城乡居民人均住房消费支出比总体由 2.33 提升至 3.67，城乡二元住房消费结构趋势持续强化，城乡差距不断加大；2008—2019 年持续下降阶段，随着中央"三去一降一补"房地产市场调控政策的出台，城乡居民人均住房消费支出差距呈现持续下降趋势，由 3.67 下降至 2019 年的 2.36，基本保持在 2001 年的差距水平，说明我国城乡居民人均住房差距得到有效缓解。

从城镇人均家庭生活用品及服务消费支出看，2001—2019 年基本呈现持

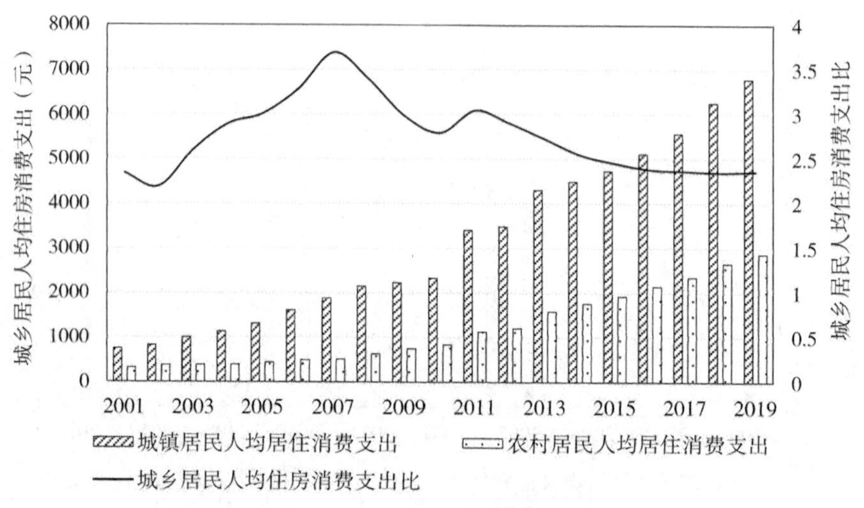

图 3-8　城乡人均居住消费支出

数据来源:根据 2002—2020 年《中国统计年鉴》相关统计数据整理绘制。

续上升趋势,特别是 2004 年之后呈现出更加强劲的上升态势。总体上看,可以分成两个阶段趋势特征,其中第一个阶段是由 2001 年的 438.92 元略微下降至 2004 年的 407.37 元;第二阶段是由 2005 年的 446.52 元一路上升至 2019 年 1689.3 元,提升幅度达到 1242.78 元,说明城镇居民家庭生活用品及服务消费水平得到了很大提升。

从农村人均家庭生活用品及服务消费支出看,2001—2019 年农村人均家庭生活用品及服务消费总体上也呈现不断上升趋势,总体水平由 2001 年的 105.6 元不断提升到 2019 年的 763.9 元,提升幅度为 658.3 元。其中,2001 年至 2011 年提升速度相对缓慢,提升幅度仅为 149.2 元,提升能力有限,而 2012 年至 2019 年由 364.2 元提升至 763.9 元,提升幅度相对明显,为 400 元左右,说明近年来我国农村居民家庭人均生活用品及服务消费支出得到了较快提升,农村居民生活状况不断得到改善。但是,与城镇相比,农村居民家庭人均生活用品及服务支出发展相对落后,城乡差距明显,城乡二元生活用品及服务消费结构矛盾非常突出,城乡生活融合现状亟待改进。由图 3-9 可以看出,二者之比整体呈现波动下降趋势,由 2001 年的 4.2 下降至 2019 年的 2.21,但是在 2006 年至 2011 年 6 年间,城乡人均生活用品及服务消费支出比呈快速提升趋势,并在 2011 年达到最大值 4.01,在此阶段随着城镇化、工业化的持续快速推进,大量农业人口流入城镇,成为城镇人口,并在城镇就业和定居,收入水平大幅提升,从而带动人均生活用品及服务消费支出,而且此阶段的农村家庭人均生活用品及服务支出提升速度相对缓慢,因此城乡人均生活用品及服务消费支出持续拉大。但 2011 年以后,我国经济社会发展进入新常态,经济增长由高速向中高速换挡,经济社会发展更加突出协调共享,城乡差距受到更多政策治理关注,城乡融合发展加快推进,城乡人均生活用品及服务差距也随之持续下降。

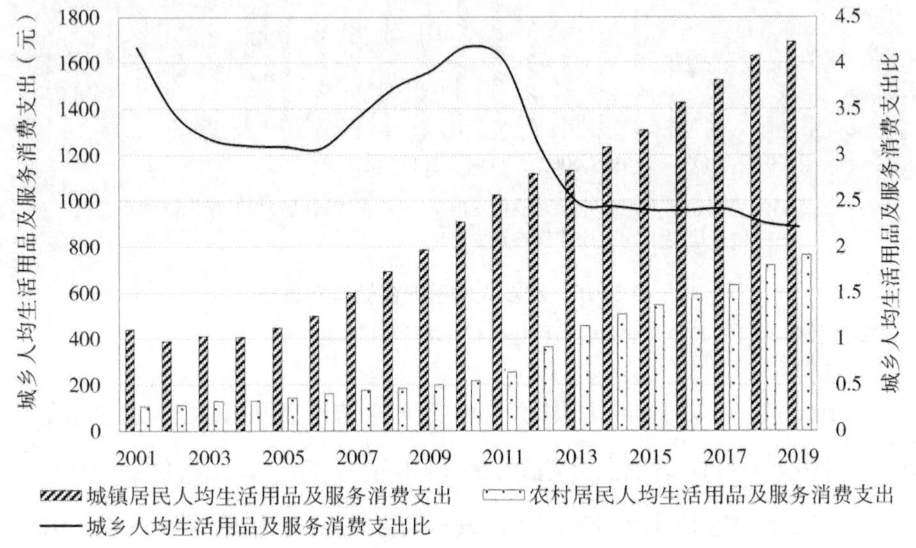

图 3-9　城乡人均家庭设备用品消费支出

数据来源:根据 2002—2020 年《中国统计年鉴》相关统计数据整理绘制。

由图 3-10 可以看出,无论是城镇人均医疗保健消费支出,还是农村人均医疗保健消费支出,2001—2019 年以来都呈快速提升的发展趋势,分别由 2001 年的 343.28 元、101.2 元提升至 2019 年的 2282.7 元和 1420.8 元,提升幅度分别达到 1939.42 元和 1319.6 元。说明我国城乡居民医疗保障消费水平均得到了有效提升,城乡医疗卫生服务体系不断完善。但值得注意的是,城镇人均医疗保健消费支出远大于农村同类支出,但两者之比呈现波动下降趋势。2001 年至 2019 年,城乡居民人均医疗保障消费支出之比由 3.4 下降至 1.6,说明我国城乡居民医疗保健消费能力差距不断缩小。

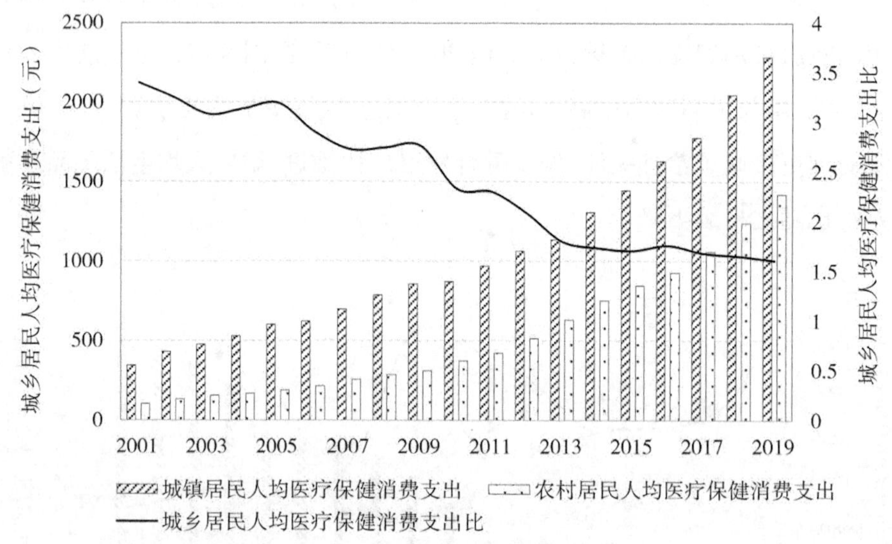

图 3-10　城乡人均医疗保健消费支出

数据来源:根据 2002—2020 年《中国统计年鉴》相关统计数据整理绘制。

由图 3-11 可以看出,从城镇人均交通通信消费支出总体发展趋势看,2001—2019 年总体呈现上升趋势,由 2001 年的 457.02 元增加到 2019 年的 3671.3 元,年均增长率为 15.29%,2013 年与 2012 年相比有所下降,2013 年为 2317.8 元。这说明,虽然城镇居民人均交通通信消费支出呈现一定的波动发展趋势,但总体表现出不断提升的发展态势,表明城镇居民交通通信消费能力不断提升,反映出城镇交通通信基础性作用不断发挥,便利性持续凸显,正在推动着人们生活方式发生深刻改变。

从农村人均交通通信消费支出看,2001—2019 年总体上也呈现出持续上

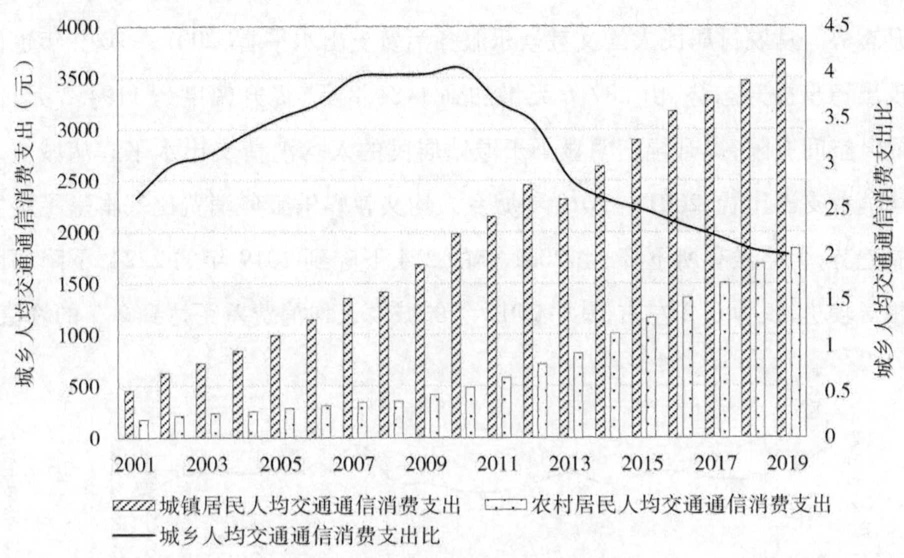

图 3-11 城乡人均交通通信消费支出

数据来源：根据 2002—2020 年《中国统计年鉴》相关统计数据整理绘制。

升的发展趋势，其人均消费水平由 2001 年的 174.5 元增加到 2019 年的 1836.8 元，提升幅度高达 1662.3 元，年均增长率达到 19.59%。对比来看，虽然农村居民交通通信消费支出不及城镇居民的高，但正在表现出强劲的赶超态势。这说明农村居民交通通信消费能力正在得到极大释放。

从城乡差距看，城镇居民人均交通通信消费支出远大于农村居民的支出，二者的消费比总体呈现下降趋势，由 2001 年的 2.7 下降至 2019 年的 1.98，下降幅度并不是很明显。分阶段看，2001—2010 年呈不断上升趋势，由 2.62 提升至 4.03，城乡居民人均交通通信消费支出差距表现出持续拉大的趋势，城乡二元交通通信消费结构性矛盾持续凸显，但在 2011—2019 年呈持续下降趋势，由 3.66 下降至 1.98，二者差距表现出持续缩小态势，城乡二元交通通信消费能力差距得到缓解，城乡交通通信设施一体化建设持续强化。

由图 3-12 可以看出，城镇人均文教娱乐服务消费支出在 2001—2019 年基本呈上升趋势，由 690.2 持续提升至 3328 元，19 年间增幅达到 2638 元，年均增长率为 9.35%，虽然 2013 年略有下降为 1988.3 元，但次年马上又恢复提升态势。从农村居民人均文教娱乐服务消费支出水平看，2001—2019 年也呈现出稳步提升态势，由 287.6 元增加到 1481.8 元，提升幅度为 1194.2 元，但提升空间有限，提升幅度明显小于城镇居民的人均消费支出水平。从城乡人均消费支出比看，2001—2010 年城乡人均文教娱乐服务消费比基本呈稳定发展趋势，但略微有所下降，由 2001 年的 2.4 下降到 2019 年的 2.24，下降幅度相对较小，仅为 0.2 左右，其中 2012 年的城乡人均消费差距达到 2.7 的峰值。

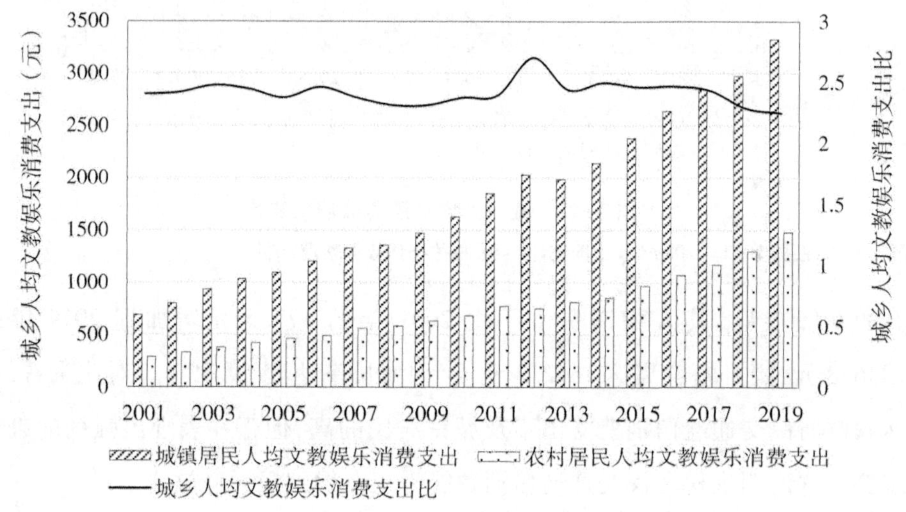

图 3-12 城乡人均文教娱乐服务消费支出

数据来源：根据 2002—2020 年《中国统计年鉴》相关统计数据整理绘制。

从城镇人均其他商品和服务消费支出来看，图 3-13 表明，2001—2019 年呈现上升趋势，由 2001 年的 184.13 元上升到 2019 年的 747.2 元，年均上升率为 3.97%。从时间段看，2001 年至 2009 年间提升速度相对较快，但提升幅度相对较低，由 184.3 元提高到 474.21 元，增幅为 289.91 元，而 2010 年至 2019 年间提升速度有所放缓，但提升幅度相对较大，由 486.5 元缓慢提升到 747.2 元，增幅为 260.7 元。从农村人均其他商品和服务消费支出水平看，总体也呈稳步上升趋势,由 2001 年的 70. 4 元上升到 2019 年的 241. 5 元,年均上升率为 1. 9%,2014 年有所下降为 163 元。

从城乡人均其他商品和服务消费支出水平差异上看,城镇居民的人均消费支出高于农村居民的人均消费支出,但两者之比呈现先上升后下降的发展趋势,说明城乡人均消费差距正呈现逐步缩小的发展趋势。分时段看,2001 年至 2009 年城乡居民人均其他商品和服务消费支出水平比表现出不断拉大的态势,由 2. 61 拉大至 5. 11,并在 2009 年达到峰值,之后便进入持续下降阶段,并在 2013 年下降到最低值 2. 8,然后缓慢提升,并基本保持在 3. 2 左右。总体而言,城乡居民其他商品及服务消费支出差距与城乡收入差距一样,经历着先拉大后缩小的演进发展规律。

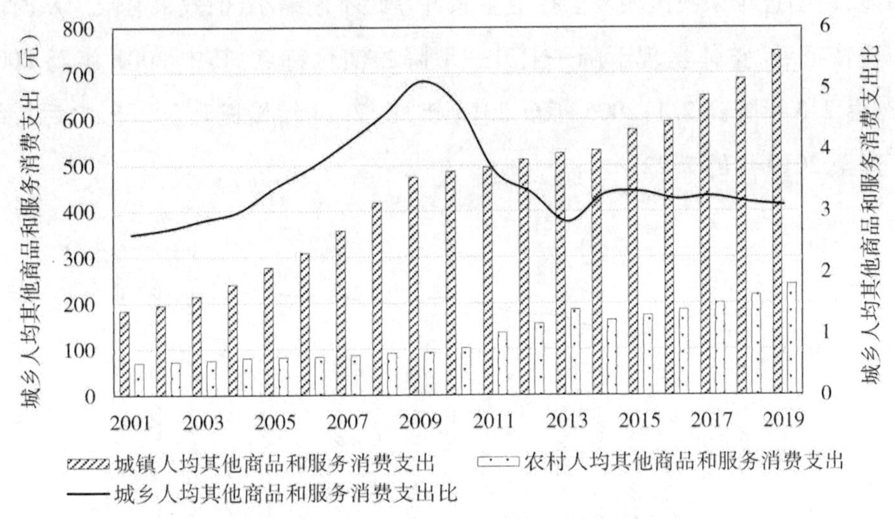

图 3-13 城乡人均其他商品和服务消费支出

数据来源:根据 2002—2020 年《中国统计年鉴》相关统计数据整理绘制。

(四) 城乡公共服务融合分析

城乡公共服务融合主要从城乡每万人卫生技术人员数、城乡住宅投入、城乡每万人医疗卫生机构床位数等方面进行评价。

从每万人卫生技术人员数看，由图 3-14 可以看出，城镇每万人卫生技术人员数远大于农村每万人卫生技术人员数，其中城镇每万人卫生技术人员数由 2001 年的 49 人上升到 2019 年的 111 人，平均每年增加 3.2 人，年均增长率为 5.2%；农村每万人卫生技术人员数由 2001 年的 21 人上升到 2019 年的 50 人，平均每年增加 1.5 人，年均增长率为 8%。由此可见，2001 年以来我国城乡每万人拥有的卫生技术人员数均表现出加快的提升速度，城乡医疗卫生条件得到良好改善，虽然农村每万人卫生技术人员数拥有量远落后于城镇，但其提升速度持续领先。从城乡每万人拥有卫生技术人员数之比看，2001 年以来城乡每万人拥有卫生技术人员的差距整体保持相对稳定状态，城镇拥有量基本是农村拥有量的 2 倍，有个别年份达到 2.5 倍以上，但总体变化并不是很明显，说明近年来我国城乡医疗卫生条件差距不断缩小，但效果有限。从时序演进特征看，整体呈现下降—上升—下降的演化特点，其中 2001 年至 2005 年，由 2.3 下降到 2.1；2006 年至 2015 年，由 2.14 缓慢提升至 2.6，之后持续下降至 2019 年的 2.22。

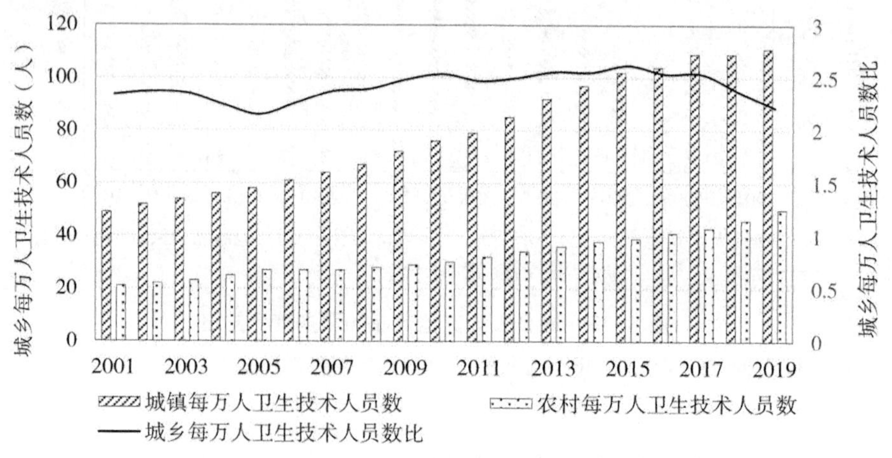

图 3-14　城乡每万人卫生技术人员数

数据来源：根据 2002—2020 年《中国统计年鉴》相关统计数据整理绘制。

从城镇住宅公共投资看，由图 3-15 可看出，2001—2019 年城镇住宅投资呈现持续上升趋势，由 2001 年的 6261.5 亿元上升到 2019 年的 88766.54 亿元，年均增长率为 4.9%；农村住宅投资呈现上升的趋势，由 2001 年的 2158.86 亿元上升到 2019 年的 7636.45 亿元，19 年间仅增长了 5477.59 亿元，远低于城镇住宅投资增量，但年均增速达到 9.17%，超过城镇住宅投资增速。从城乡对比看，城乡住宅投资比呈现持续上升趋势，由 2001 年的 2.9 提升至 2019 年的 11.62，说明城乡住宅投资差距持续拉大，城乡住宅投资二元结构非常明显。

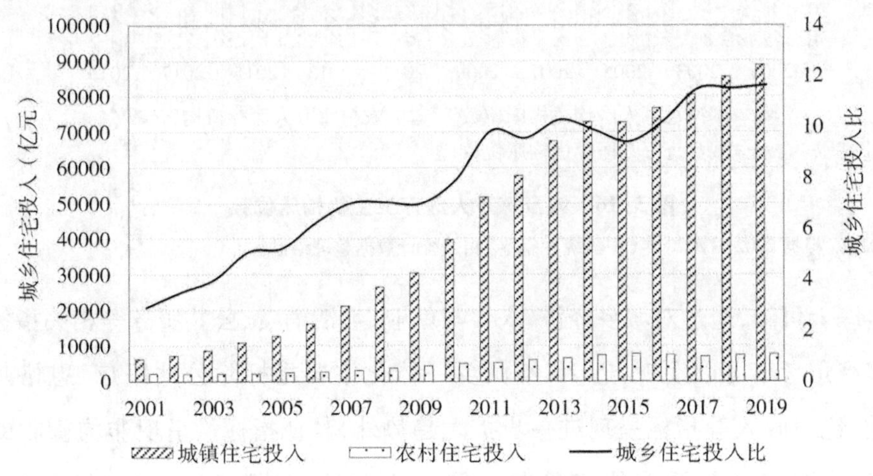

图 3-15　城乡住宅公共投入

数据来源：根据 2002—2020 年《中国统计年鉴》相关统计数据整理绘制。

从城乡每万人医疗卫生机构床位数拥有量看，由图 3-16 可知，2001—2019 年我国城镇每万人医疗卫生机构床位数呈现持续上升趋势，由 2001 年的 42 张提升至 2019 年的 87.81 张，其中 2007 年至 2015 年提升速度最快，提升幅度达到 33.3 张。农村每万人医疗卫生机构床位数也呈现持续上升趋势，由 2001 年的 16.35 张增加到 2019 年的 48.09 张，年均增长幅度为 5.54%，从城乡每万人医疗卫生机构床位比看，城乡每万人医疗卫生机构床位比呈现持续下降趋势，由 2001 年的 2.56 下降至 2019 年的 1.8，说明城乡医疗卫生机构床位数拥有量差距持续缩小。

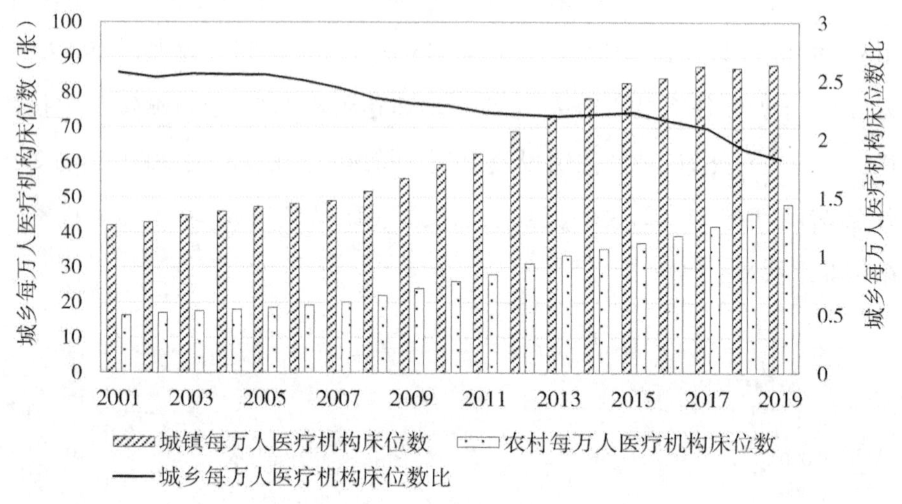

图 3-16　城乡每万人医疗卫生机构床位数

数据来源:根据 2002—2020 年《中国统计年鉴》相关统计数据整理绘制。

综上可知,通过对城乡经济、人口与就业、生活消费、公共服务等相关指标的多视角考察可以发现,近 20 年城乡一体化主要指标除公共医疗、恩格尔系数、绝对收入等指标呈现进一步扩大趋势外,其他指标均呈现非均衡收敛态势,表明城乡关系总体格局向一体化方向演进,但不同阶段呈现波动态势。

三、我国城乡融合发展的区域比较

对各省份之间城乡融合的比较仍选取城乡经济融合、城乡人口融合、城乡生活融合、城乡基础设施及公共服务融合等指标进行比较。

（一）各地区城乡经济分析

对各地区城乡经济的分析,主要对 2001—2019 年我国城乡人均收入比、城乡人均消费支出比、城镇恩格尔系数、农村恩格尔系数等四方面进行比较。

图 3-17 显示，城乡人均收入比的变化并不稳定，各地区存在明显差异，东部地区的天津、上海、河北、江苏、福建、山东、广东、海南等省份呈现先上升后下降的变化趋势，辽宁、北京表现出持续上升和下降趋势；中部地区的表现有所不同，山西、安徽、江西、河南、湖北、内蒙古呈现先上升后下降趋势，吉林、黑龙江和湖南等省份表现为下降趋势；西部地区除广西、贵州、陕西、甘肃以及宁夏等省区表现出先上升后下降趋势外，其余省市均表现为下降趋势。从整体上看，我国西部地区的城乡人均收入比高于东部地区，东西部地区的城乡收入差距较大。

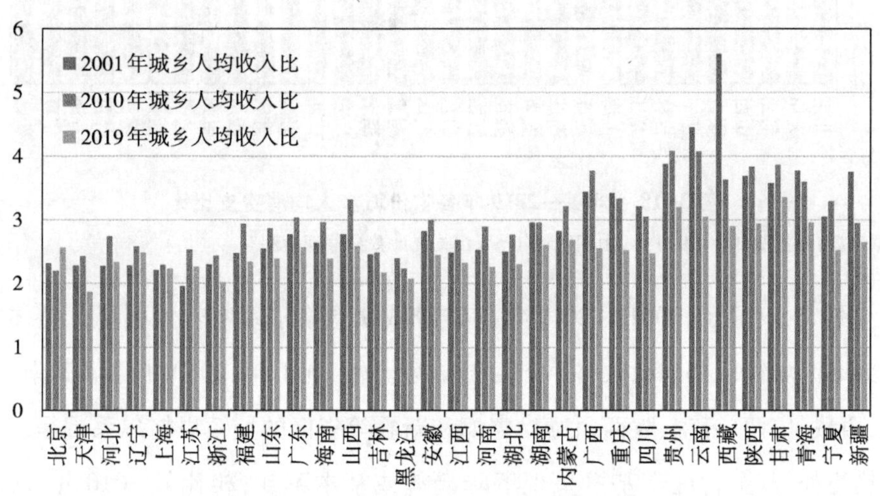

图 3-17　2001—2019 年各省份城乡人均收入比

数据来源：根据 2002—2020 年《中国统计年鉴》相关统计数据整理绘制。

图 3-18 显示，各省份城乡人均消费支出比的变化并不稳定，并存在较大的差异。城乡人均消费支出比呈现持续下降的省区市主要包括北京、天津、河北、山西、黑龙江、江苏、浙江、安徽、山东、河南、湖北、湖南、广西、海南、重庆、四川、贵州、云南、西藏、陕西、甘肃、青海、宁夏、新疆；呈现先上升后下降的省区市主要包括内蒙古、辽宁、吉林、上海、福建、江西、广东。东部地区主要呈现

持续下降的趋势，中部地区主要表现为先上升后下降的不均衡变动趋势，西部地区集中于持续下降，意味着我国城乡人均消费支出比在逐渐缩小，特别是西部地区后发优势逐渐凸显。

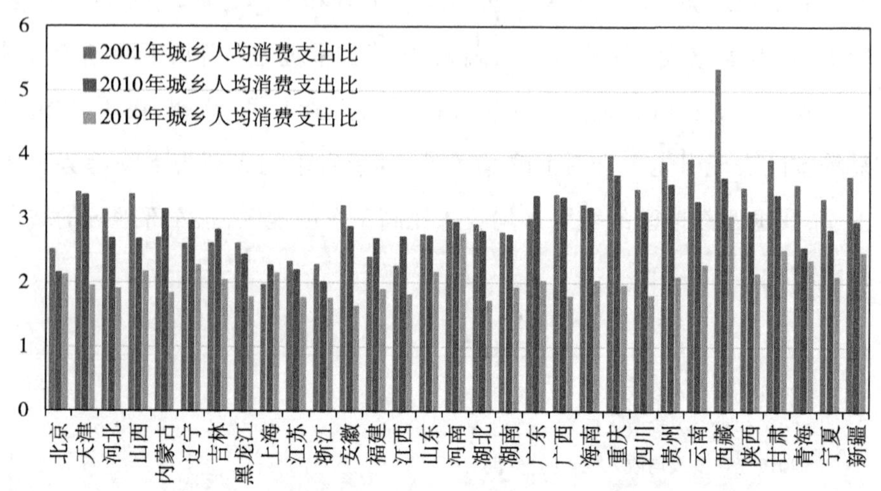

图 3-18　2001—2019 年各省份城乡人均消费支出比

数据来源：根据 2002—2020 年《中国统计年鉴》相关统计数据整理绘制。

图 3-19 显示，2001—2019 年各省份城镇恩格尔系数较为明显。整体看东部地区城镇恩格尔系数略小于西部地区。较 2001 年，2010 年除了湖南、湖北、西藏、广西、云南、陕西、甘肃、青海和新疆等省区的城镇恩格尔系数呈现下降趋势外，其余省区市基本呈现下降趋势或基本不变；相比较 2010 年，2019 年各省城镇恩格尔系数全部呈现下降趋势，一定程度上能够说明我国各省份城镇居民消费支出的差距在不断缩小，进一步也说明区域间收入差距呈现收敛态势。

图 3-20 显示，2001—2019 年除西藏外我国各省份农村恩格尔系数基本呈现下降趋势。相比 2001 年，2010 年我国各省区市农村恩格尔系数均呈现下降趋势；相比 2010 年，2019 年除西藏外我国各省区市的农村恩格尔系数全部呈现下降趋势，意味着我国农村居民的食品支出消费比重在减少。随着经

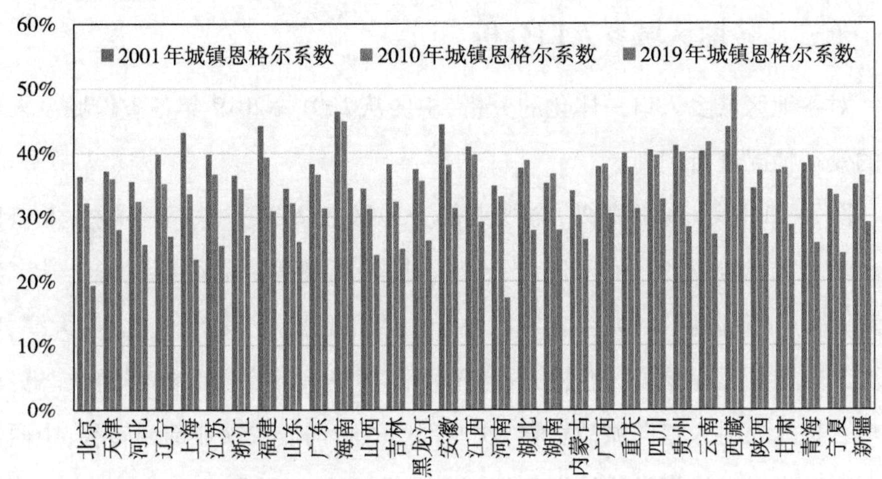

图 3-19　2001—2019 年各省份城镇恩格尔系数

数据来源：根据 2002—2020 年《中国统计年鉴》相关统计数据整理绘制。

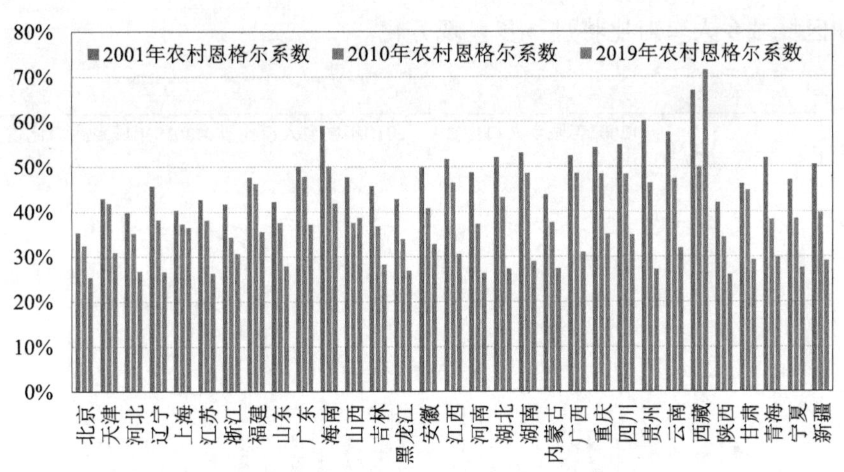

图 3-20　2001—2019 年各省份农村恩格尔系数

数据来源：根据 2002—2020 年《中国统计年鉴》相关统计数据整理绘制。

济发展和收入增长持续，消费升级决定了食品消费仅仅作为消费支出中的一部分，在总支出中的占比将进一步下降，各区域消费结构均将呈现日益多元化态势。

（二）各地区城乡人口分析

对各地区城乡人口一体化的分析，主要从 2001—2019 年各省份城乡人口比的变动情况进行判断。

图 3-21 显示，除西藏外，全国大部分地区在 2001—2019 年城乡人口比都呈现上升趋势，相对而言，贵州、云南、甘肃、新疆等少数西部省份上升态势相对缓慢。东部地区的城乡人口比大于中西部地区，尤其上海、北京、天津、广东更为突出。显而易见，这种格局与沿海高度集聚的产业和经济增长态势具有耦合性。农村人口向城镇转移，农业部门人口向非农就业部门转移，中西部地区流动人口向沿海发达地区集聚以获取更多的发展机会和比较收益，这是开放经济体系下要素流动的客观规律。不难预见，随着户籍改革、公共服务包容性的增强以及沿海城市群空间报酬优势的进一步显现，人口的这种空间流动和区域城乡人口对比将进一步呈现分化。

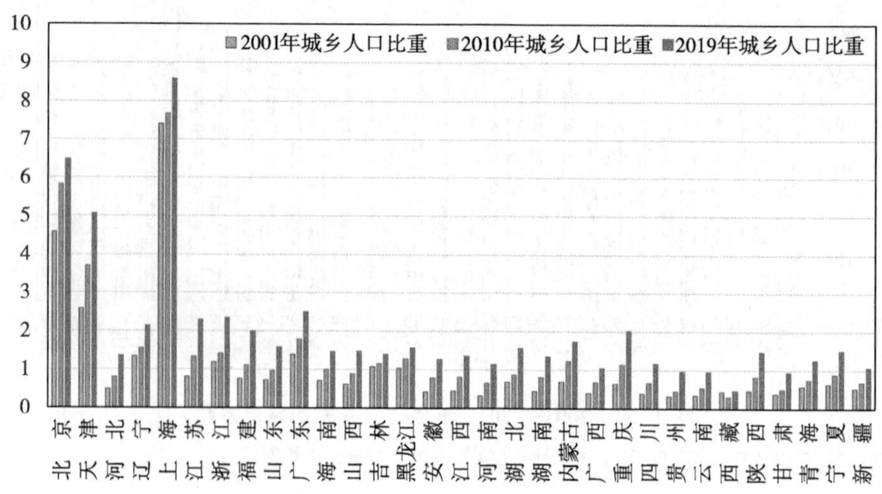

图 3-21　2001—2019 年各省份城乡人口比

数据来源：根据 2002—2020 年《中国统计年鉴》相关统计数据整理绘制。

（三）各地区城乡生活分析

对我国各地区城乡生活一体化的分析，主要从2001—2019年各省份城乡人均食品消费比、城乡人均衣着消费比、城乡人均居住消费比、城乡人均家庭生活用品及服务消费比、城乡人均医疗保健消费比、城乡人均交通通信消费比、城乡人均文教娱乐消费比、城乡人均其他商品和服务消费比等方面进行分析。

从城乡人均食品消费比看，由图3-22可知，2001—2019年东部地区的北京、天津、河北、浙江、上海等省市呈现下降的趋势，辽宁、福建、江苏、山东、广东、海南等呈现先上升后下降的趋势；除安徽和山西外，中部地区的其余省份都呈现先上升后下降的趋势；西部地区的重庆、甘肃、四川呈下降趋势，其余省份呈现先上升后下降的趋势。随着经济增长、食物消费升级和多元化发展，传统食品消费在消费支出中的比重在逐渐减少。有趣的现象是，虽然在农村食品消费支出依然是消费支出的重要组成部分，但这一比重也在下降，说明农村食品消费结构、消费规模占比均在发生一定程度转型。亦即，城乡人均消费占消费比重均呈现下降态势，只不过在不同区域下降幅度有所不同。

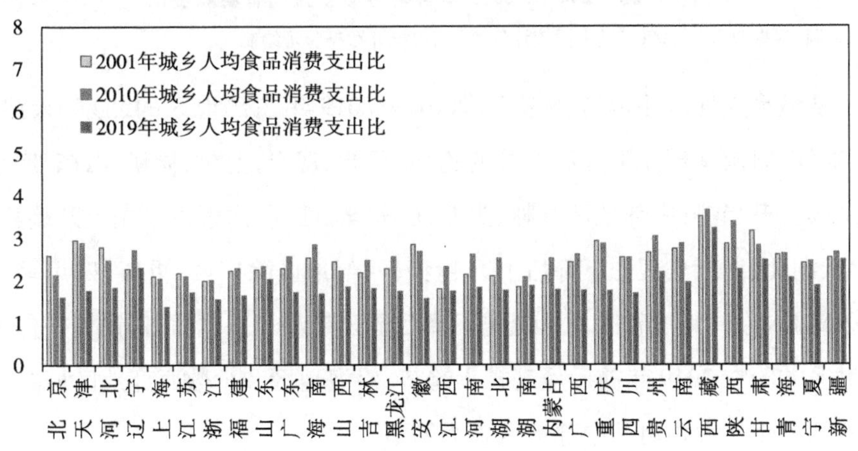

图3-22　2001—2019年各省份城乡人均食品消费比

数据来源：根据2002—2020年《中国统计年鉴》相关统计数据整理绘制。

从城乡人均衣着消费比看，2001—2019年东部地区的北京、河北、浙江呈现下降趋势，东部地区的其余省份呈现先上升后下降的趋势；中部地区的山西、黑龙江、安徽、湖北呈现下降趋势，其余省份呈先上升后下降趋势；西部地区的重庆、四川、贵州、云南、甘肃、青海、宁夏、西藏、新疆等省区市呈现下降趋势，广西、陕西呈先上升后下降趋势。从占比看，东部地区城乡衣着消费比明显低于中西部地区，最高的云南、贵州、甘肃、广西与京津沪地区相比，差距接近1倍。

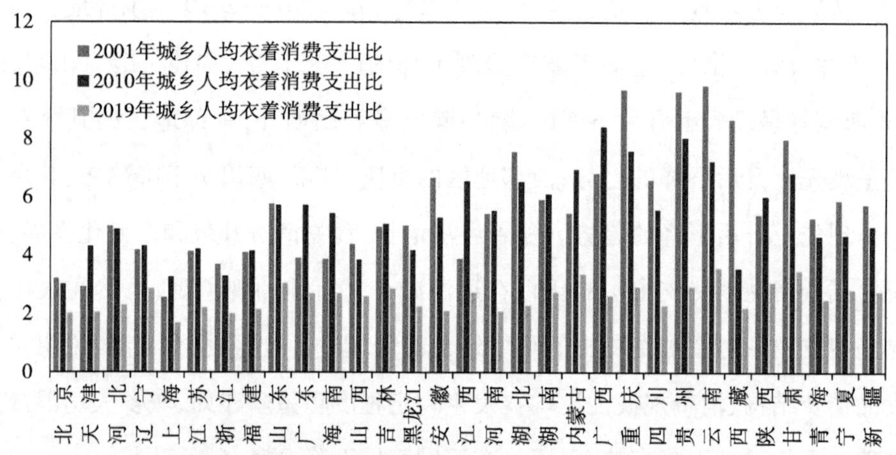

图3-23　2001—2019年各省份城乡人均衣着消费比

数据来源：根据2002—2020年《中国统计年鉴》相关统计数据整理绘制。

从城乡人均居住消费比来看，2001—2019年东部地区的北京、天津、江苏、浙江、海南呈现先下降后上升的趋势，河北、辽宁、上海、福建、山东、广东呈现持续上升趋势；中部地区吉林、黑龙江、安徽、江西、内蒙古呈先上升趋势，而河南、湖北、湖南呈现先下降后上升趋势；西部地区除广西、重庆、四川呈现持续下降趋势外，其他省区均呈现先下降后上升趋势。总体而言，说明住房消费的城乡差距在2019年前后呈现扩大趋势，沿海地区和少数西部地区城乡居住消费的差距扩大相对于中部地区更为明显。

从城乡人均家庭生活用品及服务消费支出比看，东部地区的上海、江苏、福建、广东、海南等呈现先上升后下降趋势，东部地区的其余省份呈现下降的

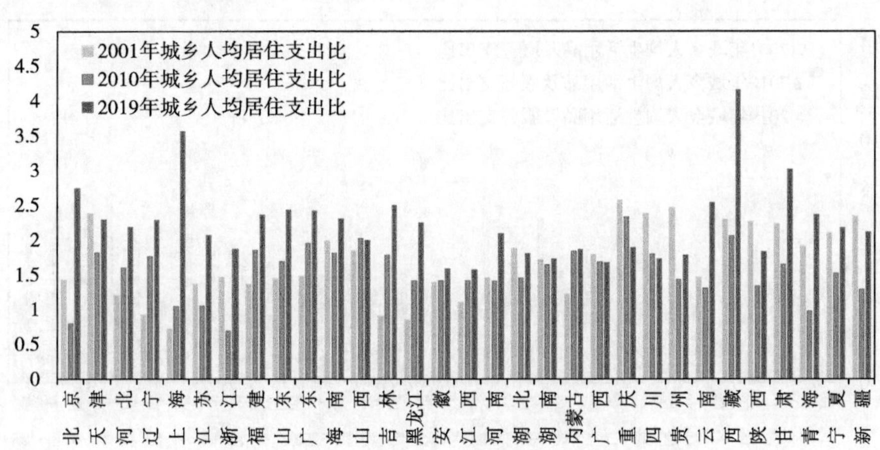

图 3-24　2001—2019 年各省份城乡人均居住消费比

数据来源：根据 2002—2020 年《中国统计年鉴》相关统计数据整理绘制。

趋势，其中天津、河北、辽宁下降趋势非常明显，下降幅度相对较大；中部地区的江西、湖北、内蒙古呈现先上升后下降的趋势，其余省份表现为持续下降的趋势，其中山西、河南、吉林、黑龙江下降的幅度相对较大；西部地区除广西、西藏呈先上升后下降和先下降后上升趋势外，其他省区市均表现出持续下降态势，且云南、甘肃、青海、陕西、新疆和宁夏等省区下降幅度非常明显，说明近年来这些省区的城乡人均生活用品及服务消费支出差距持续缩小，城乡生活融合水平不断提升，统筹城乡发展效果显著。总体上看，2001 年以来，西部地区各省区市城乡人均家庭生活用品及服务消费支出比持续下降，且下降幅度明显超过东中部各省区市，说明西部地区城乡融合发展步伐不断加快推进，并取得良好成效。

图 3-26 显示，2001—2019 年我国城乡人均医疗保健消费比呈现持续下降的省区主要包括河北、河南、黑龙江、云南、西藏、青海和新疆，其余省区市均呈现先上升后下降的发展态势，说明至 2019 年我国各省区市城乡医疗保健消费支出差距均实现了不断降低的演进趋势，一定程度上表明我国城乡医疗保障差距正在不断缩小，城乡公共服务一体化进程持续加快。

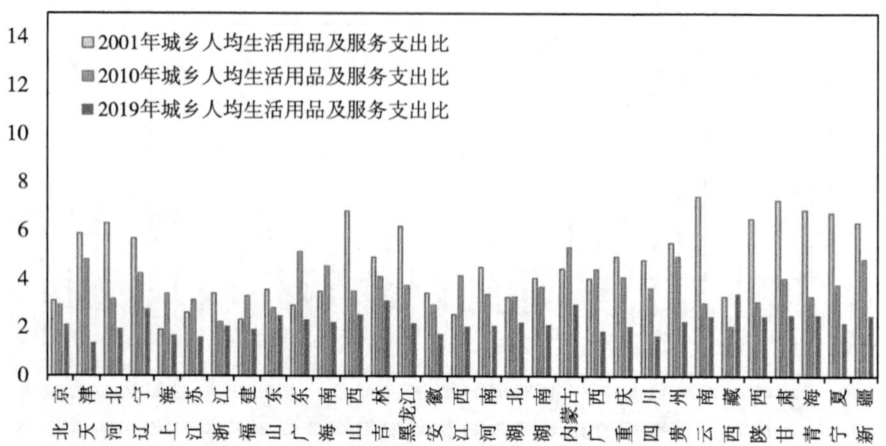

图 3-25　2001—2019 年各省份城乡人均家庭生活用品及服务消费比

数据来源:根据 2002—2020 年《中国统计年鉴》相关统计数据整理绘制。

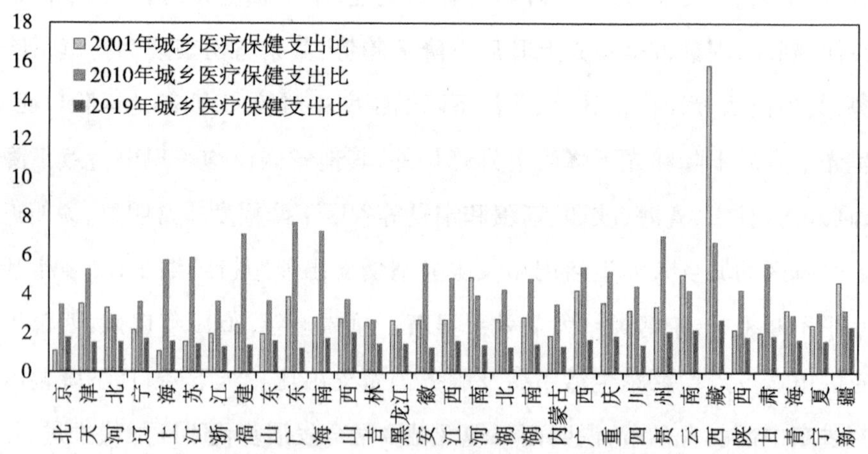

图 3-26　2001—2019 年各省份城乡人均医疗保健消费比

数据来源:根据 2002—2020 年《中国统计年鉴》相关统计数据整理绘制。

图 3-27 显示,2001—2019 年我国各省份城乡人均交通通信消费比差异明显。东部地区,除天津、河北、辽宁等省市呈现持续下降趋势外,其余省区市均表现出先下降后上升趋势;中部地区的黑龙江、安徽、河南、湖北、湖南和内蒙古等省区也呈现持续下降趋势,而其他省份均呈现先下降后上升趋势;西部

地区除西藏、宁夏和新疆呈下降后上升趋势外，其余省区市也都呈现持续下降趋势。从时序演进看，相比 2001 年，2010 年下降幅度相对较大的是广东、海南、山西、广西、贵州、云南和西藏等省区。但整体而言，东部地区的城乡人均交通通信消费比略小于西部。

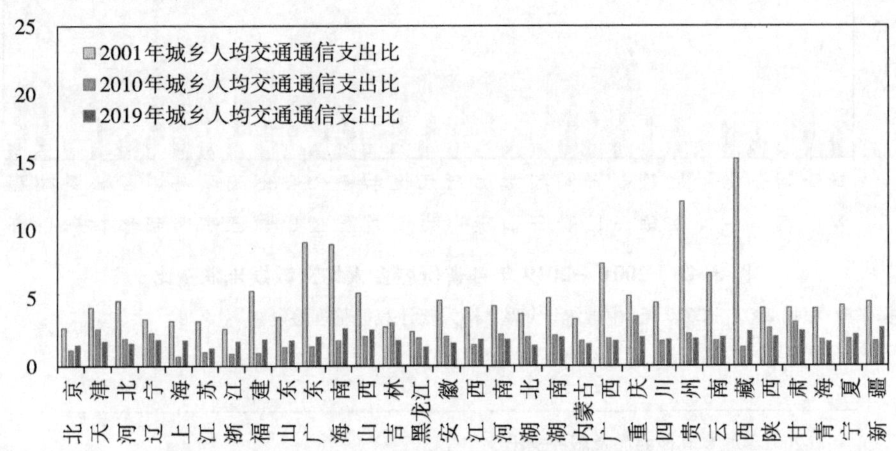

图 3-27　2001—2019 年各省份城乡人均交通通信消费比

数据来源：根据 2002—2020 年《中国统计年鉴》相关统计数据整理绘制。

图 3-28 显示，2001—2019 年我国各省份城乡人均文教娱乐消费差异明显。从空间分布特征看，东部地区的浙江、福建、广东等省份呈现先上升后下降趋势，而上海呈现略微上升趋势，北京、天津、河北、辽宁、江苏、山东、海南等省市呈现持续下降趋势；中部地区除了江西呈现弱势的先上升后下降趋势外，其余省份均呈现持续下降趋势；西部地区除广西和宁夏呈现先上升后下降趋势外，其余省区市均呈现持续下降趋势。从时间阶段演进特征看，相比 2001 年，2010 年我国大部分各省区市的城乡人均文教娱乐消费比呈现持续下降趋势；相比 2010 年，2019 年我国各省份人均文教娱乐消费比全部低于 2010 年的数据，意味着我国城乡人均文教娱乐消费在一定程度上差异在缩小。

图 3-29 可以看出，我国各省份城乡其他商品和服务消费比差异明显，整体看西部地区略高于东中部地区，但西部地区整体呈现下降趋势，东部地区呈

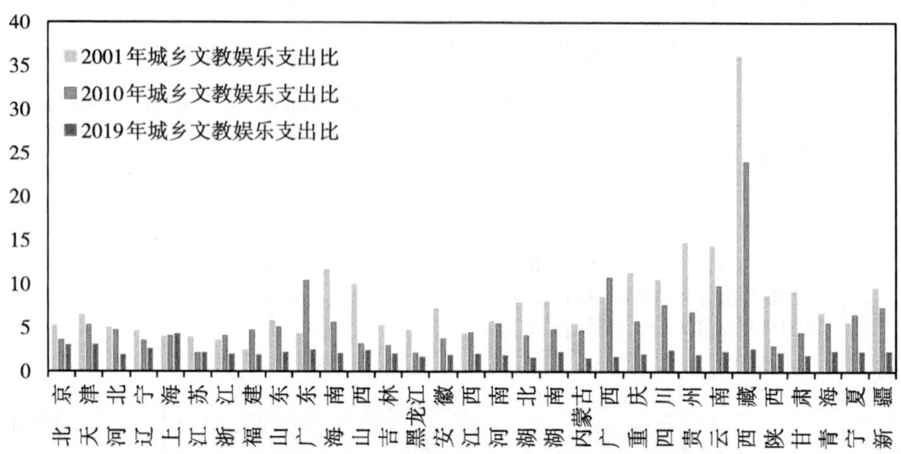

图 3-28　2001—2019 年各省份城乡人均文教娱乐消费比

数据来源：根据 2002—2020 年《中国统计年鉴》相关统计数据整理绘制。

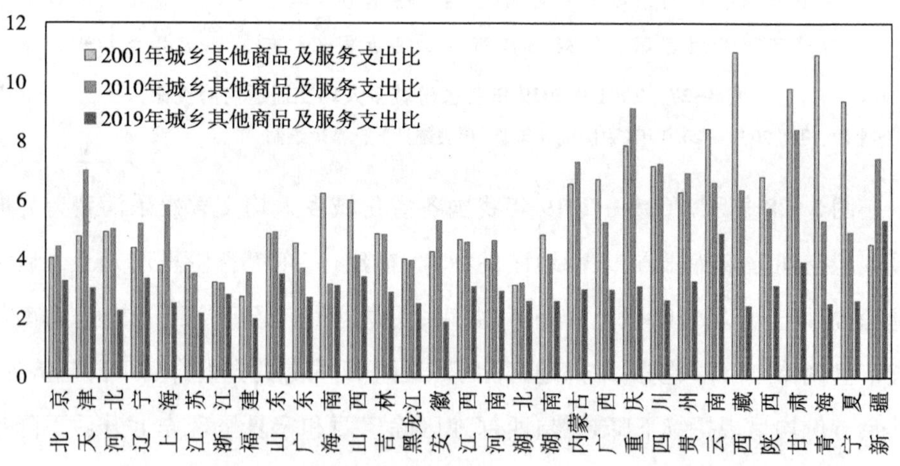

图 3-29　2001—2019 年各省份城乡人均其他商品和服务消费比

数据来源：根据 2002—2020 年《中国统计年鉴》相关统计数据整理绘制。

现持续下降的省份主要包括江苏、浙江、广东、海南，呈现先上升后下降的省份主要包括北京、天津、辽宁、上海、山东；中部地区的表现则有所不同，安徽、江西、湖北、河南呈现先上升后下降的趋势，其余省份则表现为持续下降的趋势；西部地区大多数省区市均呈现持续下降趋势。

（四）各地区城乡公共服务分析

针对各地区城乡基础设施分析，主要从城乡每万人卫生技术人员比、城乡每万人医疗机构床位数比、城乡全社会住宅资产投资比等方面进行分析。

图 3-30 显示，2001—2019 年我国各省区市城乡每万人卫生技术人员比大多呈现持续下降的发展趋势，整体表现出城乡医疗服务条件差距的不断缩小。东部地区除了广东省呈现先上升后下降趋势之外，其他省区市均表现为持续下降趋势，其中辽宁、福建、河北等下降幅度相对较大；中部地区除江西呈现先上升后下降外，其他省区也都表现出持续下降的演进趋势；西部地区中贵州、青海两省表现出先上升后下降趋势，广西、重庆、四川、云南、西藏、山西、甘肃、宁夏呈现出持续下降趋势。总体上看，2001 年以来西部地区城乡每万人卫生技术人员数差距降幅略微高于东部和中部地区。

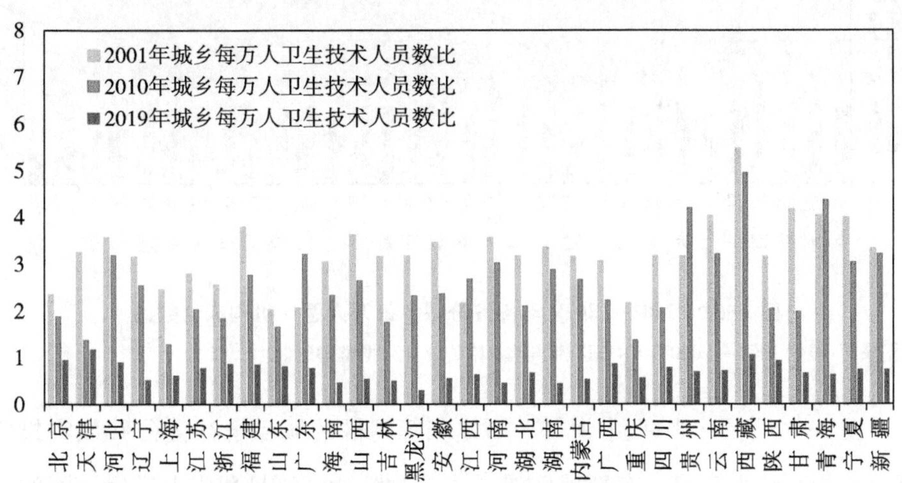

图 3-30　2001—2019 年各省份城乡每万人卫生技术人员比

数据来源：根据 2002—2020 年《中国统计年鉴》相关统计数据整理绘制。

图 3-31 显示，2001—2019 年我国各省区市的城乡每万人医疗机构床位数比基本表现出持续下降的发展演进趋势，城乡差距逐渐缩小。具体看，东部

地区除北京、辽宁和上海表现出先上升后下降趋势外，其余省份均表现出持续下降趋势；中部地区呈现先上升后下降趋势的只有黑龙江省，山西、吉林、安徽、江西、河南、湖北、湖南以及内蒙古等省份均表现出持续下降趋势；西部地区除宁夏、新疆外，其余省区市也都表现出持续下降趋势。总体上看，虽然西部地区的城乡每万人医疗机构床位数比在2001年以来实现了较大幅度下降，仍然高于中部和西部地区，且下降幅度有限，与中部和东部地区仍有差距，但也说明西部地区城乡医疗卫生服务融合潜力有待挖掘，城乡公共服务融合空间较大。

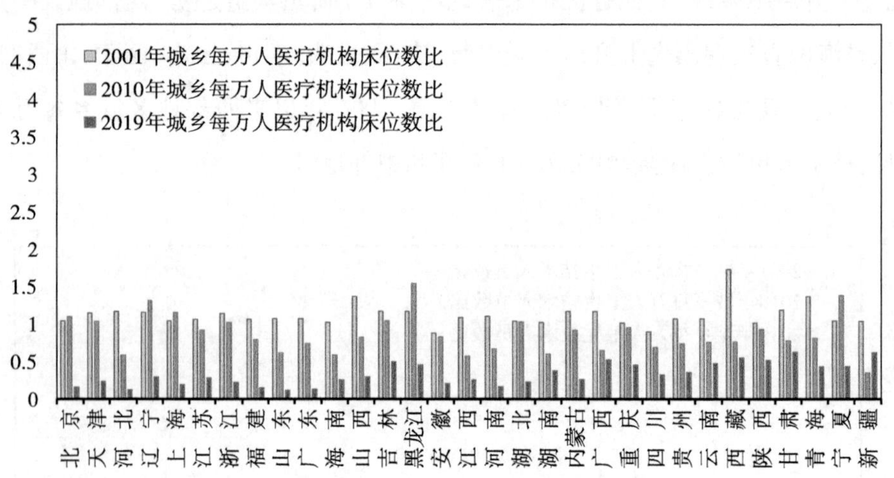

图 3-31　2001—2019 年各省份城乡每万人医疗机构床位数比

数据来源：根据 2002—2020 年《中国统计年鉴》相关统计数据整理绘制。

图 3-32 显示，北京、上海、广东、重庆等地区的城乡全社会公共住宅投资资产比相对较为突出。东部地区的天津、河北、浙江等呈现先上升后下降的趋势，辽宁、上海、江苏、福建、山东、广东、海南等表现出持续上升的趋势；中部地区的吉林、黑龙江、安徽、内蒙古呈现先上升后下降的趋势，山西、江西、湖北、湖南等表现出持续上升趋势；西部地区除云南的先上升后下降外，其余省区市均表现为持续上升趋势，但重庆此类公共投入占比显著领先于西部其他地区。

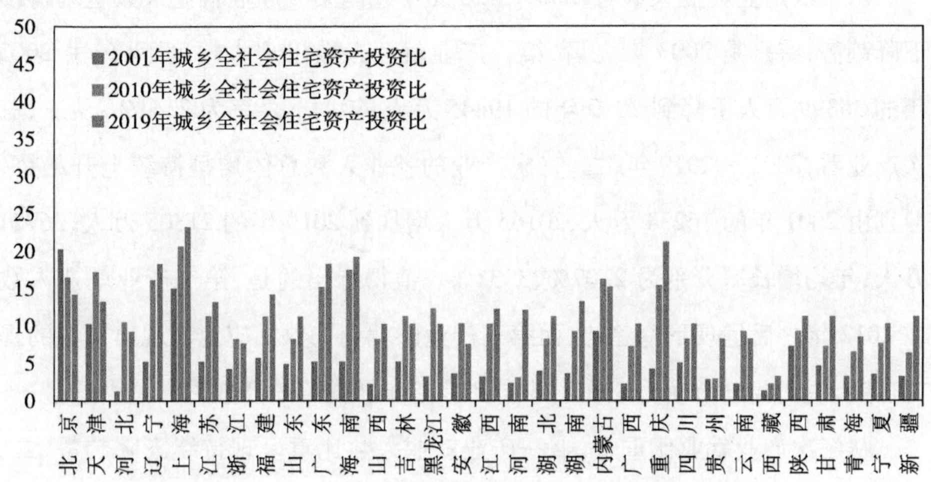

图 3-32　2001—2019 年各省份城乡全社会住宅资产投资比

数据来源：根据 2002—2020 年《中国统计年鉴》相关统计数据整理绘制。

四、就业、产业结构演变与城乡融合空间绩效

有关城乡融合空间绩效的分析，主要从就业结构和产业结构角度进行，首先对我国就业、产业结构的现状进行分析；其次通过主成分分析法得出我国城乡融合水平的综合得分；最后运用时间序列模型分析就业、产业结构对城乡融合的影响。

（一）就业、产业结构的现状分析

1. 我国就业结构现状分析

首先从一、二、三次产业的就业总人数进行比较，其次对我国一、二、三次产业就业人数各自所占比重进行比较。已有研究证明，城乡转型进程与产业结构、就业结构的变动是互为关联、互为因果的，因此从结构变动视角考察城乡融合发展及其效应，具有一定理论基础和现实基础，结果如图 3-33 所示。

从三次产业就业人数看,2001—2019年我国第一产业就业人数呈现持续下降趋势,特别是2003年之后,第一产业就业人数出现大幅度下降,由2003年的36399万人下降到2019年的19445万人,年均下降率为2.41%;从二、三次产业看,2001—2019年,二、三次产业的就业人数总体均呈持续上升趋势,分别由2001年的16234万人、20165万人增加到2019年的21305万人、36721万人,年均增长率分别为2.07%、3.31%。值得指出的是,第二产业就业人数在2012年之后呈现下降趋势,而第三产业的就业人数相应地表现出更快的提升速度,说明我国劳动力正在由第二产业逐步转向第三产业。

从三次产业就业比重看,第一产业就业人数比重呈现持续下降趋势,二、三产业就业人数比重呈现持续上升趋势。第一产业就业人数占比由2001年的50%下降到2019年的25.1%,第二、第三产业就业人数占比由2001年的22.3%、24.7%上升到2019年的27.5%、47.7%。显而易见,第三产业已经成为我国吸纳就业人口、拉动就业的动力引擎,这种变化与我国产业结构转型升级和不断优化关系密切。

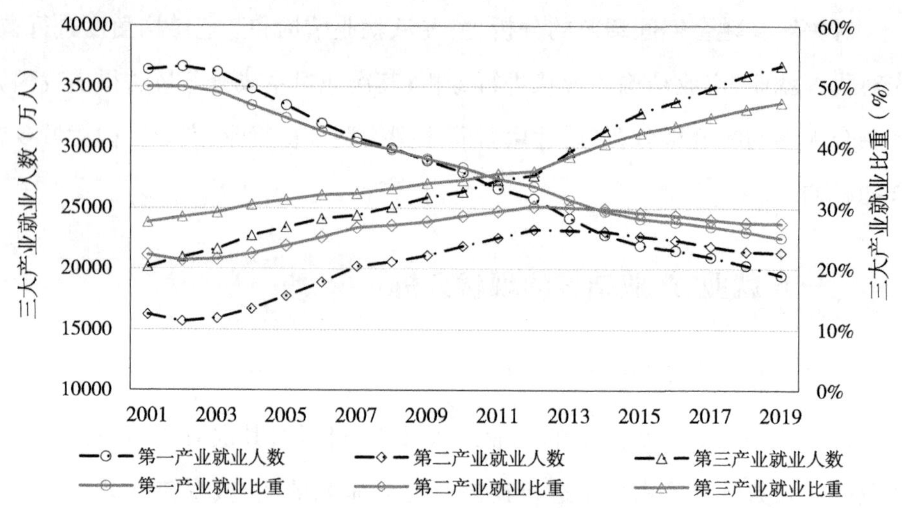

图3-33 2001—2019年我国各产业就业情况

数据来源:根据2002—2020年《中国统计年鉴》相关统计数据整理绘制。

2. 我国产业结构现状分析

对产业结构现状的分析分别从一二三次产业增加值及其占比进行，结果如图 3-34 所示。

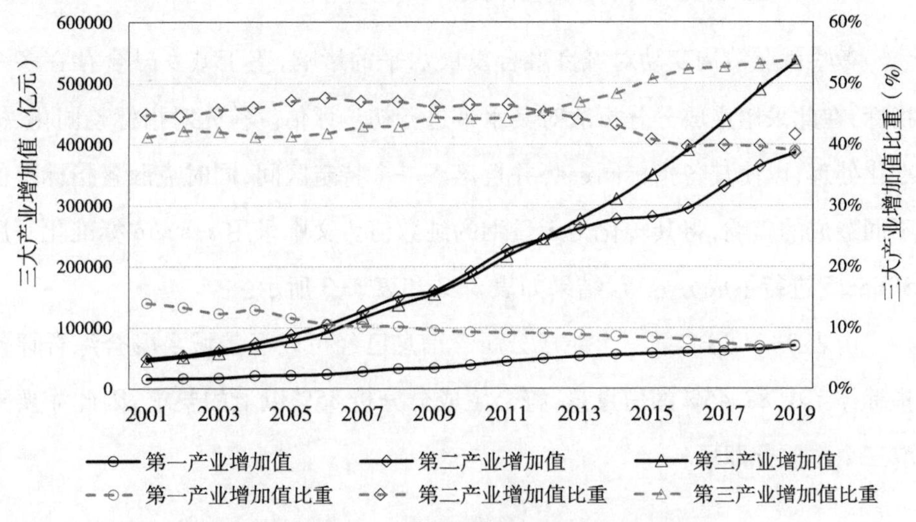

图 3-34　2001—2019 年我国各产业增加值情况

数据来源：根据 2002—2020 年《中国统计年鉴》相关统计数据整理绘制。

从各产业增加值看，总体上看，2001 年以来我国一二三产业产值均呈现持续增加趋势，但增加幅度各有差异。其中，第一产业的增加值从 2001 年的 15502. 5 亿元增加到 2019 年的 70466. 7 亿元，年均增长率为 5. 26%，第二、三产业的增加值分别从 2001 年的 49659. 4 亿元、45701. 2 亿元增加到 2019 年的 386165. 3 亿元、534233. 1 亿元，年均增长率分别为 12. 59%、15. 27%。

从各产业的增加值比重来看，第一产业的增加值比重从 2001 年的 14%下降到 2019 年的 7. 1%，整体下降了近 7 个百分点；第二产业增加值所占比重整体呈现下降趋势，特别是 2012 年以后下降速度持续加快，从 2001 年的 44. 8%变化到 2019 年的 39%；第三产业的增加值比重上升幅度最大，由 2001 年的 41. 2%上升到 2019 年的 53. 9%，成为拉动我国经济社会发展的主要动力。可见,无论是从三大产业增加值还是三大产业增加值比重看,我国产业结构转型升级步伐不断加快,产业结构实现由"二三一"模式向"三二一"模式转变,第三产业成为推动国民经济发展的重要引擎。

(二)主成分分析城乡融合水平

考察就业结构变动对城乡融合发展水平的影响,鉴于城乡融合存在多个指标,在此采用主成分分析法对其水平进行初步评估。首先对指标趋同化、标准化处理,以使其各指标同趋势并且落入一个特定区间,同时克服各指标单位不同造成的影响,将其转化为无量纲的纯数值。文中采用 z-score 标准化。用 SPSS 25 进行主成分分析,结果如表 3-2 和表 3-3 所示。

由表 3-2 可知,前三个主成分所含信息已经可以涵盖城乡融合综合评价指标体系中 88.45%的信息量,符合主成分分析 85%以上的要求,因此需要提取三个主成分即可。

表 3-2 总方差解释表

成分	初始特征值			提取载荷平方和		
	总计	方差百分比	累积%	总计	方差百分比	累积%
x_1	10.433	65.206	65.206	10.433	65.206	65.206
x_2	2.427	15.169	80.376	2.427	15.169	80.376
x_3	1.291	8.071	88.446	1.291	19.6244	88.446
x_4	0.877	5.481	93.928			
x_5	0.354	2.211	96.138			
x_6	0.225	1.405	97.543			
x_7	0.158	0.988	98.531			
x_8	0.103	0.645	99.177			
x_9	0.082	0.513	99.690			
x_{10}	0.027	0.170	99.859			

续表

成分	初始特征值			提取载荷平方和		
	总计	方差百分比	累积%	总计	方差百分比	累积%
x_{11}	0.010	0.063	99.922			
x_{12}	0.008	0.051	99.974			
x_{13}	0.003	0.018	99.992			
x_{14}	0.001	0.007	99.999			
x_{15}	9.877E-05	0.001	100.000			
x_{16}	2.792E-06	1.745E-05	100.000			

根据表3-2累计方差结果,计算得出并提取F_1、F_2、F_3三个主成分,其贡献率分别为65.21%、15.17%和19.62%。同时,根据表3-3主成分分析结果,可得城乡融合发展水平的综合评价得分计算公式为$F = 65.21\% F_1 + 15.17\% F_2 + 19.62\% F_3$,其中F代表城乡融合发展水平。

表3-3　主成分分析结果

变量	成分		
	1	2	3
城乡居民人均收入比(x_1)	0.895	0.336	-0.032
城乡居民人均消费支出比(x_2)	0.980	-0.017	0.078
城乡恩格尔系数比(x_3)	-0.686	0.553	0.048
城乡人口比(x_4)	-0.944	0.291	-0.023
城乡就业人口比(x_5)	-0.949	0.284	-0.025
城乡人均食品消费支出比(x_6)	0.945	0.062	0.148
城乡人均衣着消费支出比(x_7)	0.965	0.138	0.009
城乡居民人均居住消费支出比(x_8)	0.498	0.658	-0.022
城乡人均生活用品及服务消费比(x_9)	0.795	0.391	-0.071
城乡居民人均医疗保健消费比(x_{10})	0.933	-0.222	-0.109

续表

变量	成分		
	1	2	3
城乡人均交通通信消费比(x_{11})	0.820	0.445	0.098
城乡人均文教娱乐消费比(x_{12})	0.238	−0.077	0.935
城乡人均其他商品和服务消费比(x_{13})	0.346	0.825	−0.244
城乡每万人卫生技术人员数比(x_{14})	−0.452	0.408	0.542
农村每万人医疗机构床位数比(x_{15})	−0.984	0.122	−0.037
城乡住宅投入比(x_{16})	−0.903	0.346	0.058

根据表 3-3 的数据及上述公式,能够得出 2001—2019 年我国城乡融合发展水平,结果如表 3-4 所示。表 3-4 显示,运用主成分分析我国城乡融合发展水平并未呈现上升趋势,这与城乡融合发展内部之间的协调性有关。

表 3-4　城乡融合综合得分

年份	第一主成分	第二主成分	第三主成分	综合得分	年份	第一主成分	第二主成分	第三主成分	综合得分
2001	1.635	−1.265	1.591	1.188	2011	2.134	1.327	−0.345	1.527
2002	1.265	−2.655	1.236	0.666	2012	1.446	1.237	−0.444	1.044
2003	2.164	−3.217	0.865	1.095	2013	−0.265	1.563	1.235	0.306
2004	1.921	−3.126	0.965	0.970	2014	−1.056	1.765	2.265	0.022
2005	2.322	−2.165	0.722	1.329	2015	−1.447	1.802	2.133	−0.253
2006	2.442	−1.225	−0.032	1.402	2016	−1.562	1.744	2.032	−0.357
2007	2.856	0.270	−0.232	1.860	2017	−2.324	0.756	1.543	−1.100
2008	2.765	2.417	−0.365	2.101	2018	−3.265	0.562	1.320	−1.788
2009	3.125	2.855	−0.321	2.410	2019	−4.265	0.326	0.877	−2.564
2010	3.163	2.559	−0.412	2.373	2020	−4.323	0.231	0.237	−2.741

（三）就业、产业结构对城乡融合发展水平的影响

构建简单的线性相关性检验模型，检验就业结构、产业结构与城乡融合发展间的关系，采用的数据为2001—2019年的时间序列数据，首先对数据进行单位根检验，将非平稳序列转化为平稳序列，再运用回归模型进行检验，结果如表3-5。

表3-5　就业结构、产业结构对城乡融合水平的影响分析

就业结构与城乡融合				产业结构与城乡融合			
变量	系数	T值	P值	变量	系数	T值	P值
常数	-12.545	-10.39	0.000	常数	3.451	6.874	0.002
第一产业	0.021	9.412	0.002	第一产业	-0.021	-2.409	0.048
第二产业	0.011	9.671	0.001	第二产业	0.014	1.546	0.003
第三产业	0.031	12.69	0.000	第三产业	0.001	4.32	0.001
R^2	0.898			R^2	0.856		
F	89.56			F	18.471		
P	0.000			P	0.001		

表3-5显示，就业结构与城乡融合水平的拟合度为0.898，且通过整体显著性水平检验。从我国各产业就业结构波动看，我国各产业的就业结构变动对城乡融合发展水平均产生正向影响，均通过1%的显著性水平检验；产业结构与城乡融合关系的检验表现有所不同，产业结构与城乡一体化水平的拟合度为0.856，通过整体显著性水平检验，第一产业对城乡融合发展水平产生负向影响，且通过5%的显著性水平检验；第二、第三产业对城乡融合发展水平产生显著的正向影响，均通过5%的显著性水平检验。检验结果显示，我国第一产业的就业变化与城乡融合发展水平存在负相关，即第一产业就业规模上升，在一定程度上制约城乡融合水平的提升，因此加强农业人口向非农业的转移，将对城乡人口一体化发展产生正向激励。

五、城乡融合与区域经济增长的空间计量分析①

（一）相关变量的选取

运用 Eviews 7.0 软件，对表 3-1 中列出的 16 个三级指标在 2001—2019 年的相关性进行分析，得到相关系数矩阵。从中看出，城乡人均消费支出比（x_2）与城乡人均生活用品及服务消费比（x_9）两者高度相关；城乡人均收入比（x_1）与城乡人均消费支出比（x_2）、城乡人均居住消费比（x_8）、城乡人均医疗保健消费比（x_{10}）等指标相关性较强。城乡就业人数比（x_5）与城乡恩格尔系数比（x_3）、城乡人口比（x_4）、城乡人均居住消费比（x_8）、城乡人均交通通信消费比（x_{11}）、城乡人均教育文化娱乐消费比（x_{12}）、城乡每万人卫生技术人员比（x_{14}）、城乡全社会固定资产投资比（x_{16}）与其余指标的相关程度相对较小。

在选择评价指标时，对相关性程度较高的指标，仅选择少量几个主要指标，相关性程度较小的指标，需要尽量选取。对各指标进行 R 型聚类分析，聚类表明，相关程度一致的指标具有相似变动性，因而，对这些指标应尽量简化。

考虑到指标的复杂性，城乡融合表示城乡经济、人口、生活、公共服务等方面的融合；城乡之间要素差异、政策导向、经济增长潜力、基础设施与基本公共服务权益等均是影响城乡融合发展的重要变量。结合城镇化指标的内涵并考虑具体指标的相关性程度，选择以下 5 个指标即城乡人均收入比（x_1）、城乡就业人口比（x_5）、城乡人均食品消费比（x_6）、城乡人均医疗保健消费比（x_{10}）、城乡全社会住宅资产投资比（x_{16}）。

（二）空间计量模型的构建

采用空间计量经济模型的优势在于将地理区位和空间数据结合，从不同

① 此部分主要内容来自课题组发表于《城市规划》2015 年第 12 期的阶段性成果。

角度分析其空间数据变动规律，能够克服普通最小二乘法进行模型估计忽视空间效应的缺陷，但在建立空间计量模型前，需对变量空间相关性进行检验，判断空间计量模型的适用性。

1. 空间相关性检验

(1)全局空间相关性检验

采用最常用的 Moran's I 指数来检验各指标的空间自相关性。Moran's I 指数如式(1)所示：

$$Moran'sI = \frac{\sum_{i=1}^{n}\sum_{j=1}^{n} W_{ij}(Y_i - \overline{Y})(Y_j - \overline{Y})}{S^2 \sum_{i=1}^{n}\sum_{j=1}^{n} W_{ij}} \tag{1}$$

其中 $S^2 = \frac{1}{n}\sum_{i=1}^{n}(Y_i - \overline{Y})^2$，$\overline{Y} = \frac{1}{n}\sum_{i=1}^{n} Y_i$，$Y_i$ 为第 i 地区的观测值，n 为地区，W_{ij} 为邻接空间权数。当 i 与 j 相邻时，W_{ij} 为 1，当 i 与 j 不相邻时，W_{ij} 为 0，$Moran'sI \in [-1,+1]$，当 $Moran'sI > 0$ 时，表明相邻或相近省份空间正相关，存在相似属性；当 $Moran'sI < 0$ 时，表明相邻或相近省份空间分布负相关。$Moran'sI$ 绝对值表示空间相关程度的大小，绝对值越大表明空间相关度越大，反之则越小。

(2)局部空间相关性检验

全局空间自相关在很大程度上不能反映局部不稳定性，为进一步识别哪些区域对全局空间自相关的贡献更大，区域经济增长、城乡融合属于高水平还是低水平区域，需要进行局部相关性检验。

Moran 散点图用于描绘局域空间相关性，说明各个指标的高观测值或低观测值的空间集聚情况。Moran 散点图的 4 个象限分别对应区域与其邻近区域之间的 4 种局部空间联系形式：第 1 象限代表高观测值的区域被高观测值的区域所包围的空间联系形式（简称高—高）；第 2 象限代表低观测值的区域被高观测值的区域所包围的空间联系形式(简称低—高);第3象限代表低观测值的区域被低观测值的区域所包围的空间联系形式(简称低—低);第4象限代表高观测值的区域被低观测值的区域所包围的空间联系形式(简称高—低)。

2. 空间计量模型

在空间相关的情况下,为避免普通最小二乘法估计的有偏性和不一致性,往往采用极大似然估计法或两阶段最小二乘法,分析空间计量最常用的模型主要有空间滞后模型(Spatial Lag Model,简称SLM)和空间误差模型(Spatial Error Model,简称SEM),为研究方便,本文仅采用空间滞后模型。其表达式:

$$Y=\rho WY+X\beta+\varepsilon$$

Y 为因变量,采用各省份人均GDP对数表示,ρ 为空间回归相关系数,WY 为空间滞后因变量,X 为自变量矩阵,β 为自变量系数矩阵。W 为空间邻接矩阵,相邻的空间单位权重为1,其他为0,空间滞后模型主要是针对截面数据进行分析,未考虑时间效应对其的影响,Anselin(1997)、Lee,L.F.(2010)、Elhorst,J. P.(2010)在截面模型的基础上,加入时间效应构成面板数据进行空间计量分析,本文所构建的空间计量模型具体如下:

$$ln\ GDP_{it}=\beta_0+\rho Wln\ GDP_{it}+\beta_1 ln\ x_{1it}+\beta_5 ln\ x_{5it}+\beta_6 ln\ x_{6it}+\beta_{10}\ x_{10it}+\beta_{16} ln\ x_{16it}$$

其中,i 表示各省份,t 代表年份,W 为空间邻接矩阵,ρ 为空间自回归系数 $\in[-1,1]$,表示区域经济增长对邻近区域经济增长的影响程度,ε 是随机误差项,β_0、β_1、β_5、β_6、β_{10}、β_{16} 为模型中各自变量对应的系数。对于相关变量空间相关性及空间计量回归模型的检验主要借助GeoDa、ArcGIS10.6和Matlab R2019a等软件实现,主要采用基于地理邻近性的0—1空间权重矩阵,同时为了避免孤岛效应,假设海南省与广东省邻近。

（三）实证结果分析与讨论

1. 空间自相关检验

对中国 31 省份各指标做全局空间自相关检验，分析其是否在地理空间上存在相关性，检验结果如表 3-6 所示：各指标的 Moran's I 值，均通过显著性检验，31 省份人均 GDP、城乡人均收入比、城乡就业人口比、城乡食品消费比、城乡人均医疗保健消费比、城乡全社会住宅资产投资比具有显著的空间依赖性。人均 GDP 的空间相关性在 0.232—0.334，变化范围相对较小。

城乡人均收入比的空间相关性相对较高，2001—2019 年均在 0.40 以上，最高的 2016 年达到 0.521；城乡人均消费支出比的空间相关性系数均为正数，在 2018 年达到最高值 0.446，其他年份的空间相关系数也都在 0.2 以上。

城乡恩格尔系数比的空间相关性变化较大，2016 年为-0.123，意味着相邻或相近省份存在空间负相关，其余年份均为正值，但相对较小，最高的 2019 年也仅为 0.215。

从城乡人口比的空间相关性来看，城乡人口比的相关性介于 0.122—0.161，变化相对较小；城乡就业人口比的表现有所不同，2001—2019 年空间相关性均为正值，且表现出逐年增加的发展趋势。

城乡人均食品消费比来看，城乡人均食品消费比的空间相关性介于 0.017 和 0.442 之间，最小的 2010 年仅为 0.017，最大的 2015 年为 0.442。

从城乡人均居住消费比来看，城乡人均居住消费比的空间相关性相对较小，最高的 2014 年仅为 0.215，并且 2018 年和 2019 年为负值；城乡人均生活用品及服务消费比的空间相关性均为正值，空间相关性均在 0.2 以上；城乡人均医疗保健消费比空间相关性相对较高，除 2001 年外，其他年份的空间相关系数均在 0.30 以上，最高的 2017 年达到 0.471；城乡人均交通通信消费比、城乡人均文教娱乐消费比的空间相关性分别介于 0.146—0.464、0.121—

0. 421；城乡其他商品和服务消费比的空间相关性差异较大，最高的 2017 年达到 0. 446，最低的 2015 年仅为 0. 018。

城乡每千人卫生技术人员比的空间相关性介于 0. 048 和 0. 462 之间，城乡每千人卫生技术比、城乡每千人医疗机构床位比和城乡全社会住宅资产投资比等指标的空间相关性相对较小，且城乡每千人医疗机构床位比和城乡全社会住宅资产投资比的空间相关性在研究观察期内呈现正负交替波动演进的特征。

表 3-6　各变量的全局 Moran's I 指数

指标	2001	2005	2010	2014	2015	2016	2017	2018	2019
人均 GDP	0. 265	0. 274	0. 232	0. 298	0. 301	0. 275	0. 334	0. 331	0. 303
城乡人均收入比	0. 446	0. 403	0. 457	0. 478	0. 406	0. 521	0. 488	0. 476	0. 431
城乡人均消费支出比	0. 236	0. 334	0. 412	0. 321	0. 384	0. 421	0. 315	0. 446	0. 338
城乡恩格尔系数比	0. 136	0. 201	0. 036	0. 045	0. 024	−0. 123	0. 214	0. 146	0. 215
城乡人口比	0. 122	0. 134	0. 134	0. 138	0. 147	0. 153	0. 158	0. 158	0. 161
城乡就业人口比	0. 121	0. 131	0. 154	0. 163	0. 211	0. 246	0. 314	0. 355	0. 412
城乡人均食品消费比	0. 114	0. 126	0. 017	0. 367	0. 442	0. 236	0. 178	0. 367	0. 146
城乡人均衣着消费比	0. 311	0. 37	0. 331	0. 05	0. 335	0. 389	0. 352	0. 339	0. 168
城乡人均居住消费比	0. 013	0. 121	0. 144	0. 215	0. 157	0. 113	0. 214	−0. 201	−0. 174
城乡人均生活用品及服务消费比	0. 231	0. 214	0. 276	0. 331	0. 341	0. 365	0. 401	0. 423	0. 245
城乡人均医疗保健消费比	0. 241	0. 354	0. 401	0. 446	0. 412	0. 365	0. 471	0. 407	0. 362
城乡人均交通通信消费比	0. 146	0. 264	0. 321	0. 331	0. 245	0. 276	0. 189	0. 464	0. 219
城乡人均文教娱乐消费比	0. 121	0. 334	0. 146	0. 125	0. 421	0. 413	0. 365	0. 248	0. 254
城乡其他商品和服务消费比	0. 321	0. 275	0. 301	0. 322	0. 018	0. 451	0. 446	0. 337	0. 268
城乡每千人卫生技术人员比	0. 176	0. 215	0. 334	0. 275	0. 186	0. 462	0. 157	0. 048	0. 214
城乡每千人医疗机构床位比	0. 354	0. 146	0. 213	0. 014	0. 211	−0. 152	−0. 017	−0. 033	−0. 146

续表

指标	2001	2005	2010	2014	2015	2016	2017	2018	2019
城乡全社会住宅资产投资比	0.221	0.334	0.057	0.412	0.013	0.144	0.293	-0.341	0.133

借助 Geoda1.14 软件平台进一步测算各省份 2019 年各具体指标的局域 Moran's I 指数，并利用 ArcGIS10.6 对其进行可视化，如表 3-7 所示。

表 3-7　2019 年城乡融合各变量局域自相关检验结果

变量	高—高集聚	低—高集聚	低—低集聚	高—低集聚
人均 GDP	北京、天津、山东、江苏、上海、浙江、福建	河北、安徽、江西	新疆、西藏、青海、甘肃、宁夏、山西、陕西、河南、四川、贵州、湖南、广西、海南、云南、内蒙古、黑龙江、吉林、辽宁	重庆、湖北、广东
城乡人均收入比	新疆、西藏、青海、云南、陕西、宁夏、山西、甘肃、重庆、贵州、广西、湖南、内蒙古	四川、湖北、海南	黑龙江、吉林、辽宁、河北、天津、山东、河南、安徽、江苏、上海、浙江、江西、福建	北京、广东
城乡人均消费支出比	新疆、西藏、青海、甘肃、宁夏、山西、陕西、云南	内蒙古、河北、四川、广西、海南	黑龙江、吉林、天津、江苏、上海、浙江、福建、广东、江西、湖南、湖北、重庆、安徽	辽宁、北京、山东、河南、贵州
城乡恩格尔系数比	新疆、青海、甘肃、四川、宁夏、陕西、贵州、广西、湖南、湖北、江西、安徽、内蒙古、黑龙江、吉林	西藏、重庆、广东、北京、山西、辽宁、上海、河南	天津、山东、江苏、浙江、福建、云南	河北、海南
城乡人口比	北京、天津、江苏、上海、浙江	河北	新疆、西藏、青海、甘肃、宁夏、陕西、山西、内蒙古、黑龙江、吉林、山东、河南、安徽、湖北、湖南、广西、江西、福建、海南、云南、贵州、四川	辽宁、重庆、广东

续表

变量	高—高集聚	低—高集聚	低—低集聚	高—低集聚
城乡就业人口比	新疆、西藏、青海、云南、甘肃	四川、重庆、广西、陕西、宁夏、吉林	黑龙江、河北、北京、天津、河南、江苏、上海、浙江、福建、广东、江西、湖北、湖南、安徽	内蒙古、陕西、辽宁、山东、贵州、海南
城乡人均食品消费比	新疆、西藏、青海、甘肃、宁夏、陕西、山西、内蒙古、吉林、辽宁、重庆、贵州、广西、海南、湖南	四川、湖北、广东、黑龙江	河北、河南、北京、天津、江苏、上海、浙江、福建、安徽	山东、云南、江西
城乡人均衣着消费比	新疆、西藏、青海、甘肃、宁夏、陕西、河南、湖北、湖南、广西、贵州、海南、云南、黑龙江、重庆、江西	河北、辽宁、浙江、四川、广东	北京、天津、山东、江苏、上海、福建	内蒙古、吉林、安徽、山西
城乡人均居住消费比	青海、云南、海南、河北、天津、北京	新疆、四川、内蒙古、宁夏、江苏、浙江	陕西、山西、河南、安徽、上海、湖北、湖南、江西、广东、广西、重庆、贵州	西藏、甘肃、山东、福建、黑龙江、吉林、辽宁
城乡人均生活用品及服务消费比	新疆、西藏、青海、甘肃、云南、贵州、山西、陕西、内蒙古、吉林、辽宁	四川、宁夏、广西、广东、河北、黑龙江	海南、北京、天津、河南、安徽、江苏、上海、浙江、福建、江西、重庆、湖北、湖南	山东
城乡人均医疗保障消费比	新疆、西藏、青海、甘肃、宁夏、云南、贵州、广西、广东	内蒙古、四川	黑龙江、吉林、河北、北京、天津、山西、河南、山东、江苏、上海、浙江、福建、广东、湖南、湖北、安徽	陕西、重庆、江西、辽宁
城乡人均交通通信消费比	新疆、西藏、云南、贵州、甘肃、宁夏、陕西	内蒙古、青海、四川、湖北、广西、广东	黑龙江、吉林、辽宁、河北、天津、北京、山东、河南、江苏、上海、浙江、福建、湖南、安徽	山西、重庆、江西、海南
城乡人均文教娱乐消费比	新疆、西藏、青海、四川、云南	河北、江苏、浙江、广西	内蒙古、黑龙江、吉林、甘肃、山西、陕西、河南、山东、湖北、湖南、重庆、贵州、广东、福建、安徽、北京、天津、上海	辽宁、江西、宁夏、海南

续表

变量	高—高集聚	低—高集聚	低—低集聚	高—低集聚
城乡其他商品和服务消费比	新疆、西藏、青海、甘肃、贵州、广西、海南、内蒙古	宁夏、四川	黑龙江、吉林、北京、天津、陕西、河南、江苏、上海、浙江、福建、广东、湖北、湖南、安徽	云南、重庆、江西、河北、山东、山西、辽宁
城乡每千人卫生技术人员比	新疆、西藏、青海、甘肃、宁夏、云南、贵州	内蒙古、山西、河南、四川、重庆、海南	黑龙江、吉林、辽宁、北京、天津、江苏、上海、浙江、福建、安徽、湖北、湖南、江西	河北、山东、陕西、广西、广东
城乡每千人医疗机构床位比	新疆、西藏、青海、甘肃、宁夏、陕西、云南、贵州、北京、天津、黑龙江、吉林	内蒙古、河北、江苏、浙江、海南	山西、山东、河南、安徽、湖北、湖南、江西、福建、广东、广西、四川、重庆、上海	辽宁
城乡全社会住宅资产投资比	新疆、西藏、青海、甘肃、广东、海南、江西、江苏、福建	黑龙江、吉林、河北、浙江、宁夏、陕西、湖北、贵州	内蒙古、山西、河南、山东、安徽、四川、云南、湖南	辽宁、北京、天津、上海、重庆、广西

由表 3-7 可以看出，人均 GDP 以低—低和高—高集聚模式为主，高—高集聚类型省份主要集中于人均 GDP 较高的沿海发达省市，这些省份包括北京、天津、山东、上海、江苏、浙江、福建等；低—低集聚类型省份在空间上相对地趋于人均 GDP 较低的中西部省区市，湖北和重庆除外；低—高集聚格局主要分布在河北、安徽和江西等省份。辽宁、北京、天津所属的环渤海经济区，在国家宏观经济政策引导下，随着京津冀一体化战略的深层次推进，城市基础设施与公共服务逐步完善，相关产业快速集聚，成为中国北方经济增长最快的地区。人均 GDP 高聚集区的江苏、上海、浙江、福建等东部沿海地区，显然是近 20 年中国经济快速持续发展的火车头，要素集聚之密、产业转型之快、创新投入之巨为全球瞩目，已经成为引领全球、全国增长的重要城市群地带。广西、青海、云南、贵州、四川、新疆等西部省区市成为人均 GDP 低集聚显著区，这些地区经济发展水平相对较慢，经济实力相对较弱，但区域内部不均衡。

我国城乡人均收入比以高—高和低—低类型区占据主导地位。城乡人均消费支出比也以高—高和低—低集聚模式占据主要地位,而高—低集聚区主导的区域主要包含山东、河南和辽宁等,这些地区主要集中在东部地区;低—高集聚区主要包含内蒙古、四川、广西、海南等省份;青海、陕西、宁夏、甘肃、山西、云南、西藏、新疆属于高—高集聚区,其余省份属于低—低集聚区。

城乡恩格尔系数比以高—高集聚区为主导。其中高—低集聚区主要包含河北和海南;低—高集聚区主要分布在西藏、重庆、广东、北京、山西、辽宁、上海、河南等省区市;高—高集聚区主要分布于中西部地区,包括新疆、青海、甘肃、四川、宁夏、陕西、贵州、广西、湖南、湖北、江西、安徽、内蒙古、黑龙江、吉林等省区;低—低集聚区主要包括天津、山东、江苏、浙江、福建、云南等省市。

在城乡人口比的集聚情况中,低—低集聚区主要包含西部和中部大部分省区市,高—高集聚区主要分布在北京、天津、上海、江苏、浙江等经济发达、城镇化率高的沿海发达省市,高—低集聚区包括辽宁、重庆和广东,而低—高集聚区仅包括河北。

城乡就业人口比的集聚状态以低—低集聚为主。其中,高—低集聚区分布在内蒙古、陕西、辽宁、山东、贵州和海南;高—高集聚区分布于新疆、西藏、青海、云南和甘肃等西部省区;低—高集聚区包括四川、重庆、广西、陕西、宁夏和吉林等中西部省区市;低—低集聚区则分布在黑龙江、河北、北京、天津、河南、江苏、上海、浙江、福建、广东、江西、湖北、湖南和安徽等中东部地区。

城乡人均食品消费比空间集聚模式主要以高—高集聚和低—低集聚模式为主。高—高集聚区主要分布在新疆、西藏、青海、甘肃、宁夏、陕西、山西、内蒙古、吉林、辽宁、重庆、贵州、广西、海南和湖南等中西部省区市;低—低集聚区主要分布在河北、河南、北京、天津、江苏、上海、浙江、福建和安徽等省市;低—高集聚区包括四川、湖北、广东和黑龙江 4 省;高—低集聚区分布在山东、云南和江西 3 省。

城乡人均衣着消费比的集聚模式主要以高—高集聚为主,分布在新疆、西藏、青海、甘肃、宁夏、陕西、河南、湖北、湖南、广西、贵州、海南、云南、黑龙江、重庆和江西等省区;低—高集聚区主要包括河北、辽宁、浙江、四川和广东5省;低—低集聚区分布在北京、天津、山东、江苏、上海和福建等沿海发达省区市;高—低集聚区则分布在内蒙古、吉林、安徽和山西等省区。

城乡人均居住消费比的空间集聚模式以低—低集聚为主,分布在陕西、山西、河南、安徽、上海、湖北、湖南、江西、广东、广西、重庆和贵州等省区市;高—高集聚区则分布在青海、云南、海南、河北、天津和北京等省市;低—高集聚区包括新疆、四川、内蒙古、宁夏、江苏和浙江等省区;高—低集聚区则包括西藏、甘肃、山东、福建、黑龙江、吉林和辽宁。

城乡人均生活用品及服务消费比的空间分布格局以低—低集聚和高—高集聚模式为主,其中低—低集聚分布在海南、北京、天津、河南、安徽、江苏、上海、浙江、福建、江西、重庆、湖北和湖南等中东部省市,而高—高集聚则分布在新疆、西藏、青海、甘肃、云南、贵州、山西、陕西、内蒙古、吉林和辽宁等中西部省区。高—低集聚区分布在山东省,而低—高集聚区则包括四川、宁夏、广西、广东、河北和黑龙江等省区。

城乡人均医疗保障消费比空间分布格局特征也以低—低集聚和高—高集聚模式为主,其中低—低集聚分布在黑龙江、吉林、河北、北京、天津、山西、河南、山东、江苏、上海、浙江、福建、广东、湖南、湖北和安徽等中东部省区,高—高集聚区包括新疆、西藏、青海、甘肃、宁夏、云南、贵州、广西和广东等中西部省区。内蒙古和四川呈现出低—高集聚状态,而陕西、重庆、江西和辽宁处于高—低集聚区内。

城乡人均交通通信消费比主要呈现出低—低集聚的空间分布格局特征,主要包括黑龙江、吉林、辽宁、河北、天津、北京、山东、河南、江苏、上海、浙江、福建、湖南和安徽等中东部省市。高—高集聚区则分布在新疆、西藏、云南、贵州、甘肃、宁夏和陕西等西部省区,低—高集聚区则包括内蒙古、青海、四川、湖北、广西和广东,而陕西、重庆、江西和辽宁则属于高—低集聚区。

城乡人均文教娱乐消费比的空间集聚特征以低—低集聚模式为主,主要分布在北京、天津、上海、广东、福建、山东、贵州和湖南等东部沿海发达地区和部分中部欠发达地区。新疆、西藏、青海、四川和云南等西部欠发达省区则表现为高—高集聚趋势,河北、江苏、浙江和广西表现为低—高集聚特征,而辽宁、江西、宁夏和海南等则呈现高—低集聚状态。

城乡其他商品和服务消费比的空间格局演进也以低—低集聚模式为主导,分布在黑龙江、吉林、北京、天津、陕西、河南、江苏、上海、浙江、福建、广东、湖北、湖南和安徽等中东部省区市。新疆、西藏、青海、甘肃、贵州、广西、海南和内蒙古等边疆民族地区则主要表现为高—高集聚模式,宁夏和四川两个中部省份表现为低—高集聚特征,其他省份则表现为高—低集聚趋势。

城乡每千人卫生技术人员比的空间分布模式以高—高集聚和低—低集聚为主,其中高—高集聚区主要分布在新疆、西藏、青海、甘肃、宁夏、云南和贵州等中西部欠发达地区,而低—低集聚区则分布于黑龙江、吉林、辽宁、北京、天津、江苏、上海、浙江、福建、安徽、湖北、湖南和江西等东部沿海发达省市和中部省份;河北、山东、陕西、广西和广东为高—低集聚区,其他省区为低—高集聚区。类似的,城乡每千人医疗机构床位比的空间分布模式也以高—高集聚和低—低集聚为主,其中高—高集聚区分布在新疆、西藏、青海、甘肃、宁夏、陕西、云南和贵州等西部省区,低—低集聚区则是分布在山西、山东、河南、安徽、湖北、湖南、江西、福建、广东、广西、四川、重庆和上海等省区市,同时高—低集聚区分布在辽宁省,其他省区市则表现为低—高集聚趋势。

城乡全社会住宅资产投资比主要呈现高—高、低—低的空间集聚态势,其中高—高集聚区包括新疆、西藏、青海、甘肃、广东、海南、江西、江苏和福建等省区,而低—低集聚区分布于内蒙古、山西、河南、山东、安徽、四川、云南和湖南等省区,高—低集聚区则分布在天津、北京、上海和重庆等城市。黑龙江、吉林、河北、浙江、宁夏、陕西、湖北和贵州等省份重要表现为低—高集聚。这与我国中西部地区以基础设施建设投资为主要驱动力的经济增长模式相关,这些地区非农产业、贸易与消费对经济增长的拉动作用有待深入挖掘和充分发挥。

2. 空间计量估计与分析

为客观揭示各省份城乡融合与经济增长的关系，实证检验过程中空间溢出因素需充分考虑，即区域之间的空间相关性必须考虑。借助于2001—2019年中国31省份的主要变量，利用空间滞后模型，从全国、东部地区、中部地区、西部地区等就区域经济增长和城乡融合发展水平之间的关系进行实证分析，其回归结果分别如表3-8、表3-9、表3-10和表3-11所示。

表3-8　全国水平空间计量模型结果

自变量	系数	T值	P值
C	9.243	56.782***	0.000
WGDP	0.0214	6.2013***	0.003
x_1	-1.4423	-11.426***	0.004
x_5	0.2142	7.6632***	0.001
x_6	0.0623	0.3452	0.644
x_{10}	0.1345	2.0321**	0.046
x_{16}	0.2456	11.3425***	0.021
R^2	0.9321		
F-statistic	124.231		
P	0.000		

注：*、**、***分别表示10%、5%、1%显著性水平。

表3-9　东部地区空间计量模型结果

自变量	系数	T值	P值
14.562	33.254***	0.000	
WGDP	0.011	9.123***	0.004
x_1	-1.565	-0.532***	0.002
x_5	0.213	2.424**	0.011

续表

自变量	系数	T 值	P 值
x_6	-0.234	-2.1441**	0.043
x_{10}	-0.031	-0.134	0.756
x_{17}	0.134	4.032***	0.000
R^2	0.832		
F-statistic	27.364		
P	0.000		

表 3-10 中部地区空间计量模型结果

自变量	系数	T 值	P 值
C	11.235	62.321***	0.000
WGDP	0.021	4.561***	0.000
x_1	-0.874	-6.769***	0.000
x_5	0.214	6.436***	0.000
x_6	-0.134	-1.709*	0.065
x_{10}	0.325	4.561***	0.001
x_{17}	0.146	4.332***	0.000
R^2	0.744	61.324***	0.000
F-statistic	32.475		
P	0.000		

表 3-11 西部地区空间计量模型结果

自变量	系数	T 值	P 值
C	12.354	49.345***	0.0000
WGDP	0.014	4.457**	0.0013
x_1	-0.876	-7.634***	0.0014
x_5	0.234	10.236***	0.0021

续表

自变量	系数	T值	P值
x_6	0.114	1.554	0.3451
x_{10}	0.216	0.267	0.6624
x_{17}	0.327	9.02***	0.0000
R^2	0.854		
F-statistic	72.462		
P	0.000		

实证结果显示，从全国水平看，空间计量模型的拟合度为0.932，F统计量为124.231，模型整体通过显著性水平检验。空间自回归系数为0.003，且通过1%显著性水平检验，符合空间自回归系数的条件。从东、中、西部地区来看，空间计量模型的拟合度分别为0.832、0.744、0.854，模型拟合效果相对较好，模型整体通过显著性水平检验。空间自回归系数分别为0.011、0.021、0.014，均通过1%显著性水平检验，符合空间自回归系数的条件。无论从全国水平看，还是分地区来看，我国城乡融合发展都不仅促进自身经济的增长，而且辐射和促进邻近地区的经济增长。

城乡人均收入比对区域经济增长的影响为负，且通过1%显著性水平检验；居民收入水平呈现出逐年增加的趋势，但城乡居民收入比重逐年加大，模型结果表明，农村居民收入与城镇居民收入之比提升反而不利于区域经济增长，这也暗示了政府需改变转移支付模式，政府支付转移方式尽可能由直接支付转变为间接支付。

城乡就业人员比对区域经济增长的影响为正，且通过显著性水平检验；增加乡村就业人员数量，可能能够促进区域经济增长，可能的原因在于伴随着农村劳动力的不断转移，各地区农村均出现“劳工荒”，从事农业生产活动的基本为老人和妇女，这可能造成农业生产率的下降，农村劳动力的部分回流，可能会促进农业增加值的提升，进而促进各地区经济增长。

从全国水平来看，城乡人均食品消费比对区域经济增长的影响为正，但未通过5%显著性水平检验，从东部地区来看，东部地区的城乡食品消费比对区域经济增长的影响为负值，通过5%的显著性检验；从中部地区来看，中部地区的城乡食品消费比对区域经济增长的影响为负值，通过10%的显著性检验；从西部地区来看，城乡人均食品消费比对区域经济增长的影响为正，但未通过5%显著性水平检验。食品消费仅是消费中的一部分，且伴随居民收入水平的提升，食品消费比重将逐渐下降，单纯依靠增加农村居民食品消费不能够促进区域经济增长。东中西部地区的经济发展差异相对较大，东部地区的收入水平要高于西部地区，随着经济的进一步发展，居民用于食品的消费越来越低，但西部地区的表现有所不同，西部地区的食品消费仍然占收入的很大一部分，因此东中西部的表现有所不同。

从城乡人均医疗保健消费比对区域经济增长的影响看，东中西部地区存在一定程度的差异。从东西部地区来看，城乡人均医疗保健消费比对区域经济增长均产生负向不显著影响，中部地区则表现为正向显著影响。从全国水平来看，城乡人均医疗保健消费比对区域经济增长产生显著的正向影响。城乡人均医疗保健在东中西部地区存在巨大的差异，对区域经济增长的影响也有所不同。随着经济的不断发展，城乡医疗保健水平的差异也在逐渐减少。

全社会固定资产投资比对区域经济增长的影响为正，且通过显著性水平检验。全社会固定资产投入投资对于农村而言，更主要的表现为农业基础设施投资，农业基础设施差可能是造成农业增加值不高的原因，中央政府和地方政府近几年增加对于农业基础设施的投入，但相对来说仍然不足；不仅增加农业基础设施投入的绝对值，而且增加农业基础设施的相对值。

实证结果显示，加大城乡之间的人口融合和基础设施融合更能够促进各地区经济增长，增加农村居民食物消费支出、增强农村居民医疗消费水平等对区域经济增长的影响表现有所不同；也就是说城乡人口融合、城乡基础设施融合是带动区域经济增长的重要因素，城乡生活融合对经济增长的驱动作用不显著。对于东中西部地区而言,各因素对区域经济增长的影响表现有所不同,但城乡人口融合的作用都较为显著,一定程度上说明,城乡人口融合是城乡融合发展的重要部分,加强城乡人口一体化,对劳动力转移具有重要的作用。因此,针对不同的地区,需要实施差异化的人口、经济等政策。

六、实证结论及政策建议

（一）研究结论

借助于2001—2019年中国31省(区、市)的时序面板数据,从城乡经济融合、城乡人口融合、城乡生活融合、城乡基础设施及公共服务融合等方面测度了各省份城乡融合发展水平,并对城乡融合对区域经济增长的绩效进行分析。研究结果表明:

1. 就业和产业结构协同推进有利于城乡融合发展

实证显示,就业和产业结构协同推进总体有利于城乡融合发展,但各产业的贡献有所不同。从产业结构看,不同产业就业规模提升对城乡融合整体推进产生正向影响,但产业的结构性就业表现有所不同。总体看,第一产业就业增加对城乡融合发展产生负向影响,二、三产业就业增加则产生正向影响。从产业发展效率对城乡关系的影响看,一产的效率低于二、三产业,因此,第一产业发展与城乡融合推进并没有显著相关性,二、三产业效率提升与城乡融合发展速度同步。

2. 城乡融合表现出明显的空间溢出现象

在各具体指标上存在明显的差异。人均GDP的空间相关性在0.232—0.334;城乡人均收入比的空间相关性相对较高,研究期内均保持在0.40以上;城乡就业人口比的空间相关系数在考察期内均表现为正值,且相关程度呈现不断增加趋势。城乡人均食品消费比的空间相关性介于 0. 017 至 0. 442 之间,城乡人均医疗保健消费比空间相关性相对较高,除 2001 年、2005 年、2016 年和 2019 年外,考察期内的空间相关系数均在 0. 4 以上。

3. 城乡融合与经济增长具有空间相关性

城乡融合推进有利于区域经济增长,但不同区域之间的相关程度具有空间异质性特点。从东、西部地区来看,城乡融合发展水平对经济增长的影响具有区域差异性,不同的城乡融合程度对经济增长的影响有所不同。从全国水平看,空间自回归系数为 0. 0214。从东、中、西部地区来看,空间自回归系数分别为 0. 011、0. 021、0. 014,我国城乡融合发展都不仅促进自身经济的增长,而且辐射和促进邻近地区的经济增长。

4. 城乡内部融合度对区域经济增长的影响因区而异

城乡人均收入比对区域经济增长呈现显著的负向影响,城乡就业人员比对区域经济增长呈现显著的正向影响,全社会固定资产投资比对区域经济增长呈现显著的正向影响。城乡人均食品消费和城乡医疗保健消费的表现则有所不同。从全国水平来看,城乡人均食品消费比对区域经济增长产生不显著的正向影响,东、中部地区表现为显著的负向影响,西部地区表现为不显著的正向影响。从全国水平来看,城乡人均医疗保健消费比对区域经济增长产生显著的正向影响,从东西部地区来看,表现为产生负向不显著影响,中部地区则表现为正向显著影响。

(二) 政策建议

城乡融合通过统筹谋划、综合研究,将工农业、城乡居民作为一个整体研究,通过体制政策的调整,促进城乡在产业发展、生态环境、市场信息等方面的

一体化,改变城乡二元结构,实现城乡统筹发展,促进城乡经济协调可持续发展。综合考虑上述结论,政策启示如下:

1. 激活要素流动促进城乡产业融合

城乡融合涉及区域资源禀赋重新组合、产业布局优化、土地和劳动力合理流转、多元利益关系调整、制度安排创新等方面的深刻变革。通过涉及不同领域、多个部门的公共政策协同作用,共同激发社会经济要素在城乡之间自由流动和合理配置,进而实现城乡融合协调发展。长期以来城乡分割的户籍制度以及城市偏向、工业化超前发展的区域及产业政策,导致城乡劳动力供需存在空间不均衡,城镇劳动力相对短缺,农村劳动力相对过剩。随着要素市场的逐步开放,城乡之间劳动力自由流动成为必然,新一类农民工群体迅速从土地上游离出来的同时,浩浩荡荡流入城市,寻找效率更高、收入更具吸引力、发展前景更广阔的就业岗位。这一群体在城镇居住、工作、生活,成为城镇化的增量要素,但他们长期以来付出了不能与城镇居民享用均等公共服务的社会成本。城乡就业结构或就业机会的一体化,为城乡产业融合和产业一体化提供了契机,驱动了城乡现代产业分工体系的形成。

推进城乡一、二、三产业融合发展,是从中国国情出发,促进农民增收、农业增效,加快发展现代农业的重要切入点,对城乡其他方面融合发展至关重要。一方面,通过产业要素、产业组织边界渗透融合,促进传统农业向二、三次产业对接,向具有多个产业门类属性特征的现代化农业转型升级,进而创新农业发展模式,推进农村现代化转型;另一方面,城乡产业融合可进一步促进城乡间生产要素流动,打破区域壁垒,发挥城乡分工和比较优势,加快生产要素和资源的流动重组,深化城乡分工合作程度,从而淡化空间二元结构。

2. 优化产业结构促进城乡产业协调发展

区域产业发展的指导思想,需要由数量型、规模导向型向效率导向、全要素生产率提升导向的产业融合和功能优化转变。着力打造、扩展农业的产前、产中、产后价值链，注重吸收互联网、现代智慧信息技术、新型制造业成果，向农业价值链高端的农业服务领域渗透；城市制造业部门则要将发展的重点放在有利于现代农业自动化、适度规模化经营手段的改进方面，以现代高新工业技术"武装"传统农业和农村服务业；服务业领域要以"互联网+"为导向，积极推进一二三次产业渗透融合，抓住产业转型升级契机，推动精准化、智慧化、服务化农业发展，培育城乡三次产业高度融合的新模式、新业态。以主体功能区空间战略规划为导向，培育特色优势产业集群，推动产业结构优化转型，实现空间一体化、差异化发展。

3. 以全域规划推进城乡空间要素融合

从城乡全域规划、产业一体化发展、要素整合配置、基础设施与公共服务互联互通等全方位一体化目标出发，结合不同区域城乡空间异质性特点，以"农地重整、村镇重建、要素重组"为切入点，激活农村发展、农民增收、农业增效内生动力，促进城乡产业融合分工、城乡要素有序互动，城乡公共资源协调配置，基本公共服务均等覆盖，城乡国土空间优化集约。多规融合、全域统筹，科学规划布局不同功能区战略，构建以国家级开发区、省市重点园区或开发区、特色鲜明的多类型先进制造业、现代服务业特色专业化园区、不同地域具有比较优势的专门化都市型农业园区等为支撑的新型产业空间发展格局，形成以新城、新市镇和新社区为重点的现代化村镇体系，加快推动产城结合，促进新型城镇化与农业现代化协调发展。由于不同区域之间城乡一体化程度具有近邻溢出效应，因此加强引导相邻地区之间的要素流动，在比较优势基础上形成产业分工合作，形成有序的城乡空间结构，将进一步促进相邻区域的经济增长。

4. 基础设施与公共服务先行，实现城乡共生秩序均衡优化

城乡基础设施融合与公共服务一体化对提升区域经济增长的作用较为明

显，但存在不均衡情况，郊县、偏远农村较为落后，重点加强不同层次运输物流体系、电力、燃气、区域供水、信息网络等建设，改善公共交通水平。着力完善新建城镇、社区、产业园等基础配套设施，构建和优化功能完善、包容发展的城乡居民共享型公共服务体系。建立健全覆盖城乡、协调统一的就业创业扶持政策；完善义务教育、基本医疗、乡村文化、社保体系等面向的农村公共服务网络。引导和优化农村治理结构，将保障和改善民生放在农村治理优先关注位置。

5. 充分发挥不同地区的优势，促进城乡全面融合

受制于自然条件及经济发展路径，我国城乡一体化的空间差异层次明显，城乡一体化在省域范围的任务、发展重点、主攻方向不尽相同，不同空间层次的城乡融合政策选择重点，应尊重区域比较优势、国土空间差异而改变，在相关政策选择上，不能简单化或“一刀切”。与城乡一体化差异相伴而生的是地区经济增长差异，东部沿海三大城市群地区已进入城乡一体化发展的高级阶段，阻止要素盲目集聚、杜绝城镇地区蔓延式无序扩张，促进产业及空间功能优化，提升存量内涵发展是当前的突出任务；而西北西南局部地区尚处于城镇化离散极化发展阶段或点—轴集聚发展阶段，促进要素集聚，吸引产业转移，城镇发展体系的培育是未来很长一段时间的主要任务。因此将地区差异、城乡差异相结合，有利于制定具有时效性、针对性、合理性的政策框架。

第四章　“互联网+”驱动的城乡一体化形态

作为信息时代社会、经济、文化活动和个人生活的重要平台，互联网已广泛渗透到城镇生活的各个层面并向广大农村延伸。互联网塑造了全新的生活形态，改变着人们的生活与工作模式。同样，互联网对城乡之间要素流动、经济发展、文化传播起着举足轻重的作用。但当前依然存在的“城乡二元结构”成为影响城乡信息技术流动的重要障碍，互联网驱动城乡融合要素配置的潜力仍未发挥出来。因此进一步消除城乡信息流动的制度障碍，推进农村信息化建设，重视和加强农村互联网对资源优化配置的积极作用，能够有效缩小城乡之间由于数字鸿沟导致的一体化进程。

农村电子商务发展滞后于城市，但发展迅速。受城市居民消费升级以及对特色农产品需求增加的影响，提供城乡交易平台的电商在农村风生水起。统计显示，2019 年各类“淘宝村”数量达到 4310 个，空间布局上呈现从江浙粤沿海地区向中西部扩展的态势。快速崛起的农村电子商务借助网络平台，将特色农产品、家居、小商品、服装以及家庭旅游服务推向以城市为主导的外部市场，促进城乡要素市场以及商品、劳务的一体化，引起农业发展方式的转变，促进农民收入水平提高，城乡差距缩小，贫困人口减少。

实体店与虚拟网商的有机结合，实体经济与互联网的共同发展，有利于消费水平的提高、内需的扩大,有利于推动农业升级、农村发展、农民增收,加快农村信息化进程和农村一二三次产业深度融合。① 农村电子商务平台联合密集的乡村电信网点,通过标准化、集约化管理,市场化运作及跨城乡跨区域跨行业联合,构筑起有序而健康的城乡商业联合体,提高交易规模和效率,优化农村电商环境和氛围,使农民成为电商平台的最大获利者,促使城乡之间要素更快流动、商品和劳务交易成本大幅降低,深化了城乡地域和产业分工,促进城乡融合发展②,进而导致大批以淘宝村、淘宝镇为代表的新型城乡关系形态迅速崛起。

一、电商驱动的新型城乡关系形态

农村电子商务的发展,必然伴随网络基础设施、交通基础设施及公共服务设施的配套完善,引发农村人口思维观念、生活方式转型,促进农村居民消费水平提升、非农产业集聚及就地城镇化的发展,为城乡资源共享提供切入点。近年国内涌现出遂昌县、沙集镇、武功县、成县等以电子商务为推手,城乡互动快速发展的典型县域城镇,同时涌现出“赶街”模式、武功模式等新型城乡融合形态,为县域经济转型优化、寻找新型驱动力提供了发展路径。

(一) 遂昌模式

1. 发展历程

遂昌县隶属浙江丽水市,2019 年年末户籍总人口约 23.01 万,境内多山,

① 国务院办公厅于 2015 年颁布的《关于促进农村电子商务加快发展的指导意见》指出,到 2020 年,全国将“初步建成统一开放、竞争有序、诚信守法、安全可靠、绿色环保的农村电子商务市场体系,农村电子商务与农村一二三产业深度融合,在推动农民创业就业、开拓农村消费市场、带动农村扶贫开发等方面取得明显成效”。

② 阿里研究院:《淘宝村研究微报告 2.0》,2019 年 11 月 15 日,见 http://www.aliresearch.com/cn/index。

山丘坡地约占总面积的 88.83%，有“九山半水半分田”之称。复杂的自然地理环境造就了遂昌丰富多样的农特产品。以营销农特产品起家的遂昌电商业务始于 2005 年，起初主要经营竹炭、烤薯、山茶油、菊米等产品。其后随着互联网的深入发展，一些非农行业的电商也逐渐兴起，一批知名产品开始风靡网络。

2010 年 3 月，该县成立了网店协会，电子商务逐步向规范化、规模化方向发展，网上营销开始兴起。2012 年 9 月，遂昌县荣获阿里巴巴第九届全球网商大会“最佳网商城镇奖”，进入快速扩张期。截至 2019 年底，遂昌网店协会共有卖家会员 1520 多家，全年完成电商交易约 5.3 亿元。2013 年 1 月，作为遂昌电子商务发展的里程碑的淘宝网遂昌馆上线。2014 年遂昌全面激活农村电商，形成以农特产品为主导、多品类共同发展、城乡互联互通的县域电子商务，“遂昌模式”初步形成。①

受制于区位和资源禀赋约束，遂昌发展非农产业特别是制造业的条件相对不足。农牧林特色产品丰富，为遂昌模式的发展创造了基础条件。以当地电商综合服务平台为依托，驱动全县域电子商务向集约化、生态化、专业化发展，专业化促进了农特产品价值链的延伸，地方传统产业特别是农产品深加工产业也逐步开始崛起，形成信息时代以一二三产业融合为特征的县域经济综合发展道路。市场需求与地方政府的规划支持互动，导致遂昌电商协会探索出一条以销售特色农林产品（竹炭、烤薯、菊、米等）为主导、多品类链式扩展共同发展、城乡市场供需联动的电子商务模式。统计显示，仅 2019 年上半年遂昌以农产品为主的电商交易规模已达 9.11 亿元②，农特产品电商发展同时带动了农业旅游消费，城市消费者将线上线下体验结合起来，激发了当地农村

① 周爱飞、齐杰：《遂昌模式研究——服务驱动型县域电子商务发展模式》，2016 年 11 月 4 日，见 http://theory.people.com.cn/n1/2016/0804/c401815-28611279.html。

② 浙江省商务厅：《遂昌模式研究——浙江省 2019 年上半年网络零售统计数据》，2019 年 7 月 17 日，见 http://www.zcom.gov.cn/art/2019/7/17/art_1416807_35771333.html。

以“农旅结合”为特征的休闲消费。① 截至2016年，全县共建成农家乐村点85个，经营户696户，从业人员达11590人，全年接待游客343.5万人，实现营业收入3.5亿元，农村电子商务的附加红利显著上升②，并获得“2019年度中国十大特色休闲县市——文化特色休闲县市”称号。

表4-1 遂昌模式发展历程

2005年进入发展初期	主营本地特色农副产品，如竹炭、烤薯、山茶油、菊米等。
2010年进入创建形成期	遂昌网店成立，一些其他行业的电商逐渐兴起，形成了一些知名品牌网商。
2012年进入快速发展期	获最佳“网商城镇”奖；淘宝网遂昌馆上线，初步形成以农特产品为特色，多品类协同发展的县域电子商务。
2014年进入内涵优化发展期	全面激活农村电商，形成以农特产品为特色、多品类与专业化共同发展、城乡互动的县域电子商务“遂昌模式”。
2017年进入绿色高质量发展期	践行“两山理念”，生态旅游、生态农业、乡村文化、产业融合进入高质量发展阶段。

2. 发展特点与启示

遂昌模式的基本特点可概括为“电商综合服务商+传统产业+网络分销”的供应链主导模式。遂昌模式的组织核心是“区域服务商”，亦即遂昌网商协会，下设半公益性的“网店服务中心”，其主要业务包含几大模块：依托智慧供应链整合待销货源、依托信息管理及预订系统组织网络分销商群（以当地网商为主）、依托现代仓储物流平台统一仓储及配送服务。配套环节包括农产品质量技术鉴定、检验检测、冷链仓储、标准化包装、供应链管理、售后服务等。

“网店服务中心”推动遂昌农产品电商化，制定推行农林产品的产销标准

① 魏延安：《农村电商发展亟须应对的七个现实问题》，《中国乡村发现》2015年第1期。

② 网易科技：《中国八大县域电子商务模式解读及启示》，2015年7月6日，见https://tech.163.com/15/0706/12/ATRF4R4Q000948V8.html。

化。促使传统“农产品”向规范化“商品”转型，同时为买、卖与管理第三方有效信息对接、招标购销提供服务；通过合作社组织推动农户与标准化加工企业合作组织生产和深加工。该县还设立了网销产品展厅和网络分销平台，对商品统一进行标准化包装加工制作，便于网上分销商选货和网上销售。根据网络分销商的订单要求进行发货并提供相应售后服务，零库存经营，进而推动各环节的社会化大协作：农户、合作社做好生产，企业需专注规范式加工，网络分销商推广放心集中销售工作。“遂昌现象”的出现，为破解农村电商发展困局，尝试全面打通城乡信息互联互通与要素流动，让城市与乡村居民先共享网购便利，提升生活品质，实现优势互补和城乡一体化发展，提供了有益探索。①

遂昌模式参照工业组织“流程化”路径，利用邻近区域发达的产业集群，建立农林产品社会化协作体系，带动特色农业发展，促进农业价值链、供应链的延伸。多产品协同上线销售，整合产品、商品数据、仓储、配送及售后等一系列复杂工作，明确生产端和销售端分工，各司其职，提高效率②（见图 4-1），遂昌模式的效率优势在农村电商发展初期得到充分体现。协同发展的动力机制方面，依托“遂昌网商协会”打通产业各流通环节，地方政府制定相关政策加大扶持力度，外部通过与阿里巴巴的长期战略合作找到融资、技术和渠道支持。可见，在服务商与平台、网商、传统农业、政府以及外部要素的协同作用下，一个沟通城乡、服务“三农”的新型的电子商务生态系统基本形成。“电子商务综合服务商+网商+传统产业”的遂昌模式，具有可复制性，适合农村电商多批量、差异化发展。③ 但从制约环节看，“网商服务中心”是整个遂昌电商链条上的瓶颈，一旦某个环节出了问题，上下游都会受到巨大的影响，整个链条都

① 刘建华、周宇：《遂昌模式研究——浙中发展生态经济的“遂昌模式”》，2014 年 7 月 4 日，见 https://zjnews.zjol.com.cn/system/2014/07/04/020120564.shtml。

② 网易科技：《中国八大县域电子商务模式解读及启示》，2015 年 7 月 6 日，见 https://tech.163.com/15/0706/12/ATRF4R4Q000948V8.html。

③ 周爱飞、齐杰：《遂昌模式研究——服务驱动型县域电子商务发展模式》，2016 年 8 月 6 日，见 http://theory.people.com.cn/n1/2016/0804/c401815-28611279.html。

有可能停止运行。因此该模式较适合电商基础弱、小品牌多、小网商多的区域。

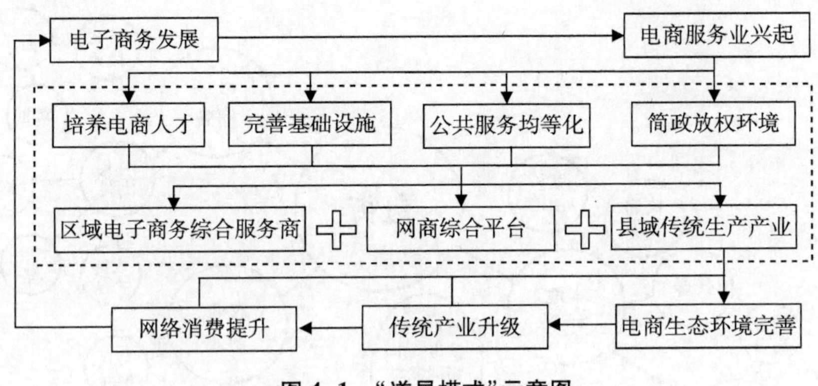

图 4-1　“遂昌模式”示意图

（二）赶街模式

1. 发展历程

“赶街网”是遂昌网商协会下属网站（“赶街”为当地农村对“赶集”的称呼），旨在为方便农村消费者顺利完成网购网售提供各项服务。2018 年底，赶街在浙江全境已开拓 2500 多个村级服务站，覆盖村民超过 250 万。赶街网在城乡要素流动日益频繁、城乡专业分工日益深化的背景下，为降低城乡交易成本、打通城乡供需市场提供了便利，由于其立足农村、服务草根，具有本土化优势和顽强的生命力。

村级服务站是“赶街模式”直接为农户服务、和农民建立直接关系的基层互联网信息服务网点。赶街在每个村设置一个服务站，由当地村民担任站长，站长不但自己熟练网上购物，同时负责帮助村民在赶街网代购产品、提供话费充值、缴纳水电费、快递收发、就诊预约、文化服务咨询等便民服务，后续也成为帮助农民代售农特优产品、提供创业贷款、帮助招商引资的中介平台和服务网点。网点通过“代买”、“代卖”的中介信息服务，解决村民专业信息缺乏、网络使用技术滞后以及网络设施维护问题。参见图 4-2。

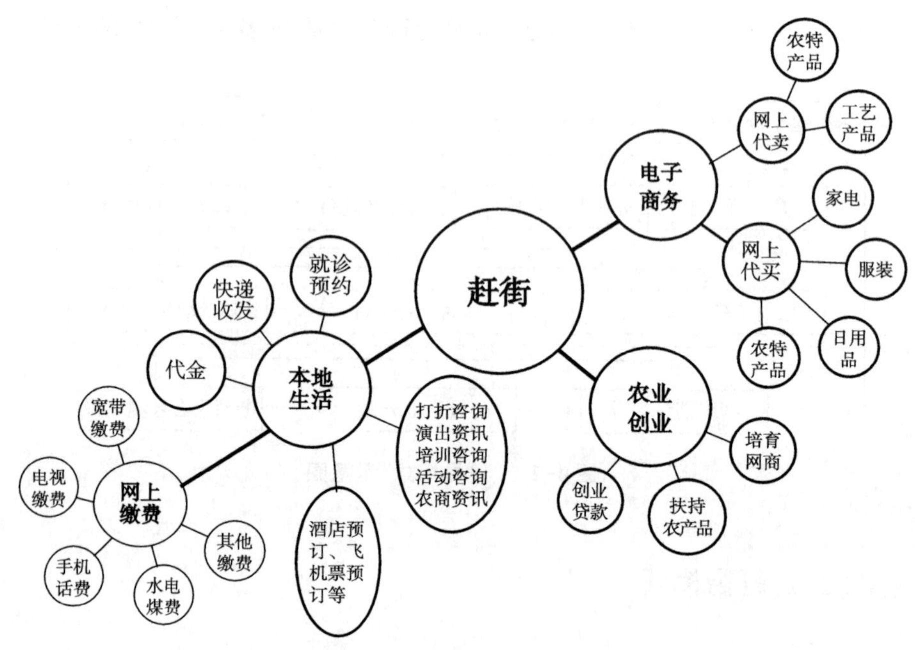

图 4-2　赶街网连锁辐射功能

县级运营中心为村级服务站提供各种支持。赶街公司在每个县设立一个农村电商县级运营中心，每个中心有 15 人左右的服务人员，负责该县村级服务站网点的开发、服务及管理。同时也提供从县到村“最后一公里”的物流服务。赶街网通过信息平台作用，在将优质农特产品输送到城市消费者面前的同时，也将城市优质工业品、农资产品以及相关要素引进农村市场，沟通了或强化了城乡关系，促进了城乡融合发展。参见图 4-3。

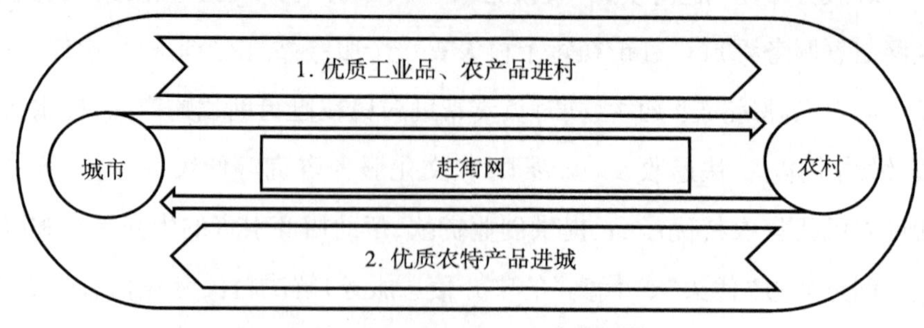

图 4-3　赶街网 OTO 农村电商模式

2. *发展特点及启示*

目前,农村互联网信息化还不够普及,网购对多数农村仍属空中楼阁,电子商务在农村发展对乡村消费者仍需承担高昂的渠道成本,这与农户相对很低的经济收入不匹配。赶街网为此提出解决问题的纵向一体化服务模式:县级运营中心+村级电商服务站+农户,打通城乡市场,特别是让农户享受到电商的便捷实惠。

赶街网本质上更类似一个“微型淘宝”,围绕农村生产和生活整合大量的商品,包括采购、销售农资等。赶街网在合适区位建立一个配置有电脑和宽带的村级电商服务站。村级电商服务站负责帮助农民下单购物,并从达成的交易里提成不超过10%的交易服务费,这样不仅帮助农民实现网上交易,而且涉及其他多种服务。① 县级运营中心的设定更好地为村民服务站提供便利。“赶街”模式的价值在于能提高县域农村网购的规模,降低农村网上交易和消费成本。农村电子商务规模化发展运营和交易的便利化,对扩大农村创业,提高本地农村居民生活水平具有重要驱动意义。

(三)沙集模式

1. *发展历程*

沙集镇隶属江苏省睢宁县,面积约66平方公里,人口6万左右。沙集是典型的苏北农村集镇,村民大多从事盐碱地种植水稻和玉米、养殖和粉丝的生产加工,收入低,缺乏有竞争力的农特优产品。青壮年大多外出打工,废旧塑料回收加工、木材加工、家具制造等曾是该镇的主导产业。

沙集电商的发展可追溯到2006年,以孙寒为首的创客尝试实现简易家具

---

① 浙江在线:《“赶街模式”植根遂昌 “互联网+”引领乡村发展新时尚》,2015年7月7日,见 http://gotrip.zjol.com.cn/system/2015/07/07/020728188.shtml。

网上交易开始。从2007年的10余家、2008年超过100家、2009年底达到1200家,直至2020年初,网店数量达到16200家,其中皇冠、双皇冠网店超100个,是全国有名的"中国电商第一镇"。网店模式被更多村民成功复制,实现了规模化、专业化发展。目前沙集共有物流快递15家、电脑专卖店7家,一批木材加工、家具制造、配件供给等专业化商户迅速形成,网商、网店数量和销售额快速增长。网络销售进一步拉动了生产制造、物流快速、原材料加工、配件供给等相关产业,在当地形成面向大市场、以家具网销为龙头的新的产业生态。鉴于此,沙集在阿里巴巴全球网商大会上获"最佳网商沃土奖"。

表4-2 "沙集模式"发展历程

2006年发展初期	以孙寒为首的电商创客开始尝试做简易家具电商。
2010年快速发展期	沙集的网商、网店数量和销售额快速增长。网络销售拉动了生产制造、物流快速、原材料加工、配件供给等相关产业,在当地形成了一个面向大市场、以家具网销为龙头的新的产业生态。2010年,沙集在阿里巴巴全球网商大会上获"最佳网商沃土奖"。
2011年深入发展期	沙集模式形成,引领发展当地独特电商发展模式:沙集的电商企业探索出一条完全不依靠当地传统产业,"无中生有"而发展电子商务的道路模式。
2014年规模扩大期	2014年末,仅沙集镇东风村直接从事网商的人员高达2100人,开设网店数量超过1000个,实现交易规模超过24亿元。
2016年模式升级期	沙集模式升级版,在供给侧端发力,借助"互联网+"等智慧经济在中国深度发展,在一定程度上是供给打开了"互联网+"需求市场,通过市场化的公共电子商务平台,农民直接去对接市场,借助P2P等平台,构建按需生产的平等的市场主体。

2011年,阿里研究中心调查分析后提出"沙集模式"(见图4-4、图4-5);2011年初时任国务院总理温家宝批示肯定沙集经验;2月中国社科院信息化研究中心与阿里研究中心联合在京发布《"沙集模式"调研报告》;5月江苏省政府授牌,选定沙集为全省农村信息化示范基地;2019年末,沙集镇东风村仅1180户人的村庄网店多达2000多个、家具工厂378个,人均纯收入达到

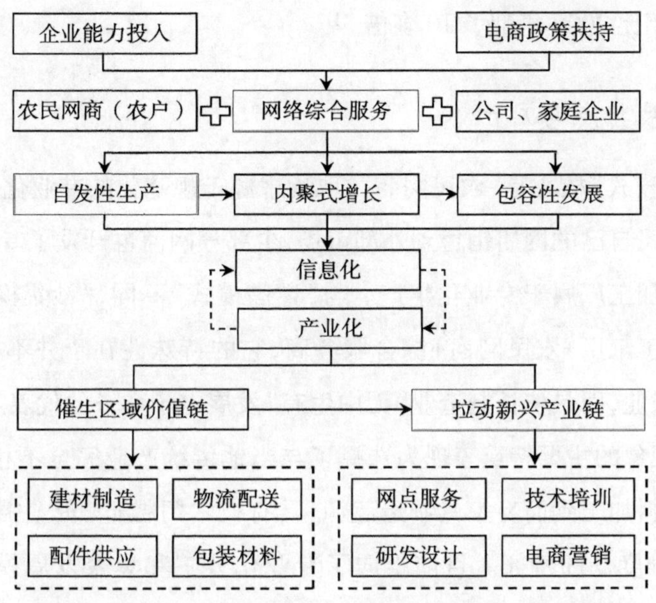

图 4-4 “沙集模式”原理（电子商务催生本地产业链发展）

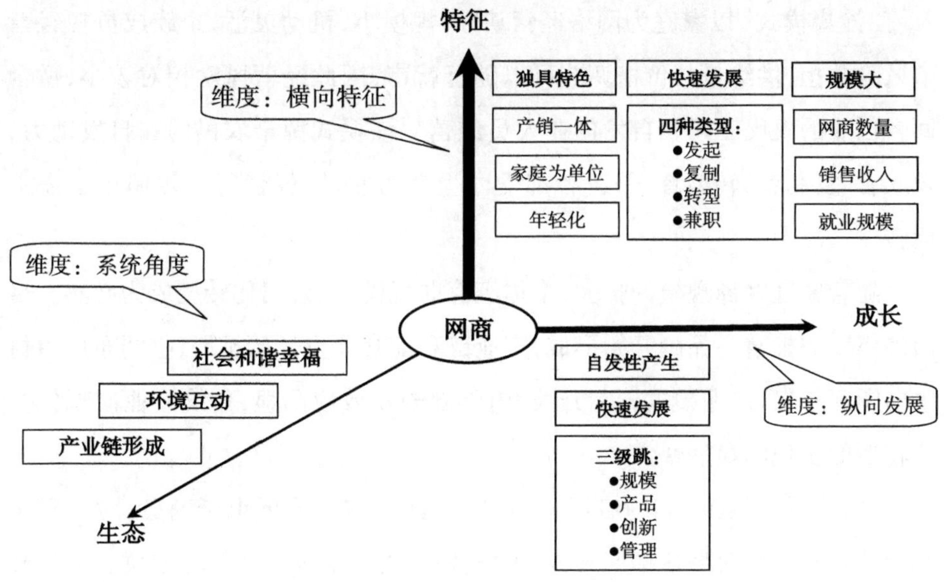

图 4-5 沙集网商示意图

资料来源：《“沙集模式”调研报告》（2012）。

25419 元,相比 2006 年翻了 10 多倍。①

2. 发展特点与启示

“沙集模式”核心是“农民网商”,取货来源于规范化的专业化产品加工企业,通过农民自己的网店销售到外部市场,少部分网商也开发了专有的小型加工厂,多数加工厂属于专业化生产。与“遂昌模式”不同,“沙集模式”可概括为企业/加工工厂+农民网商+综合服务商,它的特殊性在于并不完全依赖当地的传统农业,而是依托制造业“无中生有”发展电子商务的代表。

沙集现象的主要特点表现为选择了与当地传统产业完全不相关的类目;从木材、塑料加工到简易家具制造起源,具有技术门槛低、资金需求低、产业资源整合难度低的特征。目前走向了专业化分工和集聚发展模式:板材供应商、加工厂、网店、物流快递、包装等分工明确、网络化联接、相互依存的集群组织。

“沙集模式”以家庭为网络经营基础,规模小,机动灵活,家族成员在经营中风险共担,供给量与价格调节可以随行就市,因此经营风险相对较小,适合回乡创业的农民工以及自发创业人员经营。该模式源于农民内在自发动力,发起者、复制者、转型者、兼营者都受内生动力驱动,经营行为按照市场需求运转。

随着家庭网商规模的扩大,个体经营向规模化、公司化转型成为必然。目前沙集镇一批自主品牌开始形成,产业链和配套项目开始扩展,空间布局由村镇向园区集聚,产业模式不断升级,内外部规模效应凸显,传统企业向现代企业转型的步伐明显加快。

“沙集模式”给我们的启示是,农村“无中生有”发展电子商务,对于经济基础较差和电商欠发达地区来说,需要找准“培育产业”的市场定位。类似沙

---

① 陈静:《江苏省徐州市睢宁县沙集镇东风村:离土不离乡 网上奔小康》,《经济日报》2019 年 1 月 2 日。

集镇简易家具制造业,产品市场门槛低,具有一定传统,而且临近发达的网络渠道和商品集散地,因此这类简单制造产品借助电子商务实现快速发展具有一定合理性。但由于该模式市场门槛低,很容易导致要素盲目进入形成产能过剩、价格战等恶性竞争。创新能力滞后、个性化、特色化等方面往往满足不了消费者消费升级的要求。因此创新型发展成为必要,技术创新及生产结构的调整,有利于提高产品的竞争力,通过构建有效的竞争机制,形成产业集聚,发挥品牌效应,把产品做精、做强,扩大有效和中高端供给,增强供给结构对需求变化的适应性和灵活性,提高全要素生产率。从长期看,要提高农村电商及其产业的竞争力,只有不断创新,实行差异化战略,推进行业运营效率提升和全过程成本控制管理,才能规避价值链低端低层次制造环节的市场风险。

(四) 武功模式

1. 发展历程

陕西省武功县位于关中平原西部,是西北东出的重要通道,也是关中地区重要的交通枢纽和物资集散地,交通和区位优势明显。① 近年依托“一村一品”的特色农业,大力开发有机种植、特色蔬菜水果、特色编织品等,乡村农特产电子商务市场逐步形成。已建立数十个“智慧乡村”示范店、邮政便民驿站和快递公司,全县电商日交易额突破百万元,形成“互联网+农业”的“武功模式”②。作为全国电商示范县,武功吸引了阿里巴巴、赶集网等 20 多家大中型电商入驻,活跃的线上交易进一步拉动了农特优产品的生产加工,形成线上线下良性互动格局,当地村民依靠互联网、因地制宜发展名特优农业,走上小康致富之路。

---

① 周太黑:《中国八大县域电子商务模式解读及启示》,2015 年 7 月 6 日,见 https://tech.163.com/15/0706/12/ATRF4R4Q000948V8.html。

② 刘计划:《“互联网+农业”的“武功模式”成为群众致富新平台》,2016 年 3 月 25 日,见 http://www.xianyang.gov.cn/zhcf/gzdt/323120.htm。

2. 发展特点与启示

武功基于交通优势，走出一条“买西北、卖全国”的网上营销模式。借助物流、冷链资源，走“集散地+电子商务”道路，发挥仓库和渠道优势，整合大西北特色农产品推向国际国内市场。从市场角度分析，武功县不仅满足于将本地产品卖出去，更主要的是依靠区位优势将周边特色产品买进来，经过加工包装再转售出去，形成附加值递增的完整产业链，这种突破性思维促使“武功模式”存在更大的发展空间。开阔的视野使得武功不仅仅局限于县域经济的发展，充分发挥其较好的区位优势和基础设施优势，提出“立足武功，联动陕西，辐射西北，面向丝绸之路经济带”的目标，同时武功将农村电商不仅仅作为一种销售途径，服务于第三产业的发展，而且将其发展为电商经济，进一步推动县域经济的发展，形成生产、储藏、加工、销售为一体的产业链，促进农村六次产业的融合，与一般电商相比，武功电商不仅仅是以农产品销售为目的的初级模式或者为乡村经济提供新增长点的中级模式，而是推动县级经济全面发展的高级模式。

从“武功模式”的发展历程和特点看，既有超前规划的顶层设计，也有相互协调的行业协会（特色农产品经营者协会和电子商务协会），同时有农产品

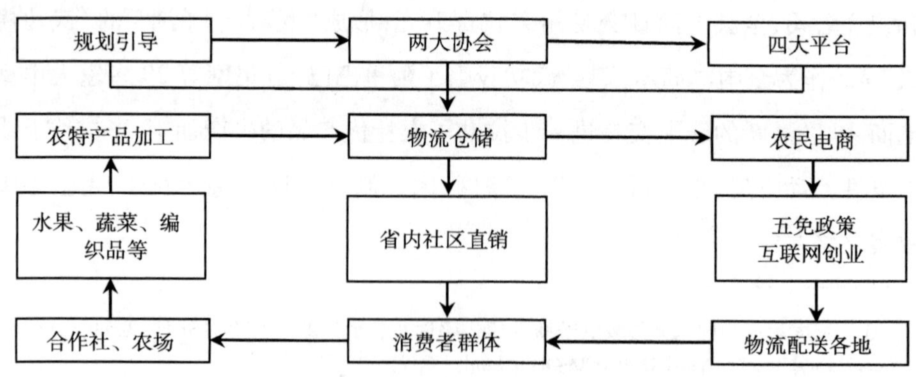

图 4-6 “武功模式”原理图（政府主导的整合农村电子商务）

电商孵化中心、产品检测中心、数据保障中心、农产品健康指导实验室等四大服务平台做保障，信息预警、销售环节、物流体系、培训机制相互协同，成为取胜的关键环节。

（五）成县模式

1.发展历程

成县隶属甘肃陇南市，东南与陕西略阳县毗邻，境内多山，素有“陇上江南”、“陇右粮仓”之称。为联合国非物质文化遗产保护组织确定的全国三十三个“千年古县”之一，2011 年被国家林业局命名为“中国核桃之乡”。

甘肃成县是国家级贫困县，工业基础薄弱，汶川大地震后多次受到地震影响。但成县地处嘉陵江流域，山清水秀，距九寨沟约 150 公里，农林产品十分丰富，有 50 万亩核桃林。2013 年“核桃书记”李祥带领班子成员、乡村干部用微信、微博宣传当地优质核桃。截至 2019 年，陇南成县开办各类网店、微店 1127 家，成立电商企业 46 家，物流快递企业 42 家，电商销售额 6.16 亿元，成功走出“爆品拉动，多品销售”的农村电子商务之路。①

“成县模式”的发展历程可概括为三个阶段：一是被动发展的摸索阶段（2013 年 5 月—11 月），这一阶段由于农民对电子商务并不熟悉，公众的参与度较低。电子商务协会的成立，帮助农民逐渐认识借助互联网增产增收的意义，促使该县电子商务逐步得到认可和尝试。二是推动发展的探索阶段（2013 年 11 月—2014 年 2 月），组织电商协会工作人员、政府考察团等外出调研学习，以行政手段推动电子商务发展，对电子商务进行宣传、培训、普及，采用点面结合、先试点再推广的发展方式，逐步推动电子商务规模化拓展。三是主动发展的求索阶段（2014 年 3 月至今），这一阶段成县电商协会自建平台，集中时间开展人才培训，整合人力、财力等资源主动探索适合当地电子商

---

① 银燕、黄帆：《陇南成县：将电商扶贫的路越走越宽》，人民网，2020 年 3 月 31 日。

务发展的模式。

2. 发展特点与启示

成县电子商务的发展模式是简单的“农户+上网”，依靠“靠山吃山”的简单逻辑。切入点是坚持“爆品路线”，用成县核桃提高全国知名度之后，带动紫皮大蒜、香猪肉、手工挂面等农林产品走向热销。① “成县模式”发展特点可以概括为三方面：一是以其特色产品发展，采用随手拍的形式，通过新的媒体途径（如微博、微信等）传播，促进购买需求；二是通过网络资源宣传原始生态美景，加深成县影响，为拳头产品核桃提高知名度；三是政府在农村电子商务宣传方面起到关键作用，县委书记带头，四大班子、乡村干部齐上阵，用微信、微博等工具进行营销。

“成县模式”的发展经验可简单概括为爆款思维、渔场思维、倒逼思维、民主思维。在知名度、基础设施、电商技术都落后的情况下，县域电子商务缺乏普遍认同，而当地政府咬定青山不放松，大力宣传本地特色农产品，带动电商先行者“单兵突破”的爆款思维终究获得认可，电商辐射带动其他商品共同发展成为可能。同时需要看到，落后地区发展小网商虽然有成功之处，能够显示电子商务的致富优势，但其长期的竞争力往往不足，面临随时出现的市场扰动，可能会出现大量退出的现象。政府应积极出台有利政策，扶持网商线上线下互相促进，走专业化、集群化、特色化之路。扬长避短，发挥优势，专注拳头产品和特优产品开发，同时注重吸引专业人才、外部投资等要素，打造品牌化、标准化、差异化体系，以电商助推民生改善，促进农民增收和农村发展，推进城乡一体化。②

---

① 周太黑：《中国八大县域电子商务模式解读及启示》，2015 年 7 月 6 日，见 https://tech.163.com/15/0706/12/ATRF4R4Q000948V8.html。

② 成县电商中心：《甘肃成县模式的经验和痛点》，2016 年 10 月 26 日，见 http://www.agri.cn/V20/ZX/qgxxlb_1/gs/201610/t20161026_5318659.htm。

二、“互联网+”驱动城乡融合形态的制约因素

在互联网浪潮席卷全国，电商热潮流向村镇小巷和广袤田野，催生着城乡关系发生巨变的同时，影响“互联网+”驱动城乡一体化的制约因素也逐渐显现。从农户自发形成自下而上的发展模式，到多地政府积极介入整合资源，一系列诸如激励机制、要素配置、产品的同质化和价格竞争、政府与市场的关系等开始制约农村电商的竞争力，农村在发展中的劣势与城市的优势不断凸显。“互联网+”驱动城乡一体化形态的制约因素主要有利益分配与共享、资源整合与要素短缺、同质化恶性竞争、基础设施薄弱、组织性与协同性较差。

（一）利益分配与共享

由于在“触网”的过程中，广大农户并没有太多的议价能力，因此如何把更多“互联网+”的收益留在农村农户，直接关系“四化”融合的内在动力。以广西阳朔兴坪柑橘为例，从普通农户到家庭农场等新型经营主体，再到区域产业协会，当地田间 3. 5 元的柑橘转手之后在网上售价达 12 元，收益的绝大部分被中间商垄断。农村地区政府与互联网企业之间的利益关系同样需要理顺，如桂林资源县某镇在与大型互联网企业合作的过程中，当地政府不仅要提供 500—1000 平方米的实体展示馆，而且要承担相应的运营费用。由于很多地方政府特别是西部特色农产品产区自身应用互联网发展农业的能力较差，不得不借助于外来互联网企业。农户、地方政府在与互联网企业合作中由于信息不对称，缺乏运营监管，往往导致农户的利益受损，农户只获取极小部分收益。农户激励机制解决不好，不仅会影响“互联网+”的效率，而且可能会偏离正轨。“互联网+”应该是给“三农”松绑助力，而不是加套增重。

（二）资源整合与要素短缺

“互联网+‘三农’”资金和力量的条块分割亟待统筹整合。目前，与“互联网+‘三农’”相关部门包括工信、商务、农业、供销社、金融、电信等多个政府职能部门和相关企业，不同系统建设方案、扶持标准、资金使用管理规定不尽相同，各自为战，不仅容易造成资源浪费，而且降低地方与企业的谈判和博弈能力。

农民网商普遍存在资金少、现金流紧、贷款时间长等资金问题已经成为许多淘宝村农民卖家的发展瓶颈之一。以桂林临桂为例，80%的网商不同程度上面临资金短缺、融资难、融资贵等问题，淘宝店起步困难，难以扩大规模；同时，土地制约的矛盾也日益凸显。网商的规模化拓展，对办公、仓储的需求也逐步增加，对农村集体用地制度和耕地保护制度提出挑战。

相对城市网商，农村电子商务面临的人才缺乏问题更为突出。淘宝村虽然具有较强的创富能力，但农村的住宿、交通、生活设施都还不是很健全，对高校和企业的专业人才吸引力不足。专业人才理论不足成为农村电商发展中的重要瓶颈，由于人才缺乏，淘宝村的整体运行效率低和管理理念落后，导致协同发展战略无法实现，许多农民网店自身运营和创新性比较弱。

（三）同质化恶性竞争

淘宝村能够快速长大，并且在全国范围内大规模涌现，重要原因是相互模仿、细胞裂变式复制。许多网店设计能力和生产能力有限，网店图片拷贝他人，产品以拿货为主，网店自身的创新力较弱，农民网商看中销量和销售额，缺失品牌意识，无法实现长期的可持续发展。

诸多淘宝村的形成，是基于一种产品或一类产品发展起来，通过集群方式降低成本，从而取得线上的竞争优势。因此，同质化竞争的问题不可避免成为淘宝村面临的挑战。在同质化比较严重的农村电商,低价竞争不可避免,导致农村电商获利较少,“触网”并没真正增加农民收入。一些产品的卖家,只能依靠物流公司的回扣实现盈利,甚至有些淘宝村网商直接以出厂价销售,只赚取快递费的差价。

(四) 基础设施薄弱

物流匮乏、网络不畅、交通不便,是农村电子商务面临的基础设施难题。我国农村网络建设还处于起步阶段。国家级和省级的农村网络基础设施建设已经取得一定的成果,但县到乡镇的网络基础设施依然很薄弱,农业信息传递在“最后一公里”上遇到了阻碍。农村网络费用和速度加上网络设施对于农民来说比较昂贵,导致农村家庭的网络使用率低。

随着电商、淘宝业务的飞速发展,农村“最初一公里”和“最后一公里”问题依然明显,现代交通工具数量短缺,局部地区设施滞后造成的交通堵塞也严重影响商品的可达性;电力供应上,农村落后的电力设施与电力线路也无法满足每家每户的用电负荷,故障停电往往使得淘宝店无法正常运营,销量难以保障;信息基础设施方面主要表现为网络容量不足,当前针对农村的企业和个人网络带宽容量受限,容易引发高峰期网络堵塞。

(五) 组织性与协同性较差

淘宝村的成功发展需要电商、通信、物流、金融、商贸和邮政等电子商务相关企业的协同发展,大多企业各自为战,关注自身利益,忽略了协同发展的重要性。而淘宝村多以农民自发产生、裂变式复制形成的产业集群,缺少关键的带头人的创新引领,优秀的农村电子商务带头人,在淘宝村形成过程中起着关键的作用。例如,江苏沙集镇东风村的“三剑客”给当地农民进行指导和培训,引导农民通过协作联合、特色化、品牌化发展增加收入,让村民分享互联网带来的实惠。浙江缙云县北山村的吕振鸿,通过与外地生产厂家联合,开创运动品牌“北山狼”，在传统的农耕土地上经营户外用品。“北山狼”采取“自主品牌+生产外包+网上分销”模式，村民们不需押金就能直接拿货。这种几乎零成本的分销模式，让村民开网店的门槛和风险大大降低。可见，积极组织村民共同发展，勇于尝试创新是农村电商发展的内生动力。同时，如果缺少大型电商企业和协会的领导和带动，也容易出现产品同质化竞争、管理协调能力较弱的问题。农村电子商务协会的领导者和电商的身份重叠带来的公信力、协会自身的组织能力等问题，使协会的作用未能充分发挥。

三、“互联网+”驱动城乡融合的机制与对策

（一）“互联网+”驱动城乡融合的机制

近10年我国农村电子商务迅速发展。据CNNIC统计，2019年我国农村电商交易规模达到22898亿元，同比增长34.3%，农村电商用户规模达到2.3亿人，另外截至2020年9月，全国淘宝村数量已经达到5425个，淘宝镇1756个，分别较2019年新增1115个和638个。[①] 基于阿里巴巴、京东和苏宁等电商巨头纷纷布局农村电商导致的巨大市场需求，优化环境和发展秩序，商务部等19部门出台了《关于加快发展农村电子商务的意见》，农村电子商务风生水起，成为统筹城乡发展、发挥比较优势、拉动农村经济、推动新型城镇化建设的新引擎。农村电商受到内外环境的影响，外部环境主要有自然环境、经济环境、科技环境、政治/政策环境、社会/文化环境等，内部环境主要指农村电商的内部结构等，内外部环境决定农村电商的发展状况（图4-7）。有关“互联网+”驱动城乡一体化的驱动机制及作用机制，如图4-8所示：

① 张天：《2020年中国农村电商行业市场现状与交易规模分析》，2020年11月3日，见https://www.sohu.com/a/429156246_120873238。

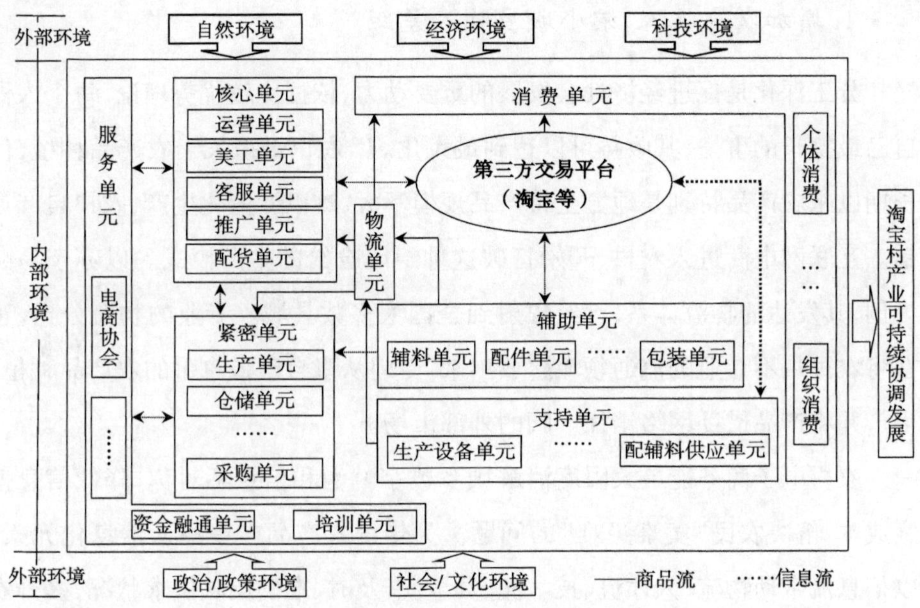

图 4-7 农村电商共生系统结构

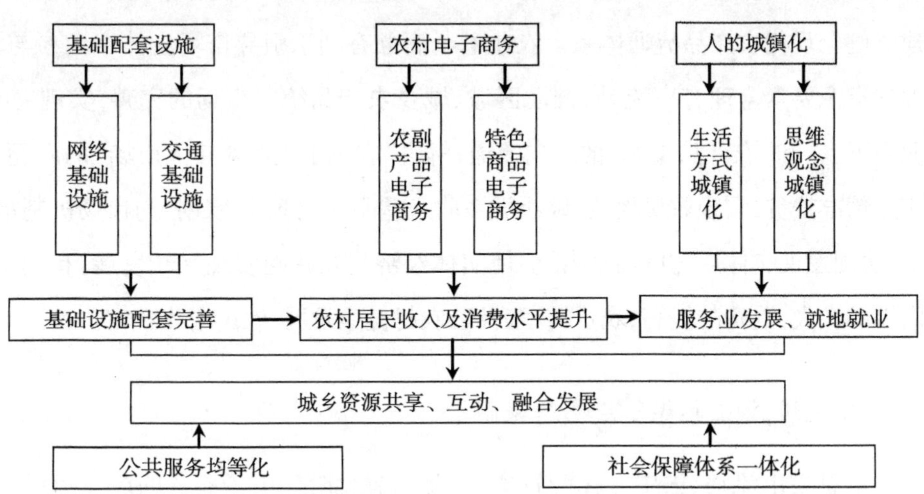

图 4-8 电子商务推动下的城乡融合驱动机制

1. 增加农户收入,缩小城乡收入差距

分工深化是促进经济社会发展的重要动力,依据比较优势理论,每个人做自己最擅长的事情,其收益可以达到最大化。① 农户最擅长于农产品种植,但长期以来农产品特别是地方土特产品规模不大,难以专业化生产,农户自产自销。互联网电商进入农村,开始打破这种封闭自给的生产模式。以苏宁易购为例,其发达的物流体系,已经辐射到全国大多数县城。专业的物流公司,正在将农民从不专业的流通领域解放出来,专门从事自己最拿手的农产品种植、生产并将产品借助网络销往广阔的外部市场。

农村电子商务能最大限度消解城乡数字鸿沟和信息不对称,降低信息搜索成本,解决农民"卖难买难"的问题。为传统农产品产销注入信息化元素,以信息流带动物流、人才流、技术流、资金流,及时、准确反映供求状况,提升农产品生产者在订单和定价上的话语权,拓展销售渠道、开辟新客源和新市场,能够有效促进市场供求衔接,降低交易成本,有益于稳定市场预期、减缓价格波动,建立健全现代农产品流通体系。农业电子商务有利于引导市场主体广泛参与,促进资源要素合理有序流动,推动区域、城乡农产品统一市场的完善,实现"工业品下乡"和"农产品进城"的双向流通,解决"农民小生产对接大市场"的问题,实施精准扶贫,实现农民增收,缩小城乡收入差距。② 通过"双创"与市场机制推动,协同发展实体店与电商平台,促使实体经济与互联网实现互动发展,有利于内需的扩大、消费的提高,农业转型升级、农村健康发展、农民增收致富。

2. 促进产业集聚,实现产城融合

信息自由流动、去中心化配置资源,是信息化时代电子商务的产业组织特

① 吴会杰、李进玺:《农村电子商务模式研究》,《现代营销》2015 年第 11 期。

② 农业部:《国务院办公厅关于促进农村电子商务加快发展的指导意见》,2015 年 11 月 10 日,见 http://www.moa.gov.cn/zwllm/zcfg/flfg/201511/t20151110_4896098.htm。

点。联接城乡市场的电子商务不再以大城市作为物资的唯一集聚地，而是由多层次物流配送实现货物从生产地、厂商直达消费者家门，推动包括偏远山区在内的农村地区依托独有的农产品或产业优势资源形成特色产业集群，进一步带动本地区具有比较优势的特色商业，以及教育、医疗、养老等公共产品的发展，推动一二三产业融合集聚以及产业空间布局的优化转型，促进城乡产城融合发展。

近年依托重点小城镇建成的各种联接城乡的电商产业园，是电子商务发展的主平台和集聚区，这些集聚区汇集了网络基础设施、支付平台、物流配送终端、智慧物流平台、物流仓储设施建设以及保障电商平台健康运营的公共服务等。依托电商服务，一批农业产业化示范基地和现代农业示范区迅速形成，特色农产品集散中心、多层次物流配送中心和农产品展销中心将各地优特农产品打入市场。一乡一业、一村一品的专业化格局逐步形成，一批乡村手工艺品和农村土特产品品牌随着电商被城乡市场认知接受。

3. 增强就地居住意愿，优化城乡空间体系

促进农村城镇化、优化城乡关系，是“十三五”乃至更长时期我国面临的一个重大课题。解决进城农民的就业问题，避免产生新城镇的“产业空心化”，是提高城镇居住意愿、实现人的城镇化的核心。电商对农村经济社会的重构和影响，引起了党和政府的高度关注。2016 年中央一号文件，提出要促进农村电子商务加快发展，形成线上线下融合、农产品进城与农资和消费品下乡双向流通格局，完善物流、网络等基础设施建设与农产品标准体系建设等。2016 年 2 月，国家发展改革委与阿里巴巴达成结合返乡创业试点发展农村电商战略合作的协议。

优化城乡关系、促进新型城镇化的内容之一，就是改变过去单一追求中心城市为核心的集中式城镇化，通过公共服务的延伸、特色要素的集聚，增强农民在农村新镇、一般小城镇的就地居住意愿，实现网络化、分布式新型城镇体

系，推动大中小城市与小城镇协调发展。① 农村电子商务可以在农户分散就业、就地创业背景下，配合城镇聚落的网状结构和去空心化特征，提高小城镇的居住意愿，减少盲目的人口外流，优化城镇人口体系，改变传统单一的城市空间布局，通过电商驱动的产业链与就业链，激励广大农户有机会以较低的成本，参与到综合性、协同性的一体化价值网络中，使大量农民、返乡人员等在本地就可实现就业、创业和就地居住，实现就地城镇化，分担中心城市的压力，最终促进城镇化空间分布和规模结构更加优化。

4. 实现一二三产业融合，推动城乡产业一体化

农村电子商务在改变农村信息化滞后现状的同时，将一二三产业依托信息互联网平台逐步融合起来，推动城乡各类要素流动、等价交换，实现公共资源在城乡间的均衡配置，促进中心城市人才、技术和资金等向周边中小城镇及农村延伸，加速城乡资源双向互动，促进农村地区由工业化带动转型至信息化带动的新型城镇化建设，缩小城乡收入、就业及公共服务"剪刀差"，推动城乡融合发展。

现代农业的生命力在于专业化、市场化。农村电子商务，将农业产业链、价值链、供应链经营模式融入大农业，全面促进信息技术与传统农业的深度融合，推进现代信息技术应用于农业生产、经营、管理和服务。激励第一产业由以产品为中心转变为以服务市场为导向、以消费者为中心，通过品牌培育，开发高产、优质、生态、高效、安全农业，实现农业生产方式根本性转变，提高农业比较优势和竞争力，为新型工业化、信息化、城镇化和农业现代化融合发展拓宽新的空间、创造新的动力。农村电子商务是实施"互联网+现代农业"行动的重大举措，是主动适应农村发展新常态、打造城乡融合系统的新引擎。通过一二三产业的融合，满足不同消费群体对农村特色产品的个性化、多样化、便

---

① 刘其强等:《农村电子商务与新型城镇化建设》,《中国国情国力》2016 年第 1 期。

捷性需求，降低交易成本，促进消费转型升级。同时，农村电子商务的发展也可带动城市农业生产资料和消费品下乡，形成一二产业产品和多层次、异质性要素市场双向流动的新格局，激活农村消费市场潜力和活力，让农村居民分享信息经济发展的成果。

（二）“互联网+”驱动城乡融合的对策

全国各地农村电子商务驱动的新型城乡形态在发展中存在一定空间异质性，这种异质性促使农村电子商务发展的差异性。相对而言，江浙地区特别是义乌、温州等地在发展中积累了一定经验，正在经历从 1.0 向 2.0 的转变，主要特征趋势是集约化、品牌化、生态化和扩散化。这些地区基于电商推进城乡融合发展、打造新型城乡形态的经验对其他地方提供了一定借鉴意义。基于以上分析，本部分主要从七个角度分析“互联网+”驱动城乡融合发展的对策。

1. 以品牌求发展

目前农村电商网店以模仿性设计居多，仅仅是简单的二传手，同质化、低端化服务显著，导致产品竞争优势不强，未来农村电商的发展需通过自主创新，培育自己的品牌，引导个体走多元化、特色化、精准化、人性化服务模式，打造“人无我有，人有我优”的品质以及专、精、特、灵的差异化市场战略。地方政府、行业协会应根据“品牌电商化，电商品牌化”的市场认知趋势，加强宣传自身特色，推动农民网商提高品牌意识，积极培育一批有核心竞争力的骨干品牌电商，力争在区域竞争中占据有利地位。加强行业自律、规范市场经营、打击恶性竞争、控制产品质量，积极打造集体品牌，实施品牌化战略。

2. 注重政府引导，加强政策扶持

农村电商发展是一项集政府、企业、农户、网络诸要素于一体的综合系统，

各环节必须相互配合,协同发力,形成合力。地方政府应结合农村发展规划,在实施特色资源开发、特色小镇培育、农户精准扶贫等战略过程中,紧密结合实际,科学投入,优化线上线下市场的营商环境,发挥区域比较优势,打造农村优特产品,引导电商进入。加大各类金融机构对淘宝村的扶持力度,重点解决中小电商初期发展阶段的要素投入困境。在保证耕地占补平衡的前提下,适时推进农商产业园建设,着力提高淘宝村现有设施的利用率。政府和企业应提供优惠的入驻条件和完善的生活设施,引进优秀的农商服务商,让淘宝村的卖家们就近入驻。①

3. 大力培养和引进农村电商人才

当前多地凸显的人才瓶颈已经制约了淘宝村的进一步发展,优秀的农村电子商务带头人,在淘宝村形成过程中起着关键的作用。要从战略高度注重农村电商专业人才的引进和培育,优化各项激励政策,调整地方高校专业结构,校—企—村联合共建电子商务专业培养机构和实习培训基地;鼓励农村在校大学生通过互联网创业,打破农村电商与专业人才之间交流与合作不足的障碍。联合有关电商教育培训机构、电子商务企业,定期开展淘宝村电子商务的平台使用、农产品网上经营策略和技巧培训,提高农民电子商务的应用能力,引导农民走集约化、品牌化和生态化的电商发展道路。政府积极采取吸引人才的优惠政策,加强建设淘宝村的医疗、住房、教育等保障设施,引导高校的电商人才走进农村。积极搭建人才供需交流平台,通过专场招聘会、赴外招聘、网络招聘等形式,为农村和企业引进紧缺急需电商人才。

4. 加快完善农村物流体系

物流配送是实施电子商务的根本保障,完善农村物流体系是淘宝村成功

① 阿里研究院:《2015 年中国淘宝村研究报告》,2015 年 7 月 11 日,见 http://www.aliresearch.com/blog/index/lists/tag/3837.html。

与否的关键所在。积极建设物流中心、配送中心和运输站等设施,加强交通运输、商贸流通、农业、供销和邮政等部门以及电商、快递企业同相关农村物流服务网络和基础设施的实现对接共享,构建完善的物流基础设施和物流网络。提高物流系统的信息化水平,对电商产品的供求、交易和价格等信息进行收集整理、分析和结果,通过电子商务平台让物流双方掌握及时、准确的信息,减少产品在各物流环节中的信息盲目性。引导第三方物流发展,提高物流专业化水平。与第一、二方物流相比,第三方物流具有配送效率高、成本低和专业化程度高的三大优势,积极推进淘宝村卖家与第三方物流企业的合作。积极整合物流园区、物流中心和淘宝村电商的经营者,建立广阔的物流信息平台,实现物流配送信息共享,加强物流公司之间的合作,以规范物流配送服务水平,提高物流配送效率。

5. 加强农村基础设施建设

电子商务的发展需要基础设施的支撑,加强农村基础设施是淘宝村发展的前提。一是完善农村信息基础设施建设。政府和企业需加大对信息和通信的投入,建立电信的优惠和补偿机制,促进电信网络提速降费,结合淘宝村发展,提高淘宝村网络覆盖率。二是重点加快农村交通道路建设,推进城乡客运一体化,彻底解决“最后一公里”的问题。三是建设农村电商服务业体系。发展农产品电子商务的同时,积极引进和完善设计装修、摄影、培训、代运营、金融等第三方电子商务服务业,制定标准化的服务机制和量化的评价体系,吸引电商、物流、金融、商贸和邮政等各类资本参与淘宝村发展,完善农村电子商务的产业链,从而提高卖家的经营水平和竞争力。四是建立模式创新机构。发挥农业、商务部门牵线搭桥的作用,组织各类电商机构开展交流活动,对接各类涉农电子商务信息公共服务平台,有效衔接产需信息。加强农村电子商务、农村合作社、大型农场和城市各社区的深度合作,设立农产品体验店、提货柜和自提点，推动农村电子商务模式创新发展。①

6. 加大金融支持力度

发展多元化的农村金融体系，强化非正规金融机构的作用，打破和消除金融垄断格局，形成以正规金融机构为基础，以农村合作的农业信贷为主体，以政府农贷机构为辅助，以民间信用为补充的金融机构体系。一方面，建设优势互补的村级电子商务金融服务点和助农取款服务点，提高利用效率。支持金融机构和银行机构研发适合淘宝村网商的网上支付、手机支付、供求方的贷款等金融产品，控制电商的金融风险，保障客户信息和资金安全。另一方面，加大对淘宝村创业农民尤其是青年农民的贷款支持，简化农村电商小额短期贷款手续。符合补助条件的农民网商，可享受创业担保贷款及贴息政策。

7. 促进农村电商与新型城镇化互动

农村电商的发展，不仅能够带动农民创业，创造就业机遇，也能够为电商精准扶贫作出有效示范，改善农业价值链和提高农业竞争力，促进农民增收以及传统制造业的转型升级，从而有效地推动农村的就地城镇化。

首先，各级政府应出台农村电商与新型城镇化协同发展规划，统筹电商发展和新型城镇化建设，加快打造农村电商平台，发展农村服务业，推动农村电商和新型城镇化协同发展。其次，以淘宝村为载体，发挥市场在资源配置中的决定作用，激活电商主体活力，支持电商、物流、通信、金融、商贸和邮政等电子商务相关企业走向农村，拓展资金渠道，增强社会资本的合作，实现农业产业结构调整和生产方式转变，同时带动农民投入电子商务和新型城镇化建设，更好地依靠市场机制和社会力量推动新型城镇化。最后，我国区域发展差异大，

---

① 农业部：《"十三五"全国农业农村信息化发展规划》，2016 年 9 月 1 日，见 http://www.moa.gov.cn/zwllm/ghjh/201609/t20160901_5260726.htm。

政府要因地制宜发展农村电子商务,保留城乡自身特色,统筹城市和小城镇协调发展,合理规划城镇规模结构与空间布局,尊重城镇化的发展规律,实现新型城镇化发展。①

① 陈玉光:《城市空间扩展方式研究》,《城市》2010 年第 8 期。

第五章　全域规划的城乡关系形态：成都实践

城乡二元结构是制约区域经济社会融合发展进程的重要因素。近 20 年在统筹城乡发展、破除城乡二元结构的实践中，成都的探索可谓独树一帜。2003 年以来，在“全域成都”理念的引领下，该区域不断进行统筹城乡发展、破除二元结构的实践探索，并找到了一条城乡共同发展、二元结构逐步淡化的创新之路。与全国同类地区相比，成都城乡统筹实践进一步释放经济社会发展潜力，实现了地区经济社会的较快发展（见图 5-1）。毋庸置疑，在深化推进城

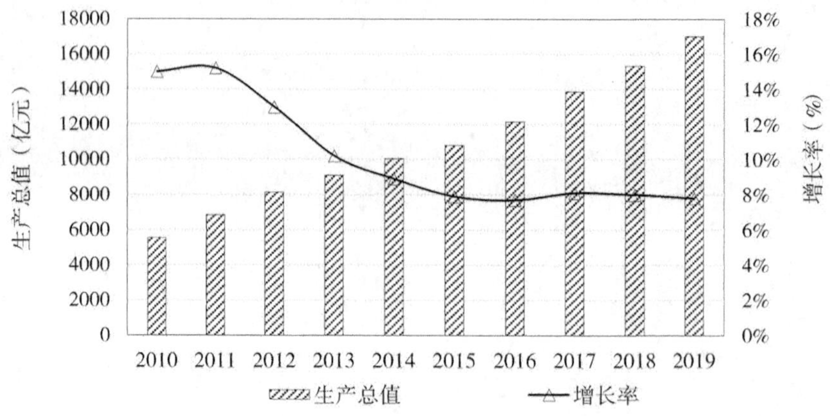

图 5-1　成都历年地区生产总值及其增长情况

数据来源：根据历年《成都统计年鉴》统计数据整理绘制。

乡融合发展体制机制改革与创新、探索统筹城乡发展道路、打造新型城乡关系形态方面,成都取得了重大突破和显著成效,其经验和逻辑值得总结推广。

一、成都统筹城乡发展的基本轨迹

成都在全面统筹城乡发展之前,其城市发展相对缓慢,城镇化水平相对较低,且城乡发展差距显著,2003 年的城镇化率仅为 36.9%,低于当时全国水平(40.57%)近 4 个百分点,但郊区县域经济对整体国民经济的贡献率高达 60%以上。① 当时成都城乡发展总体特征是相对分散、数量众多的城镇群与贫困山村并存,区域城市化进程面临低水平非均衡发展的挑战。但经过多年统筹城乡发展的大胆创新和实践,成都的城乡发展差距不断缩小,二元结构特征不断淡化,初步形成了城乡共同发展的格局。截至 2019 年年末市辖区面积 3677 平方公里,其中建成区面积 949.6 平方公里,年末户籍人口由 2003 年的 1044.3 万人增加到 1500.07 万人,户籍人口城镇化率由 2003 年的 36.9%提升到 62.54%。②

成都在统筹城乡发展过程中,经过理论探索和实践创新,形成了"全域发展"理念,并在这一理念的引领下实现了从城市增长到城乡发展、从城市竞争到区域合作、从内陆城市走向全球城市定位的转型。总结成都统筹城乡发展的推进过程,可大致划分为如图 5-2 的三个发展阶段,分别是:开始阶段,全面推进阶段,深化改革与融合发展阶段。

(一)开始阶段

2003 年,成都根据党的十六大关于统筹城乡经济社会发展的精神,率先

① 成都市统计局:《2003 年成都市国民经济和社会发展统计公报》,2004 年 6 月,见 http://www.cddrc.gov.cn/detail.action? id=559922。

② 成都市统计局:《2019 年成都市国民经济和社会发展统计公报》,2020 年 6 月,见 http://www.tjcn.org/tjgb/201605/32950.html。

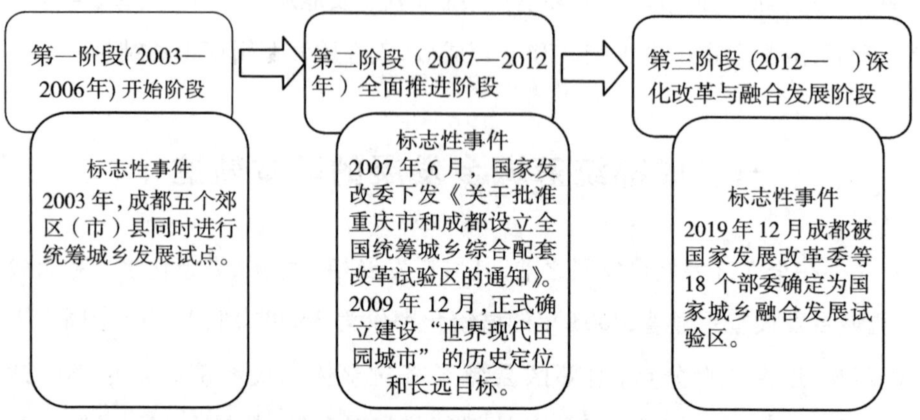

图 5-2　成都统筹城乡发展的阶段性进展

在龙泉驿区、都江堰市、双流县、郫县和大邑县设立统筹城乡发展试验区,从此拉开了统筹城乡发展实践探索的序幕。在试验区内改革创新各种政策、手段,以加快推进城镇化进程为目标导向。在实践探索中,成都积累了推进统筹城乡发展的宝贵经验,为进一步全面统筹城乡发展奠定基础。2003 年 10 月在认真总结试验区统筹城乡发展正反两方面经验教训的基础上,得出了具备全面推进城乡一体化工作基本条件的结论,并作出了相应的战略部署。由此开启了成都全面统筹城乡发展、打造新型城乡关系的实践探索之路。

2004 年 2 月出台的《关于统筹城乡经济社会发展,推进城乡一体化的意见》,从战略层面旗帜鲜明地提出统筹城乡发展是有效化解“三农”难题、促进西部大开发和全面实现小康社会的根本途径和重大举措。同时,更加系统地明确了成都全面推进统筹城乡发展的指导思想、目标任务和重难点领域等(见图 5-3),为成都全域推进城乡一体化进程奠定了制度基础。

2006 年 2 月,成都“十一五”规划明确了以统筹城乡发展引领全市经济社会发展的总体战略,并将其作为实施“十一五”规划的指导思想,重点以“三个集中”和“三大工程”为主要抓手,率先将农村纳入城市规划范围(见图 5-3)。

打破各县区各自为阵的规划格局。按照“全域成都”的要求对区域进行

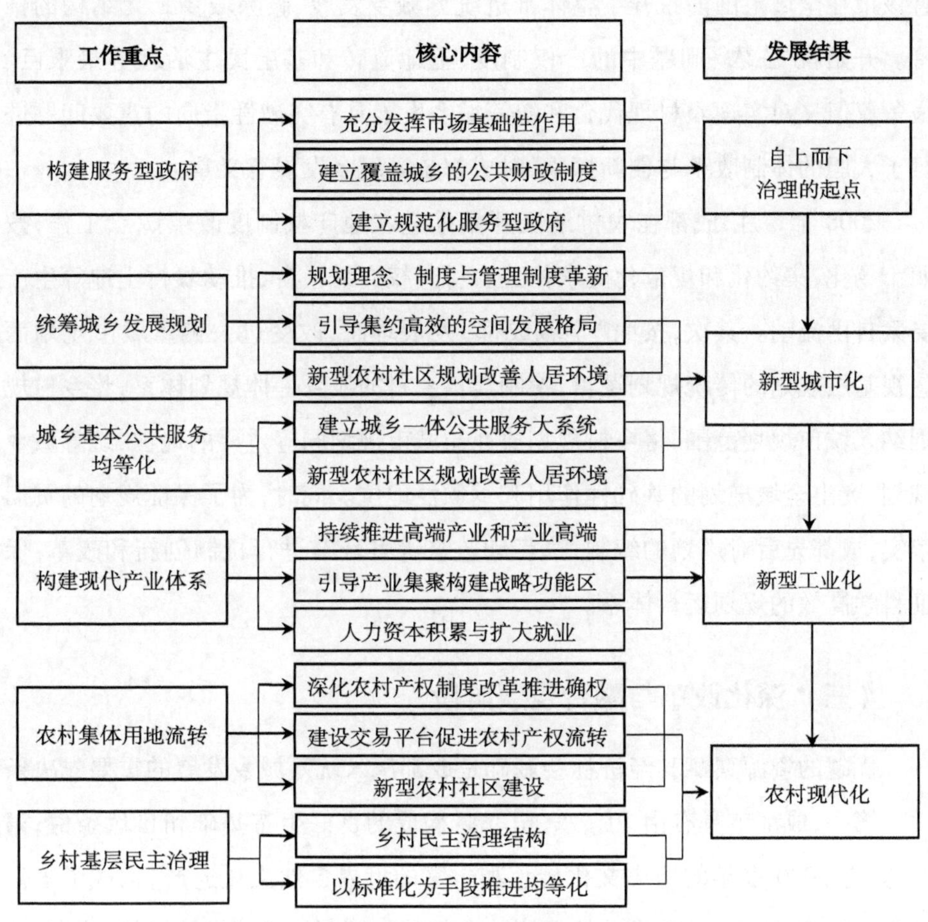

图 5-3　成都统筹城乡发展的目标任务及重难点领域

资料来源:叶裕民、焦永利:《中国统筹城乡发展的系统架构与实施路径——来自成都实践的观察与思考》,中国建筑工业出版社 2013 年版。

一体化的城乡规划,形成了“一区两带五楔六走廊”的空间战略格局,实现了由以城市为规划核心到统筹城乡全面发展的转变。自此成都在“全域成都”理念引导下启动了全方位城乡一体化发展的实践探索。

(二)全面推进阶段

2007 年 6 月,成都被列为全国统筹城乡发展综合配套改革试验区,标志着该市在全域范围内拉开了整体推进统筹城乡发展、破除城乡二元结构的帷幕。开始就“三农”问题中的产权制度、土地流转和基层民主治理等最艰巨、最争议但又对实现农村现代化和统筹城乡发展具有突破性指向的重要问题进行了大胆的体制改革与创新探索，对成都统筹城乡发展意义重大。

2008 年 3 月，成都在农村地区开始推进农地产权制度改革试点工作，按照市场化、集约化和规范化要求构建农村产权交易平台，推动农村土地等生产要素自由流动。其次，按照“全域成都”发展理念，改变过去偏重城市规划而忽视基层规划的传统规划逻辑，编制囊括乡村的城乡一体规划体系，将乡村规划纳入城市规划范围，将乡村规划放在与城市规划同等重要的地位，统筹城乡规划，突出全域规划的基础性作用和纲领性地位。同时，为了保证规划的贯彻落实，成都先后对规划的编制、执行和监督等各环节进行机制创新和改革，保证科学高效的规划运行体系。

（三）深化改革与融合发展阶段

优越的资源禀赋和经济社会基础是成都深入统筹城乡发展的重要先决条件。第一，成都市具有由“山、水、田、林”构成的良好生态基础和自然条件；第二，具有 3000 多年的历史文化传承和丰富的世界自然文化遗产，构成了丰富的文化底蕴；第三，具有雄厚的经济社会基础和较高的经济发展水平；第四，统筹城乡发展以来，在“三个集中”的推动下，成都工业化水平得到显著提高，新型城镇化进程不断加快，农业现代化成果异常显著。

基于以上经济社会发展基础、自然生态本底以及浓厚的历史文化底蕴，成都认真总结经验，正确审视和把握历史发展机遇，于 2009 年提出了建设“世界田园城市”的长远战略目标。成都“世界现代田园城市”战略目标的确定是从战略层面对统筹城乡发展实践探索成果的巩固和深化。在城市形态上要建设成为切合田园城市理想的超大型、现代化城市，深度整合城市与乡村功能优势，实现城市与乡村功能互补、共同繁荣发展，呈现广大乡村地区“人在园中”、中心城区“园在城中”的发展格局。

2019 年 12 月,成都被国家发展改革委等 18 个部委确定为国家城乡融合发展试验区,成都西部片区以 23 个产业功能区作为试验区内城乡产业协同发展主要载体,打破行政区划构建成都试验区“一心两翼 · 一环三廊”产业融合发展空间格局,探索一条搭建城乡要素高效配置载体的新路径。成都发挥公园城市生态价值转化的经验,提出探索建立生态产品市场机制;提出要构建产业生态圈创新生态链,打破行政区划统筹产业布局、建立绿色低碳产业体系、探索产业功能区协同共建机制。

二、成都统筹城乡发展的主要做法

2003 年以来,在统筹城乡发展的实践探索中,成都取得了不俗成就,积累了丰富的经验。总结成都统筹城乡发展的主要做法,概括起来有以下特点,即以实现城乡融合为总体战略目标,在“全域成都”理念的引导下,充分发挥企业家与市场的内生资源配置功能,转变政府治理理念与职能,坚持人本、协调、创新、可持续发展原则,统筹制度架构,通盘考虑新型工业化、新型城镇化和农村现代化;优化空间布局,提升城市综合承载力;着力推进“三个集中”、“六个一体化”和农村“四大基础工程”以及一系列配套体制机制的改革与创新,通过科学的顶层设计和实施路径,最终实现“四化融合”。如图 5-4 所示。

(一) 以“三个集中”推进“三化”联动发展

成都的空间发展属典型的大城市带大郊区格局,郊区腹地大多数空间仍属于以农业生产为主的乡村地区,且人多地少、布局分散,城乡发展二元结构特征显著。在全域发展实践中,成都以“三个集中”为主要抓手,推进工业企业向园区集聚发展,农民向城镇集中以及土地规模化经营,有效促进了“三化”融合发展。

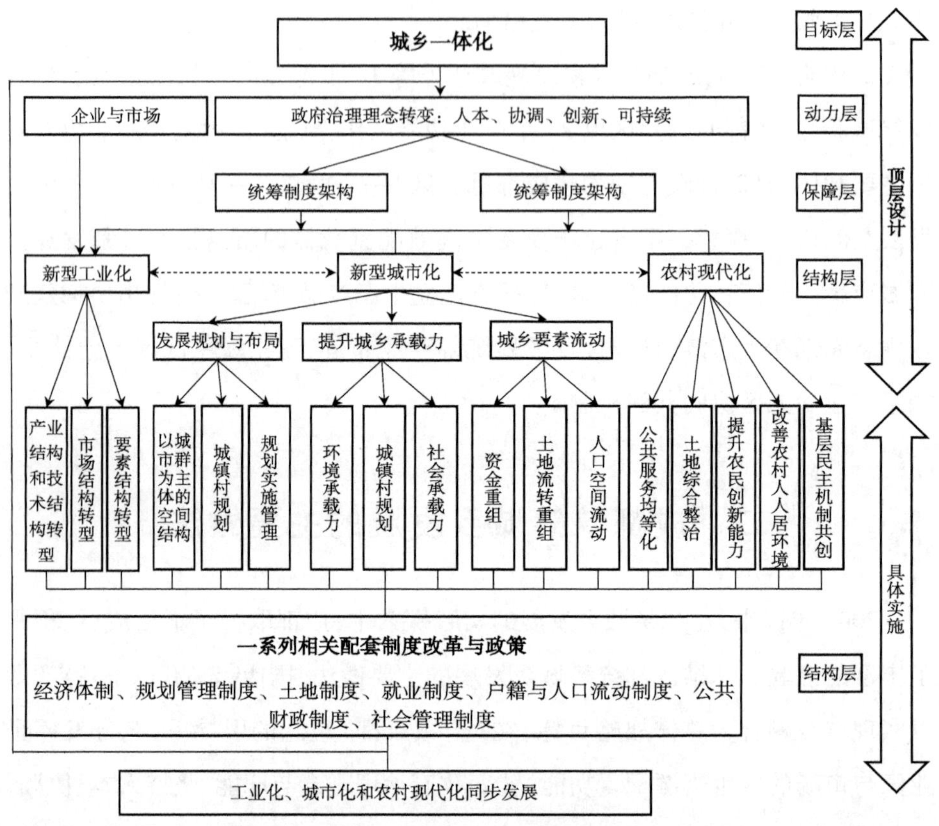

图 5-4　成都统筹城乡发展系统架构图

资料来源：叶裕民、焦永利：《中国统筹城乡发展的系统架构与实施路径——来自成都实践的观察与思考》，中国建筑工业出版社 2013 年版。

1. 产业向园区集聚，加快产业转型升级步伐

在“全域成都”规划引导下，该地区将 2003 年以前小规模分散布局的 116 个开发区合并为 21 个工业发展集中区。以此改变了工业园区规模偏小、遍地开花的现状，有利于工业园区的聚集、集约发展，有效推动了城乡要素集聚和一体化进程，到 2013 年末工业集中度高达 84%。① 工业发展集中区的建立，

① 成都经信委：《2013 年成都工业发展情况与 2014 年展望》，2015 年 7 月 3 日，见 http://www.sc.cei.gov.cn/dir1009/201573.htm。

推动了产业要素向各类园区集聚,为成都夯实产业基础、加快推动新型工业化进程奠定良好基础。以高新技术产业为主导的产业发展体系以及新型工业化发展,为成都统筹城乡发展提供强力的产业支撑。成都新型工业化促进城乡一体化的逻辑思路,如图 5-5 所示。

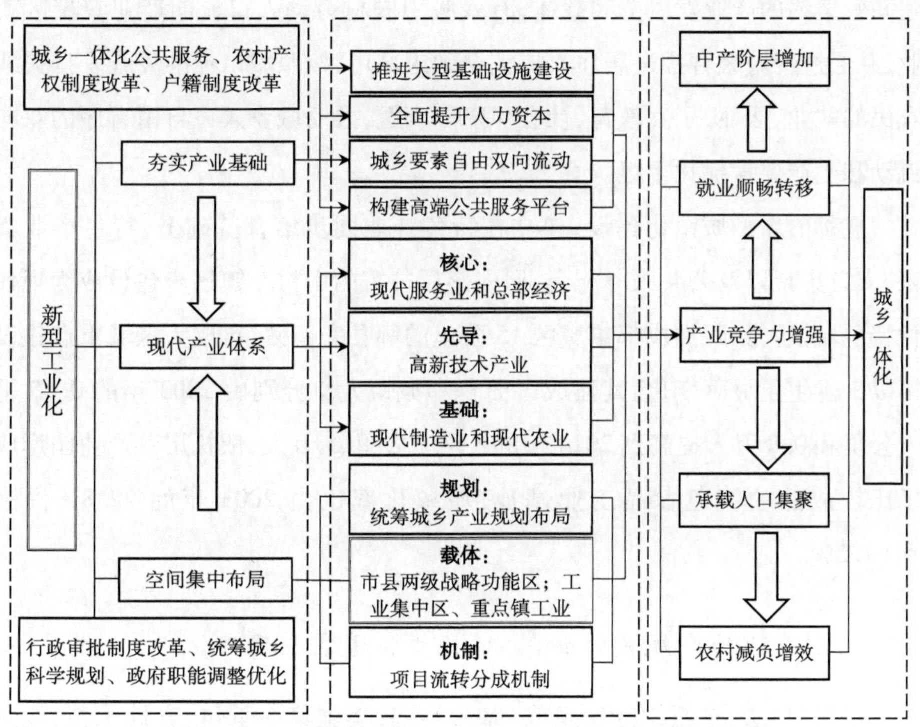

图 5-5　成都新型工业支撑统筹城乡发展的逻辑架构图

资料来源:叶裕民、焦永利:《中国统筹城乡发展的系统架构与实施路径——来自成都实践的观察与思考》,中国建筑工业出版社 2013 年版。

2. 鼓励农民向集中居住区集中,提高新型城镇化质量

成都按照全域规划的要求,自上而下建设形成从区域首位城市、中等城市、小城市、小城镇和数千个农村新型社区组成的等级规模合理的城镇体系,并鼓励和引导农民逐渐向新型社区集聚,实现集中居住,一方面加快了新型城

镇化的发展，另一方面提高了土地资源的集约利用，政府有效控制了土地一级市场，为工业园区的发展用地提供了回旋余地。

统计显示，截至2015年，成都已经建成1525个农民集中居住区①，城镇人口829.1万人，城镇化率达到71.47%。② 推进工业向集中区布局集聚，构建高效集约的产业发展空间载体，有效吸引农村劳动人口流向产业集聚区就业，并通过产城融合推进居住人口完全融入城市，按照城市标准妥善安排失地农民的就业、居住、子女教育、社会保障等问题，推动城乡人口自由有序的双向流动和生产要素优化重组。

成都的新型城镇化建设，建立在特色产业同步培育基础上，特色产业集聚、人口集聚以及公共服务配套，原先落后贫穷的山村小镇逐步建设成为现代化特色城镇。如距离成都主城区15公里的郫县安德镇，自成为区域重点建设镇以来发生了显著变化，其建成区面积和城镇人口分别由2003年的0.65平方公里和0.8万人提高到2014年的8平方公里、5万人；依托川菜产业园形成了比较成熟的特色食品工业基地，城镇化率也由2003年的22.8%提高到67.5%。

3. 引导土地向规模经营集中，稳步推进农业现代化

根据“依法、自愿、有偿、规范”基本导向，实施集中承包、竞标承包、业主承包、股份合作等多种模式，推进农村土地在集体组织内部重组和集体组织外部合理流转并重，实现土地向资本充足、技术精湛、经营灵活、管理高效的规模化业主集中，推动土地适度规模经营和农业产业结构优化转型，加快了现代农业发展，提高了农业集约化、产业化进程。截至2015年，成

① 《成都探索在农村新型领域加强党建工作》，2015年8月12日，见http://www.xinhuanet.com/politics/2015-08/12/c_11/6226138.htm。

② 成都市统计局：《2015年成都市国民经济和社会发展统计公报》，2016年6月，见http://sichuan.scol.com.cn/tfcj/201605/54573915.html。

都规模经营的土地面积达 362.8 万亩,占全部耕地面积的 57.6%。[①] 土地适度规模经营有效带动了农业发展和农民增收,2015 年成都实现农业总产值 663.1 亿元,增长 7.5%,农民纯收入由 2009 年的 7010 元提高到 2020 年的 26432 元。

(二) 以"六个一体化"构建新型城乡关系形态

1. 城乡规划一体化

2003 年以来,成都改变了长期以来偏重城市规划发展,将农村排除在市域规划范围内的城乡二元规划管理做法,对城镇体系、产业布局和基础设施、社会事业和环境资源保护等多领域全方位的一盘棋统筹考虑,建立了全覆盖综合性强的城乡一体化发展体系,同时探索了配套的执行监督体系,有效促进了资源在城乡之间的流动,科学引导了成都城市化发展。成都构建城乡规划一体化的逻辑思路,如图 5-6 所示。

成都推进城乡规划一体化工作的重要方法是建立了多规协调的综合性规划编制工作方法。首先,突出规划的统领地位和先导作用,各项事业都围绕规划展开;其次,整合相关专业部门的力量,在保证协调各部门诉求的基础上联合编制城乡统一的规划体系。在这一规划体系下,打破了城乡之间的条块分割和行政壁垒,构建市政府、规划部门、国土部门等相关部门的协调合作机制。市政府首先作出规划编制决策,规划部门全程参与区(市)县各项规划的制定,同时综合组织各相关专业职能部门联合编制各专业专项规划,形成城乡全域覆盖、功能互补、城乡互动的一体化规划体系。例如,在制定农村公共服务和社会管理规划时,首先由市政府作出规划决策,然后由规划部门综合组织各相关专业部门制定规划,并组织实施相关规划。

---

① 缪翼:《成都土地适度规模经营形式多样》,《农民日报》2015 年 9 月 1 日。

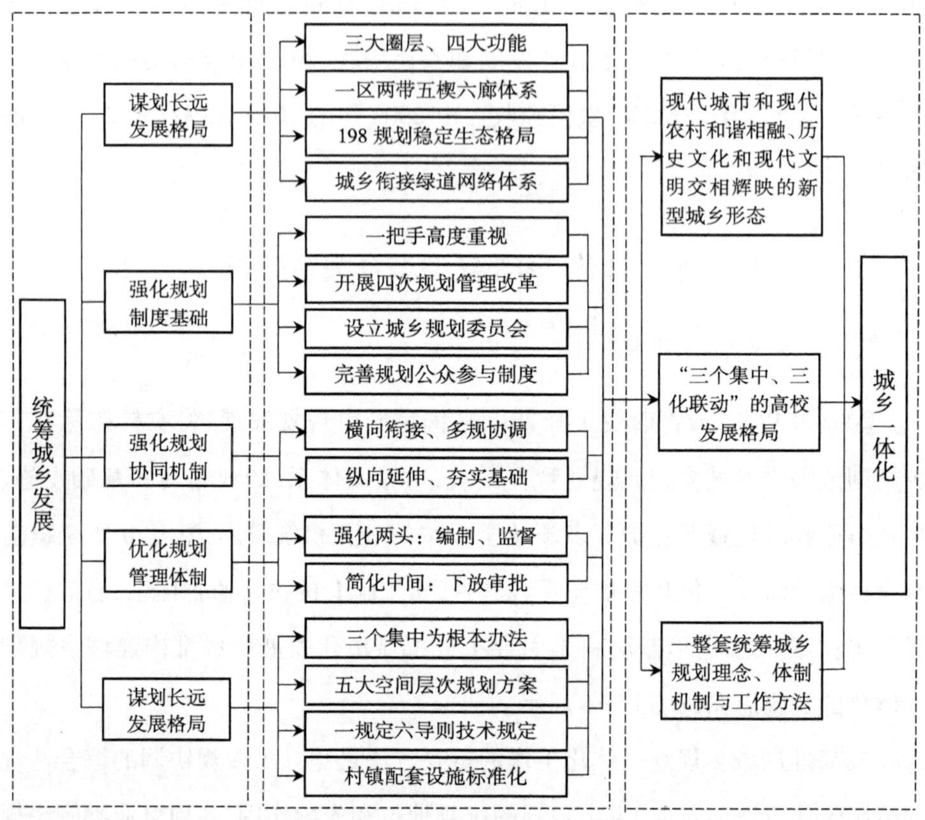

图 5-6　成都推进城乡规划一体化的逻辑架构图

资料来源：叶裕民、焦永利：《中国统筹城乡发展的系统架构与实施路径——来自成都实践的观察与思考》，中国建筑工业出版社 2013 年版。

2. 城乡产业发展一体化

在“三个集中”的规划引导下，成都有效推动了“三化”融合发展，并按照城乡一体化规划和“全域成都”理念的要求对各县（区）的产业结构和产业布局进行了调整。主要是统筹全市要素的资源并进行优化配置，加快现代服务业发展，逐步形成二三产业协同发展的产业格局。

由图 5-7 可以看出，第三产业占 GDP 比重由 2003 年的 45.9%上升到 2019 年的 64.4%，且 2003 年之后第三产业的比重一直保持领先的发展态势，其产业结构由 2003 年的 8. 2 : 45. 9 : 45. 9 发展到 2015 年的 3. 5 : 43. 7 : 52. 8。说明 2003 年以来第三产业成为成都的支柱产业,产业结构由"二三一"模式向"三二一"理想模式转变,实现三大产业的协同发展。

同时也看到,2003 年以来成都的第一产业和第二产业总体上均呈现出持续下降趋势。其中第二产业占比下降的幅度相对较大,由 2003 年的 45. 9%持续下降至 2019 年的 34. 5%,下降了 11. 4 个百分点,特别是 2017 年之后,由 43. 2%大幅下降至 2019 年的 34. 5%。第一产业产值占比也由 2003 年的 8. 2%下降到 2019 年的 1. 1%,下降了 7 个百分点左右。说明随着"三个集中"的深入推进,成都的工业化水平得到显著提高,创新驱动成效显著,产业转型升级步伐持续加快,第三产业成为新时代推动经济社会发展的核心动力。

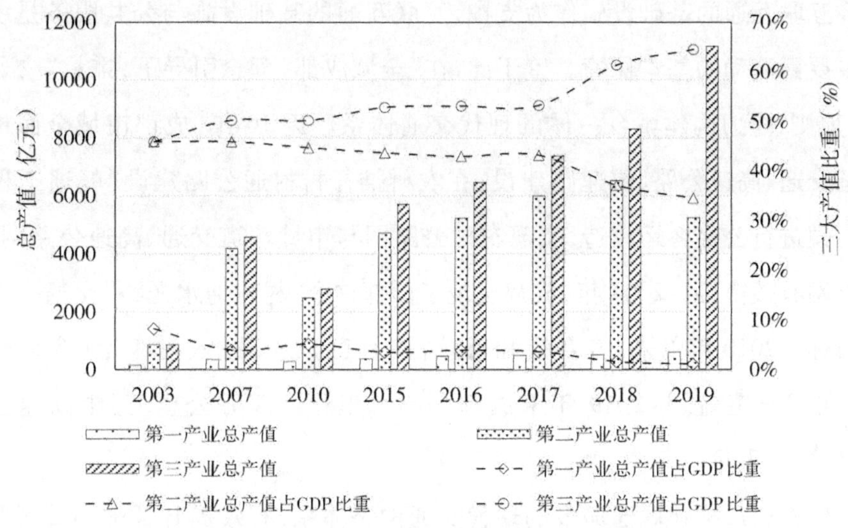

图 5-7　成都三大产业总产值及其占 GDP 比重

数据来源:根据历年《成都市统计年鉴》统计数据整理绘制。

3. 城乡市场体制一体化

产权制度改革和土地流转问题一直是推进统筹城乡发展过程的重点和难点问题,也是目前为止农村工作问题中争议较大的议题之一,这些制度安排关系到统筹城乡发展成败的关键。因此,2008 年成都在农村开始进行农村产权制度改革,其改革的根本原则是"还权赋能"。第一,建立和完善科学合理的评价体系,对农村土地、房屋等产权进行评估确权、登记、颁证,从而明晰农户产权。第二,在第一步的基础上,设立市县乡三级农村产权交易中心,鼓励农民产权在交易中心进行有序流转,并不断完善产权交易平台的交易机制,保证按照市场原则进行公平交易流转。农村产权制度改革有效推动了城乡统一的市场体制的形成,促进了农村现代化的进程。

4. 城乡基础设施一体化

成都在统筹城乡发展过程中推行的"三个集中"和现代产业体系,需要有城乡互联互通的基础设施作为支撑,互联互通的基础设施与公共服务是统筹城乡要素流动的基本保障。鉴于此,在"全域成都"理念引导下,秉承"交通先行"原则,全力构建城乡一体的现代交通体系。近 10 年,成都市域全面推进轨道交通、高速公路、快速路建设,在农村推行村村通公路建设"畅通工程",在村镇进行公交客运改造,实现农村公路网与市域轨道交通、高速公路网、快速路网有效衔接。2004 年,成都实现了西部首个"村村通水泥路"交通一体化的目标。2010 年以来,各乡镇和行政村(社区)公交或农村客运(含公交客运)实现全覆盖。① 2019 年末成都公路总里程 2.8 万公里,其中高速公路 1055.1 公里。②

成都通过构建联通城乡的现代交通网络体系,有效提升了中心城区对郊区乡村的辐射带动。首先,四通八达的现代交通网络框架将各层级聚点有效串联,从而提升了农村资产的市场可达性,显著降低了各类农村资产参与市

① 黄鹏程:《成都所有乡镇建成农村客运站》,2010 年 3 月 19 日,见 http://scnews.newssc.org/system/2010/03/19/012633521.shtml。

② 成都统计局:《2019 年成都国民经济和社会发展统计公报》,《成都日报》2016 年 5 月 23 日。

场流转、实现价值显化的交易成本。其次,城乡结合的交通系统有效缩减了城乡空间距离,提高了农村居民到市区公共服务场所的效率,实现基础设施共享。

5. 城乡公共服务一体化

按照全域发展规划和建设理念,成都确定了城乡公共服务一体化方案和实现路径(见表5-1)。第一,构建了就业服务网络以及实名制的就业管理体系,形成城乡一体的劳动力市场。2019年成都新增城镇就业人口达26.4万人,农业劳动力至非农产业的新增就业人口达到8.7万人。[①] 第二,在公共服务方面,基本建立了城乡居民新型养老保险和医疗保险制度,实现了被征地农民与城镇职工相同的一体化养老保险制度。到2019年底,成都城镇基本养老保险参保人数达到887.4万人,其中参保职工676.4万人;参加城镇职工基本医疗保险人数923.6万人,其中参保职工719.6万人;有各类社会福利机构239个,拥有床位3.9万张,社区养老设施2248个,床位3.5万张,各种社区服务设施7199处,社区服务中心261个。[②] 第三,统筹城乡义务教育阶段校园建设,提高农村中小学基础设施标准化和信息化建设,建立义务教育阶段城乡均衡监督制度,并积极解决农民工子女的教育问题。[③] 第四,推进公共文化设施建设,构建了覆盖城乡的文化设施网络,2019年末全市共有博物馆49座,文化馆23个,公共图书馆23个,馆藏图书3030.7万册,拥有广播电台和电视台分别为17座、13座,有线电视用户413.5万户,其中数字电视368.3万户。

---

① 成都统计局:《2019年成都国民经济和社会发展统计公报》,《成都日报》2016年5月23日。

② 数据来自《2019年成都国民经济和社会发展统计公报》。

③ 王建:《城乡一体化义务教育发展战略和机制——基于苏州和成都的实践模式》,《教育研究》2016年第6期。

表 5-1　成都城乡公共服务一体化内容框架

类型	具体措施
社会保障	非城镇户籍从业人员综合保险;征地农转非人员社会保险;耕地保护金制度;新型农民养老保险制度;新型农村合作医疗管理机构;整合建立城镇职工和城乡居民养老、医疗保险。
医疗卫生	医疗卫生资源布局规划;服务设施标准化建设;成立医院管理局;制定"基本公共卫生服务包";卫生服务综合信息平台建设;提升农村/社区义务人员素质;基层卫生监管协管制度。
就业服务	免费公共就业服务;《再就业优惠证》;"一对一"就业援助、发展定岗/订单/定向培训;农村劳动力转移就业培训;就业培训券制度;推广中高级职业技能培训;青年(大学生)创业园区;劳动力就业实名制动态管理。
公共文化	城乡基层公共文化设施建设;精神文明创建活动;文化、科技和卫生三下乡;打造群众文化活动品牌;政府购买公共文化服务;公共文化场馆免费开放制度。
基础设施	农村基础设施配套、农村客运公交化、农村生活垃圾集中清运处理、城镇污水收集处理建设工程、村庄整治。
基础教育	统筹规划城乡中小学布局;农村学校标准化建设;中小学技术装备信息化建设;农村教师/干部培训计划;教师县管校用制度;义务教育校际均衡监测;农民工子女同城待遇;农村学生中等职业教育免费;发展农村学前教育。

资料来源:叶裕民、焦永利:《中国统筹城乡发展的系统架构与实施路径——来自成都实践的观察与思考》,中国建筑工业出版社 2013 年版。

6. 城乡管理体制一体化

成都在统筹城乡发展中搭建起了城乡制度改革体系(如图 5-8 所示)和一系列的配套机制体制创新,将构建基层民主政治和服务型政府作为统筹城乡发展的目标,形成了一套有效的管理体制,逐步打造了一个高效、健全、为民服务的政府和更民主化的政治体系,成为统筹城乡发展的坚实基础。

首先,整合归并市县(区)的建设、规划、社保、教育、财政等 30 多个职能部门,构建集约高效的城乡一体化管理体系,转变城乡分治格局。其次,转变政府职能,构建服务型政府(见图 5-9),利用"减法"进行审批改革,发挥市场的基础作用,优化政府审批职能,强化政府对市场的规范化管理;利用"加法"

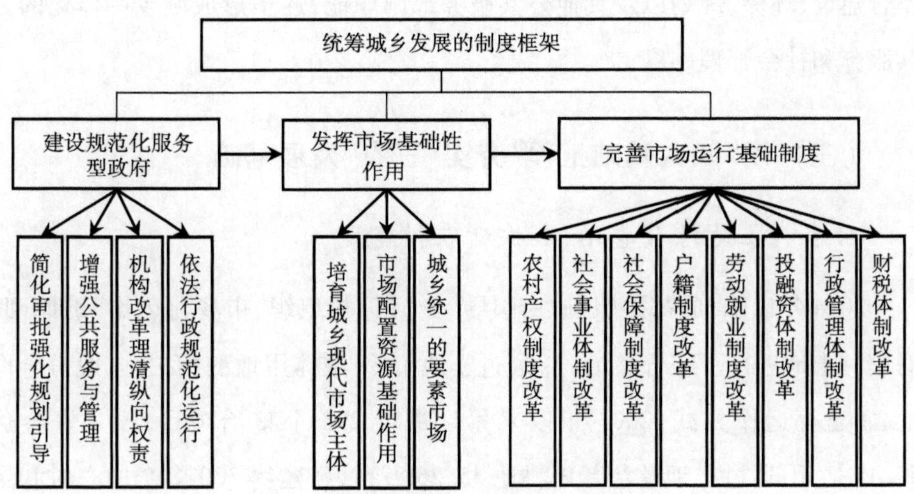

图 5-8　成都统筹城乡发展制度改革架构

资料来源:叶裕民、焦永利:《中国统筹城乡发展的系统架构与实施路径——来自成都实践的观察与思考》,中国建筑工业出版社 2013 年版。

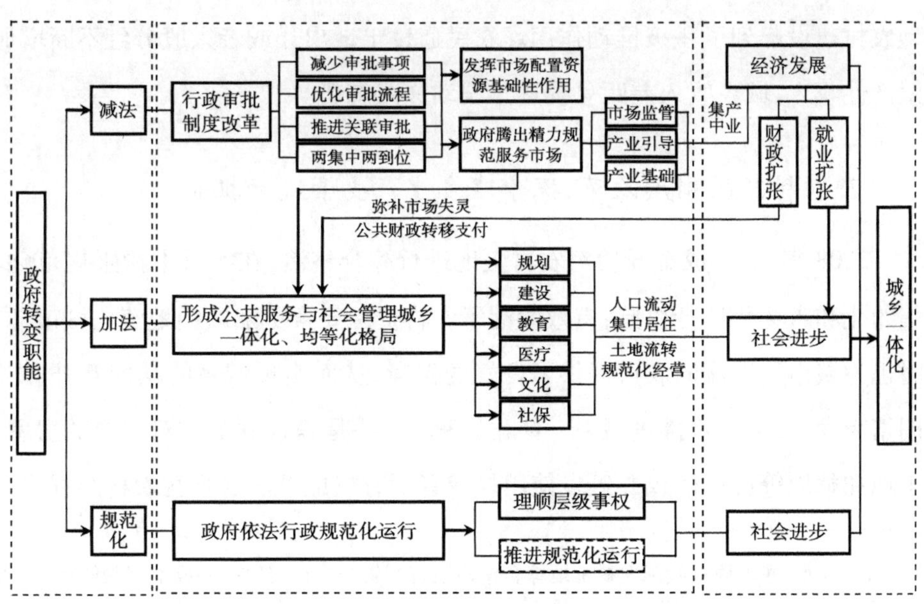

图 5-9　成都转变政府职能基本流程图

资料来源:叶裕民、焦永利:《中国统筹城乡发展的系统架构与实施路径——来自成都实践的观察与思考》,中国建筑工业出版社 2013 年版。

整合建设、环保、规划以及其他公共服务部门职能，逐步形成城乡一体化的公共服务和社会管理制度。

（三）以“四大基础工程”夯实“三农”发展基础

1. 农村土地综合整治，加快新农村建设

2004年以来，成都按照“政府引导、乡（镇）村组织、市场化运作”的原则，对农村土地进行了综合整治。① 通过土地租赁、集体用地的招拍挂、股份合作社、联建等运作方式，2004年以来累计进行293个整治项目，投入资金达59.45亿元，通过土地整治新增耕地35.26万亩，新建约300多个中心村和聚居点。② 成都在进行农村土地综合整治过程中紧紧围绕“持证准入”，构建了建设用地指标交易制度和土地出让制度，有效推动土地要素的市场化配置，提高土地利用效率。成都模式下农村土地的整改对改善农村生活环境和推进新型农村建设起到了积极推动作用。农民通过土地出让或者入股分红不断增加财产性收入，城乡收入差距呈现逐年波动递减态势。

2. 农村产权制度改革，探索城乡生产要素流动机制

2008年3月，成都开始对农村土地进行综合整治，在实践中探索规范化、集约化和市场化运行机制，有效激活了农村资源要素更加顺畅地流向城市，同时也为城市资源流向农村提供了良好的保障，从而实现城乡的功能互补和共同繁荣发展，进一步推进城乡一体化进程。③ 一是确权颁证。对农户的房屋、土地和林地等进行确权并颁发使用权或者所有权证书。二是在农村产权确权

---

① 李倩、翟坤周：《我国农村土地综合整治运行逻辑与实证研究——成都试验解析》，《经济体制改革》2013年第2期。

② 冉霞：《农村土地综合整治的实践与思考——基于成都市农村土地综合整治的实践分析》，《管理世界》2011年第2期。

③ 张晓雯：《成都市农村产权制度改革实践与启示》，《农村经济》2010年第11期。

的基础上建立农村土地流转市场,推动土地承包经营权、建设用地使用权和农村房屋产权的自由流转,到2019年已经基本完成土地等农村集体资源性资产确权登记颁证、经营性资产折股量化。农村产权交易所自2008年10月正式挂牌运营以来,至2014年底累计完成建设用地使用权流转量达到538宗,面积3.15亩,成交价款累计94.38亿元。三是成立耕地保护基金,作为农民养老保险的补贴和提高耕地的生产能力。即每年固定从土地收入中拿出一定的资金设立耕地保护基金,并通过与农户签订耕地保护协议的形式落实农户对耕地的保护义务,然后每年利用耕地保护基金对农户的基本农田进行补贴,以激发农民保护耕地的积极性。同时,还逐步将耕地保护基金与农民社会保障有效衔接,达到鼓励农民保护耕地的目的,有效提高对农民的社会保障水平,推动城乡社会一体化。

3. 基层民主政治建设,完善农村基层治理机制

2003年以来,成都从基础相对薄弱的乡村入手探索创新基层民主治理模式,形成一整套完善的基层治理机制(见图5-10)。首先,以群众满意为导向,按照对上负责对下负责的原则在乡镇、村(社区)全面推行基层党组织书记公推直选、开放"三会"和民主评议等的基层民主政治建设实践探索。其中,乡镇党委书记和村(社区)党组织书记以公推直接选举的形式产生,并形成一套系统完整的公推选举配套制度,有效巩固了党组织在基层乡村的执政基础。其次,巩固党组织在基层执政地位的基础上不断建立健全村民委员会制度和村民议事会制度,并积极引导村民集体经济组织等社会组织的广泛参与。

4. 农村公共服务改革,推进城乡基本公共服务均等化

城乡基本公共服务均等化是推进成都城乡一体化进程的重要环节,贯

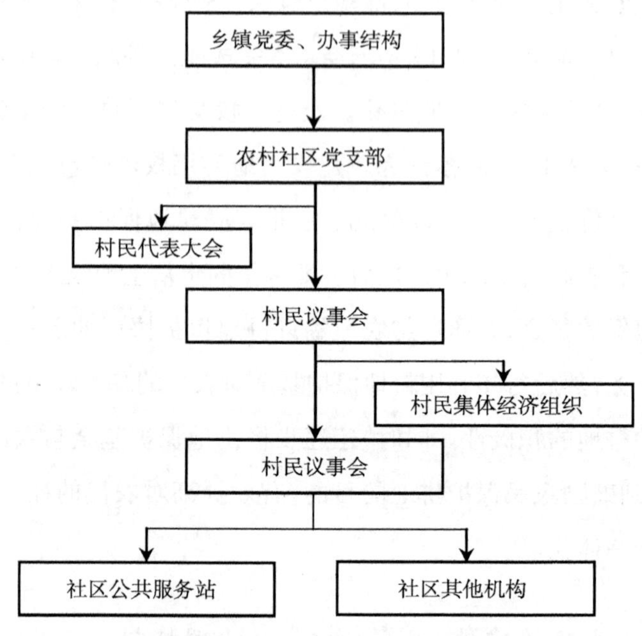

图 5-10　成都新型村级治理机制框架图

穿整个统筹城乡发展过程的始终，并在不断推进“六个一体化”过程中得以体现。[①] 其在农村进行产权制度改革和构建新型基层民主治理机制的推动下（见图 5-11），主要围绕基础教育、就业、卫生、社保等公共服务的制度进行改革，推动城乡公共服务的衔接。按照城乡一体的公共服务设施建设的要求，成都按照城市基础配套设施建设的要求在重点乡镇和居民集中居住的新型社区建立起了教育、医疗卫生等公共服务和市政基础设施配套体系，逐步实现城乡公共服务均等化。其中，重点镇按照“1+17”的标准进行配套（见表 5-2），一般镇和新型农村社区则按照“1+13”的标准进行配套（见表 5-3）。

① 姜晓萍:《统筹城乡基本公共服务均等化研究——以四川省成都市为例》,《社会科学研究》2012 年第 6 期。

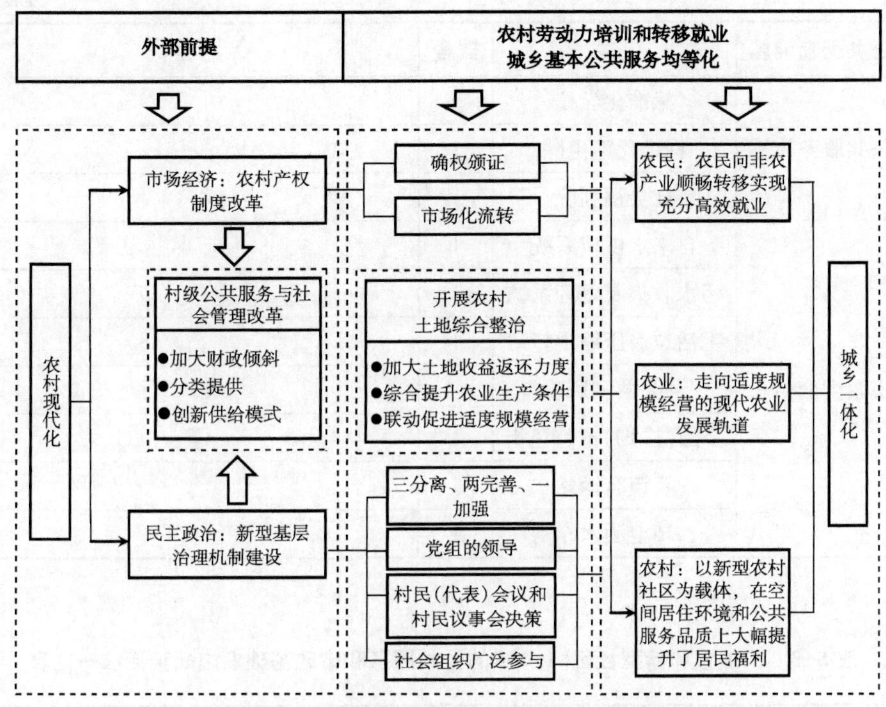

图 5-11　成都推进农村现代化逻辑架构图

资料来源：叶裕民、焦永利:《中国统筹城乡发展的系统架构与实施路径——来自成都实践的观察与思考》,中国建筑工业出版社 2013 年版。

表 5-2　重点镇“1+17”的基础设施配套标准一览表

公共配套设施		数量	内容
公共管理体系	城乡规划体系	1	镇总体规划、乡镇土地利用总体规划、城镇产业规划、镇区控制性详规等
	城市管理队伍	1	
公共服务体系	便民服务中心	1	农村产权交易服务站、劳动保障所及工商、税务、民政、计生、法律服务等服务项目
	区域性农业服务中心	1	林业工作站等服务项目
	综合文化活动中心	1	
	职业技能培训基地	1	
	“211”工程	1	田径场、灯光球场、游泳池、健身中心

续表

公共配套设施		数量	内容
公共服务体系	标准化学校	1	
	标准化卫生院	1	
	社会福利院	1	
市政配套体系	自来水供应系统	1	
	污水收集及处理系统	1	
	生活垃圾压缩中转站	1	
	公共厕所	>1	
	公园(广场)或特色街	1	
	乡镇客运站	1	
	环卫洒水车	1	

表 5-3　一般镇和新型社区“1+13”的公共服务和市政基础设施配套标准一览表

规模 项目名称	建筑面积 (平方米)	复合规模 (平方米)	备注
劳动保障站	≥50	总建筑面积≥100	进入农村新型社区综合服务中心用房
卫生服务站	≥80		
人口计生服务室	≥20		
综合文化活动室	≥100		
警务室	≥20		
全民健身设施	≥200	-	-
农贸市场	≥50	-	-
日用品放心店	≥20	-	-
农资放心店	≥50	-	-
垃圾转运站	≥30	-	-
公厕	≥20	-	-
污水处理设施	-	-	因地制宜设置集中或分散污水处理设施,完善污水收集系统

续表

规模 项目名称	建筑面积 (平方米)	复合规模 (平方米)	备注
教育设施	-	-	人口达1000人以上的农村新型社区原则上配置幼儿园1处,生均占地面积约10平方米

资料来源:参见姜晓萍(2012)。

第一,构建城乡融合的基础教育制度。在"全域成都"理念引导下提出了市域统筹的教育公共政策体系、教育公共财政体系、教育公共服务体系。为促进城乡教师交流学习,出台了《进一步优化配置全市中小学校教师资源的指导意见》,县域内教师交流5006名,义务教育校际均衡总指数由2010年的0.41下降到2015年的0.15,城乡教育一体化达成度由2010年78.1%提高到2019年的92.6%。

第二,建立了城乡融合的卫生服务制度。2009年开始全市对238个公立卫生院和2396个村卫生站进行"六位一体"的规范化建设,建立起别具特色的农村社区卫生服务体系。截至2019年底,全市共有卫生机构12121个,各类卫生机构床位数14.9万张,卫生技术人员18.5万人。

第三,建立城乡并轨的社会保障制度。主要是构建城乡一体化的居民医疗保险制度和养老保险制度。2019年年末全市参加城镇职工基本养老保险人数887.4万人,参加城镇职工基本医疗保险人数923.6万人。

三、成都统筹城乡发展的经验借鉴

(一)优化土地流转机制

锦江、双流、温江等典型试验区城乡统筹发展中,都将土地流转作为优化城乡关系的突破口,在土地承包方面改变过去平均承包的做法,更多地引入市场竞争机制，促使由平均承包方式向竞争承包方式转变，同时加强对土地使用权的管控，重点向实体经营集中，优化土地资源配置。经过不断的探索实践建立起了行之有效、为农民乐于接受的土地使用权流转机制，形成了四种具有借鉴意义的流转模式。

一是"集中承包"模式，也就是将经过确权颁证、可流转的农户土地集中起来，根据"全域成都"以及全域规划的要求，对用地结构进行一盘棋规划调整，然后再重新进行分包，以优化国土空间开发结构和规模化经营。二是"竞标承包"模式，也就是对农户的耕地、"四荒"土地等实行竞投标，以竞标的方式引入市场竞争机制，激活土地流转市场竞争力。三是"自由承包"模式，即农户可以根据自身的生产能力和条件确定承包面积进行劳作生产，能力强者可以多包反之少包，是否承包完全出于农户自身的意愿。四是"业主承包"模式，将用于承包的部分或者全部土地进行招商引资，引进有充足资金和技术的业主进行规模经营。

（二）强化产业支撑平台

成都在广大农村地区发挥传统优势，促进农业产业与文化旅游协同发展，强化产业支撑。比如，锦江区三圣乡位于中心城市与乡村的接合部，具有悠久的花卉种植历史，因此其充分发挥紧邻中心城市的地缘优势和花卉种植传统优势，打造了集特色产业、休闲旅游、庭院经济等相互融合的花乡农居、幸福梅林、江家菜地、东篱菊园、荷塘月色的"五朵金花"。通过"五朵金花"平台，农民可以通过土地使用权入股投资、经营农家乐、参与就业、资金投入等方式参与经营，从而使农民收入由过去单一的农业种植拓展为租金收入、薪金收入、分红收入、经营利润收入等多渠道的增收来源。双流县发挥科研院所集聚的优势，利用产学研发展模式，积极推进"院县合作"、"校县合作"等项目，不断引进和研发新技术、新产品，有效推动了经济社会的快速发展。

（三）完善城乡统筹保障

促进城乡共同发展是统筹城乡发展的主要目标,统筹城乡发展是推动农村发展、增加农民收入的根本途径,构建和完善城乡一体的社会保障体系是推动城乡互动、城乡共同繁荣发展的重要保障。因此,成都在统筹城乡发展的进程中着重构建了城乡一体的社会保障体系,有效推进城乡共同繁荣发展。比如,成都锦江区在统筹城乡发展进程中不断将城市保障体系向农村延伸,构建城乡一体的社会保障体系,其中新型农村合作医疗参保率达 100%,失地农民就业率、社会养老保险参保率达到 92%,高龄农村人口同城市居民一样,享有政府统一发放的养老金,低收入农户享有城市最低生活保障金。

（四）创新政策机制

成都在统筹城乡发展的过程中始终将政策改革与体制机制的创新作为推进城乡一体化的重要着力点。不遗余力推进政策、体制机制的改革与创新,从根本上破除城乡制度障碍,为统筹城乡发展提供制度基础。首先围绕土地使用权进行确权颁证,在确权基础上完善土地流转平台,健全兼顾利益相关方的土地流转机制。以公共服务一体化为切入点,构建城乡统筹的养老、医疗与公共卫生、教育、文化等保障体系,尝试高效、便捷服务为导向的一元化的户籍制度等,有力地推动全域城乡一体化发展。

四、成都统筹城乡发展的窗口:特色小镇

（一）多元化乡村旅游典型——温江区“五朵金花”

成都锦江区,地处浅丘台地,土质属酸性膨胀土,粮食产量不高,属于限制开发区,因此受地理条件和区位因素的制约,不能用作建设用地。但该地区是

我国有名的花卉种植基地，依托悠久的花卉种植历史和优势，该地区整合资源，发挥特色产业、特色文化优势，规划建设了“花乡农居”、“幸福梅林”、“江家菜地”、“东篱菊园”、“荷塘月色”等以观光休闲农业、乡村旅游、特色产业为主题的城市近郊休闲旅游度假胜地——“五朵金花”。经过数年实践与发展，“五朵金花”已成为新农村建设与旅游度假产业互动发展的典型。

1.“五朵金花”的主要做法

（1）实践逻辑：特色取胜，错位发展

锦江区独特的地质特征和区位特点限制了当地的经济发展，锦江区依托自身比较优势，开拓性实践，打造了“五朵金花”的特色化、异质性乡村旅游布局，探索出一条农民在自己的土地上创业增收的新途径。在产业布局上，各村镇围绕农业观光的主题改变单一的农业生产模式，以各景区的优势产业为基础，整合资源要素，形成“一区一景一业”、“一村一品一业”的错位发展格局。

其中，“花乡农居”以花卉种植业为基础，深度挖掘花卉相关产业，通过花卉采摘、农家乐、花卉艺术节等多种形式达到吸引游客的效果；“幸福梅林”通过挖掘“梅花文化”的深层内涵，将景观赏析、诗词、名作解读、梅花博物馆等人文景观融为一体，使游客既近距离观赏梅花的秀丽典雅，又领略到梅花的人文风采和中国国学的魅力；“江家菜地”以蔬菜、水果种植著称，通过体验式农业方式，将农耕文化与旅游产业结合，在传承我国农耕文化的同时带动农民增收；“东篱菊园”以种植菊花为主，通过菊花产品的深度研发，将菊花产业与生活紧密相连，在园区整体布局中，满足都市人返璞归真的田园生活愿景，将休闲娱乐、农家餐饮和乡野住宿等特色服务业要素在空间整合成为综合性服务业集群；“荷塘月色”以荷塘景色为载体，将绘画、古典音乐和莲花文化统一起来，形成集观光旅游与艺术创作于一体的艺术村。①

---

① 海森：《多元化乡村旅游典范——四川三圣花乡“五朵金花”》，2017 年 3 月 31 日，见 http://www.haisan.cn/archives/view-86-1.html。

(2)建设方式:景观化打造,城市化建设

“五朵金花”在突出错位发展的同时,突破各景点间的行政区限制,实现优势客源互通,同时以城市化建设为标准,通过基础设施共建,逐步打造出与区域景观相结合的生态环境友好型文化景观旅游聚集区。其中农房改造景观化采取农户出资、政府给予补贴的形式,进行各村房屋的建设;通过对农村道路、天然气、自来水、污水处理等条件的改善,对农村基础设施进行整体布局的调整,提升农民幸福感的同时给游客带来舒适的观光、旅游环境;通过网络、有线电视、社区卫生服务中心等建设的逐步推进,实现配套设施现代化;将农村的田园风光与梅花节、菊博会、农业文明记忆馆和迁建牛王庙等人文自然景观紧密结合,形成集观光、旅游、休闲娱乐于一体的服务业集聚空间。

(3)发展方式:休闲经济,产业支撑

“五朵金花”借助自身悠久的花卉种植历史和传统农耕优势,并与现代文化结合,深度挖掘“花乡农居”的花卉艺术与人文品质。集田园生活体验、千年农耕文化、雅致艺术内涵、梅花传统意蕴有机融合,通过现代文化突出传统优势的魅力,更进一步促进农业发展的现代化,为农业发展提供产业支撑,反过来现代农业的发展又进一步丰富现代文化的深刻内涵和巩固传统优势,从而实现现代农业与现代文化的产业融合与协同发展。其具体做法如下:

第一,出台优惠政策,加大对花卉企业的政策支持力度。政府不断加大对花卉企业特别是龙头企业的资金、技术和政策扶持力度,注重发挥其龙头作用。这些企业均为当地政府重点培育支持的对象。同时,不断加强对规模较小的花卉企业的扶持力度,重点解决中小企业融资难的问题,强化技术指导。

第二,开发农业旅游产品,培植花卉产业链。在“五朵金花”的幸福梅林中种植了22万株梅花共230个品种,形成了独一无二的梅花特色优势。依托这一优势,温江区三圣乡不断开发梅花系列农业旅游产品,形成梅花产业链。

第三,突出特色优势,开发旅游项目。“五朵金花”按照“一村一品”的要求并结合自身的特色优势,开发和推出农业新品牌,以塑造良好的品牌形象,

2004 年获批为国家 4A 级旅游示范区，目前正整体申报 5A 级旅游示范区。同时，依托农居的改造，自主经营农家乐，探索发展集花卉种植、赏花、观光休闲旅游等于一身的现代农业发展模式。。

（4）生活方式：离土不离乡，就地市民化

“五朵金花”实践探索了一条没有征地和拆迁，农民离土不离乡的就地城镇化新型道路，对推进农村地区城镇化建设和统筹城乡发展具有重要的借鉴意义。首先，落实“全域成都”发展愿景，构建城乡统筹的社会保障体系，实行城镇居民与农村居民一体化并轨的社会医疗保险体系和失业保险体系，同时保证失地农民加入社会养老保险。其次，构建城乡一体化教育体系，实现城乡教育均等化，全面提高农村教育教学水平。最后，依托就业服务中心建设，提高村民创新创业意识和能力，政府通过出资创岗的形式鼓励家庭创业，深度挖掘区域资源潜力，逐步构建农民就业体系，多渠道实现农民就业。

2. 经验启示

（1）新型城镇化道路：农业与文化旅游的协同发展

“五朵金花”探索了在土地贫瘠的限制开发区，以特色种植业为基础，通过农业与文化旅游产业协同发展，带动农民实现增收的新路径。其通过农业与文化产业的链接，逐步形成了“一村一品一业”的产业特色和“一区一景一业”的产业布局。随着农业观光旅游的发展，农民从单一的传统农业收入方式向现代观光农业、土地流转、房屋出租、农家乐经营等多渠道增收方式转变。

（2）“五朵金花”模式是打破城乡二元结构的有效途径

“五朵金花”模式有效推动了温江区三圣乡的经济社会发展、基础设施建设和社会保障的快速发展，以多种形式促进农民增收，不断缩小城乡收入、基础设施与公共服务差距，实现城乡分工优化、功能互补和包容发展，真正突破了城乡二元发展的制度牢笼。一方面，加快城市水、电、路、信息、社保、医疗、卫生、教育、就业等基础设施和公共服务体系向农村延伸，实现城乡互联互通，构建城乡并轨的社会保障体系，不仅打通了农村户口转变为城镇户口的后顾之忧，而且城乡整体生活水平和生活环境得到切实提高；另一方面，加快发展农村生态观光旅游促进当地农民增收的同时，吸引了大批创新创业团队返乡创业，加快生产要素和人力资本向农村流动，将城市观念和城市新风带入农村，加快农村创新发展和现代文明建设。

（3）“五朵金花”模式是推进近郊农村就地城镇化的有效路径

“五朵金花”利用自身的资源环境优势，因地制宜发展近郊农业，依托产业特色优势，将农业生产与旅游融合发展推进城乡融合发展。“五朵金花”城镇化推进模式与以往简单粗放的征地拆迁模式不同，而是充分发挥城镇化推进的区位比较优势，按照“宜拆即拆、宜建则建、宜改则改”的高效、集约、节约原则，实现就地就近城镇化，保持农村良好的生态环境和产业比较优势。

（二）创业特色小城镇——菁蓉小镇

2016 年 7 月，住建部发布了《关于开展特色小镇培育工作的通知》，要求在全国范围内重点建设 1000 个有特色、有活力的商贸物流、教育科技、现代制造、休闲旅游、美丽宜居等有特色的小城镇。并在 2016 年 10 月公布了第一批共 127 个特色小镇名单，其中成都郫县菁蓉小镇作为创新创业小镇的典范位列其中。①

1. 菁蓉小镇总体发展概况

菁蓉小镇本名德源镇，位于郫县德源镇城区。一直以来，菁蓉小镇是作为某企业的员工宿舍所在地，居住员工数量最多时高达 8 万人。但随着企业生产方式的转变和产品结构的调整，不断淘汰过时落后的生产线，企业员工数量也随之锐减，菁蓉小镇也因此一度成为背负着大量闲置房源的空心镇。2015

① 骆瑶：《菁蓉小镇：因创业重生》，2016 年 8 月 16 日，见 http://www.chinatoday.com.cn/chinese/sz/sd/201608/t20160816_800065010.html。

年以来,德源镇抓住“双创”国家战略契机,发挥背靠成都国家级高新技术产业开发区的地缘优势,积极推进全国首批“双创”示范基地和全省大数据产业基地的建设,在“创业天府”行动计划的引领下,依托区域高校、科研院所密集的优势,小镇内先后布局了四川大数据产业基地、智慧科技园、小微企业园等产业园区,园区企业涉及电子信息、生物医药、电子商务、智能制造等多个领域。

2016 年 6 月,菁蓉小镇进行了全面的升级改造,整合出 40 万平方米的创新创业空间,引进孵化企业 30 家、创新创业项目 1098 个。菁蓉小镇逐步建设成为一个集产业空间、创客空间、孵化空间以及配套服务空间为一体的特色小镇。

2. 菁蓉小镇发展历程

(1)去库存,用“双创”盘活闲置资源

菁蓉小镇最初是按照劳动密集型配套城镇的标准进行建设的,规划容量达 10 万人以上。随着劳动密集型企业的转型升级和技术进步,菁蓉小镇 11 万平方米的楼宇及众多配套设施出现大量闲置。2015 年,“大众创业、万众创新”战略为菁蓉小镇的发展带来契机,其将闲置楼宇与当地优势科教资源相结合,通过《郫县科技创业天使投资基金暨种子基金管理暂行办法》、《郫县鼓励大学生到科技企业孵化器创业意见的实施导则》、《创业天府 · 郫县行动计划优惠政策》等一系列创新政策的扶持,经过两年的发展,使菁蓉小镇成为创客的“创业天府”,实现了菁蓉小镇涅槃式的完美转型。

(2)政府的“抛砖引玉”:政策引导和环境打造

当地政府优惠的政策为经济基础薄弱的年轻创业者在菁蓉小镇开展没有后顾之忧的创新创业提供了极大的支持和鼓励。主要包括:其一,对落户的创新项目、孵化器的房租和物管费等给予三年的全额补贴。其二,对技术含量高和市场前景好的创新项目,或者获得县级、市级、省级、国家级创业大赛三等奖以上的创新项目,给予3万—10万元的启动资金补贴。其三,对入驻的创新载体运营单位,每年给予30万—200万元的运营补贴。对新认定的创业苗圃、孵化器、加速器,按其获得市级以上资助经费的50%进行配套支持。其四,对国内外高层次创新创业人才创办的重点支持发展项目,根据项目实际投入给予一次性补贴。对引进国家"千人计划"和两院院士等高层次人才的高等院校和相关企业给予10万—100万元的专项奖励。对县域经济建设作出突出贡献的优秀创新创业人才,给予每人30万元奖励。

(3)市场化的运营方式,让菁蓉小镇活力倍增

发挥市场的基础作用是菁蓉小镇发展创新创业项目的主导方向,强调政府的作用只是进行政策引导和环境打造,市场的推动是"双创"真正的动力来源。自2015年菁蓉小镇实施"创业天府"计划以及采用市场化运作模式以来,吸引了数量众多的新型创业孵化器和创新创业项目,截至2018年,共引进孵化器45家、创新创业项目1598个。①

(4)利用高校资源,创建环高校创业带

环高校创业带主要是容纳与高校优势学科配套紧密,但因场地、设备、规模的限制不能进入创业公社的散落项目。高校创业带能最大程度吸引那些零散的创新创业项目进行集聚,凝聚大量的创新创业人才,在"大众创业、万众创新"的时代背景下为微个体的创新创业搭建了重要的市场平台。

3. 经验启示

(1)抓住国家政策机遇,整合当地可用资源

郫县各级组织审时度势,契合国家"大众创业、万众创新"的战略导向,适时推出"创业天府"行动计划,着力打造"双创"示范基地。经过两年的时间将菁蓉小镇从"产业空心镇"转变为创业者的福地。菁蓉小镇的成功得益于大

① 董焦:《成都郫县"菁蓉小镇"集聚创新创业人才过万》,2016年8月5日,见http://sc-news.newssc.org/system/20160805/000696139.htm。

量空余房产、国家适时的政策导向、郫县政府的支持以及本区优势高校资源等四方面的有机衔接。闲置房产为创新创业者提供了发展空间,政府政策的跟进解决了创客的后顾之忧,高校为菁蓉小镇提供了创新主体和技术支撑,进而塑造了菁蓉小镇创新创业的良好环境,吸引了越来越多的创客圆梦菁蓉小镇。菁蓉小镇模式的成功不仅适用于拥有相同优势的小镇,扩展开来,抓住国家机遇,整合当地资源的发展模式,这对其他具有禀赋资源特色小镇的发展具有重要的借鉴价值。

(2)政府的适当引导必不可少

为鼓励青年大学生创业,郫县出台了入住条件、房租减免、税收优惠、融资担保、资金奖励扶持等优惠政策,解决了青年创客的后顾之忧。政府政策的扶持是助推小城镇发展的主导力量,与创新创业型小城镇不同,观光休闲旅游小村镇建设最需要解决的是农民被征地后的就业增收、基础设施建设等问题;古典文化旅游小城镇最主要的是文物的保护修缮的问题。解决多种类型小城镇关键问题始终离不开政府服务职能的发挥,政府通过计划指导、制定产业政策和就业规划等方式把握小城镇的发展趋势,是特色小城镇健康发展的关键。

(3)坚持市场化的运作方式

菁蓉小镇创新创业发展成功的关键在于坚持政府的正确引导、创新创业主体的加盟和市场化运营方式的模式。由此可见,市场化的运作方式不仅催生了菁蓉小镇模式,还包括余杭梦想小镇的“民营服务运营商+民营孵化器+民营创投”模式、吴兴美妆小镇的“民营产业基金+股权合作式招商”模式、嘉善巧克力小镇的“大企业+全产业链”模式等。因此,政府灵活的政策机制与坚持市场化的运作方式并行,是我国众多小城镇成功的关键。

(三)中国博物馆小镇——安仁镇

1. 安仁镇简介

安仁镇地处成都平原西部,位于“安仁—西岭”历史文化自然遗产的核心区域。安仁镇凭借其雄厚的历史文化底蕴被相关部门命名为“中国博物馆小镇”,也成为唯一具有“中国博物馆”之美誉的小镇。近年来,安仁镇以保护古镇历史文化为前提,以文博文化(抗战、“文革”、川西民俗)、庄园文化、公馆文化、影视文化、田园(林盘)文化“五大文化工程”为核心,充分挖掘和利用古镇的历史文化价值,打造成集观光、休闲、体验为一体的文博影视旅游基地。

2. 安仁古镇的特色优势

安仁镇始建于唐朝,经过时代的变迁和风雨的洗礼,原始的建筑已经所剩无几,现存较完整的老街和建筑多是建于民国时期。其中,中西风格的公馆27座、博物馆18座、16处文物保护单位、800余万件藏品,可见其现存文物的数量规模和博物馆的数量在国内小镇中可谓独一无二,更为难得的是其文物的价值也是不可估量。

安仁镇三大核心资源是刘氏庄园、建川博物馆聚落和公馆老街群落。其中,主要由四川清末乡绅刘文彩修建的五座公馆和一处祖宅构成的刘氏庄园是国内现存规模最大的地主庄园建筑群;其次是建川博物馆聚落,由多座民间收藏博物馆和抗战博物馆组成的博物馆群,是目前我国类型较齐全、规模较大的民间博物馆群。近年来,随着安仁国际大酒店、电影传奇博物馆、有轨电车、欢乐动漫乐园等一系列景点的建成和使用,使中国博物馆小镇焕发新的生机。

3. 安仁古镇文化旅游发展模式

(1)打造方式:科学保护,有效发展

为保护“中国博物馆小镇”深厚的文化内涵,安仁镇没有乱拆乱建,而是在原有的基础上进行文化保护和挖掘,有效避免了古镇资源的损害,最大限度地呈现出古镇原有的民国面貌,留下了安仁古镇的文化古韵。文化是安仁古镇发展的原始动力,文化与旅游的融合发展是安仁古镇在传承古镇文化的同时实现古镇居民增收,推动古镇城镇化进程的关键。

(2)建设方式:多基地打造,服务化建设

为推进服务业的发展,安仁镇在原有景点的基础上深度挖掘小镇古典文化价值,建成了全国文博基地、西南影视基地、成都会议基地等文化延伸基地。为了更好地继承和发展安仁镇的历史文化遗产,其在突出对历史文化保护的基础上更加注重对历史文化的挖掘和延伸。比如,围绕刘氏庄园打造具有趣味性的庄园主题文化,以刘氏庄园原有的建筑为基础建设集庄园游玩、消费和休闲于一体的新型庄园体验区;建川博物馆将民俗风俗与艺术结合,建成了风俗文化休闲馆。

(3)生产方式:第一产业与第三产业互动发展

安仁镇通过不断优化区域规划布局,明确规划区块功能优化,实现功能互补,在规划的城区内主要依托深厚的历史文化资源发展文博产业,打造西南影视基地等,而在市区以外的广大农村地区充分挖掘本土农业资源特色优势,大力发展与市区文化观光和文博产业相衔接的农业观光产业,促进一三产业的协调互动发展,实现农民的增收。比如,薰衣草和蓝莓种植历来是安仁镇重要的特色农产品,依托这一传统优势,安仁镇在城郊地区重点连片布局薰衣草、蓝莓种植基地,实现博物馆参观与传统优势产业的有机衔接。同时,按照"一心两翼"的规划布局格局,在城郊重点打造唐场川西水乡、元兴农业公园、幸福田园等集现代农业发展和休闲观光为一体的现代农业观光旅游项目,实现生态观光和博物馆参观的有机衔接、融合发展。

(4)宣传方式:特色文化和媒体结合

在政府的引导下,安仁镇与成都旅游局联合将"中国博物馆小镇"和"五朵金花"的整体品牌推向市场。为此,安仁镇成立旅游宣传部,与成都中青旅合作将旅游产品进行全面销售,对不同的旅游主体进行一对一的销售。古镇不仅保留并延续各种民俗文化和活动,而且在每次开展民俗活动时大肆宣传和媒体报道，吸引游客。安仁古镇还积极采用各种营销手段，包括平面广告、报纸、杂志、门户网站等，提升了安仁古镇的名气。在境外旅游方面，安仁古镇坚持“走出去”的策略，积极参加国际旅游盛会，借助“成都旅游产品主题”进行国际宣传，成功让“中国博物馆小镇”的名字响亮世界。①

4. 经验借鉴

（1）“文化+旅游+城镇化”模式

“中国博物馆小镇”通过古典文化旅游带动周边特色农产品种植业的发展，使安仁镇发展成为集民俗文化、乡村体验、生态观光于一体的旅游小城镇。安仁镇在积极发展文化旅游业的同时紧抓基础设施和公共服务建设，极大改善了安仁周边村镇的基础设施水平，同时民宿、农家乐等产业的发展使当地农民实现了增收，塑造了典型的“文化+旅游+城镇化”模式，是农村通过特色资源整合走向城镇化的典型模式。

（2）保护为主，适当开发

目前，特色古镇的保护问题一直是我国文化保护开发过程中的薄弱点。很多古镇在保护开发过程中急于求成，过度追求经济效益而忽视了对历史文化遗产的保护。安仁古镇保护与开发并举，实现开发与保护的协调发展模式值得众多文化古镇的保护开发借鉴。安仁古镇的建筑和文物在发展过程中也经历了多次修补和扩建，但很多具有历史文化价值的古建筑得以较完好的留存，如树人街、维星街、裕民街等。而取得这一成效的关键在于安仁始终坚持保护为先、适度开发原则，是古镇能够焕发光彩的基本前提。随着市场经济的深入发展，特色小镇的商业开发也愈演愈烈，很多特色小镇在开发改造过程中的“千镇一面”，特色优势严重缺失等同质化现状也不胜枚举，严重扼杀了特色小镇的独特魅力。更为令人痛心的是，在开发改造过程中许多具有悠久历

---

① 四川新闻网：《安仁——中国博物馆小镇的民国印记》，2014 年 10 月 11 日，见 http://travel.newssc.org/system/20141011/001511820.html。

史的古街和古建筑被改建成商业化街道甚至被拆除。安仁古镇在历史进程中正确把握自身文化特色,遵循保护为主、慎重开发的原则探索出了符合自身实际的可持续的发展道路。因此,安仁古镇着眼长远利益、可持续的保护开发道路是其他特色文化小镇学习借鉴的成功案例。

第六章　旅游资源富集区城乡一体化：桂林实践[①]

作为旅游资源富集区，城乡一体化是主动适应经济社会向“新常态”转型，深化旅游供给侧结构性改革，推进城乡旅游要素整合，实现城乡健康、协调、可持续发展的必由之路。2020年于北京举行的世界休闲大会，将主题确定为“休闲提升生活品质”，倡导“全域、全季、全民休闲”的理念，推进休闲在时间、空间、主体方面全覆盖[②]。桂林是以旅游、现代服务业为主导的区域，国际旅游胜地，因此，本章对全域旅游背景下旅游要素整合驱动的城乡一体化关系进行分析，选取国际旅游胜地桂林市作为案例。

抓住机遇，把握市场转型与宏观政策导向，着力推进城乡旅游一体化发展，是桂林加快建成国际旅游胜地、形成珠江—西江经济带新的战略支点的重要切入点。改革开放以来特别是近10年以来，随着工业化、城镇化快速发展，桂林城乡一体化显著推进，城乡关系正发生一系列深刻转型，传统的二元分割

① 本章内容来自课题主持人2015年参与招标完成的一项桂林市“十三五”决策咨询专项研究课题，该课题于2016年1月通过结项鉴定。

② 2016年8月9日，世界休闲组织与北京市政府举行了“2020北京·平谷世界休闲大会”签约仪式，世界休闲组织主席罗杰·雷纳德·科尔斯先生在致辞中介绍了世界休闲组织的由来和成员结构，强调了休闲在个人、社区和国家的发展中扮演的重要角色，并希望通过广泛传播休闲理念，努力使休闲成为人们生活不可或缺的部分，不断提升人们的生活质量、提高人民福祉。

状况有所缓解，一体化统筹发展的新格局在逐渐形成。但基于长期的路径依赖，桂林市城乡之间依然存在发展的不平衡、不协调与不可持续问题，城乡一体化深层次推进面临一系列挑战。《桂林国际旅游胜地建设发展规划纲要》明确提出，要充分发挥各级政府的引导作用，推进城乡旅游基础设施及服务体系建设，实现区域旅游一体化及特色化，进而推动区域统筹协调发展。① 推进城乡旅游一体化，正是顺应了时代潮流，打破城乡二元结构，加快推进工业化、城镇化和农业现代化进程，缩小城乡差距，促进城乡一体化水平的提高，实现城乡之间和谐互动。

作为西部旅游资源富集区，桂林的城乡一体化发展面临一系列后发优势，挑战与机遇并存。虽然综合经济实力显著增强，具有了以工促农、以城带乡的条件和基础，但同时也应看到，桂林经济发展水平仍然较低，2020 年常住人口城镇化率 52%，与全国（60%）比仍落后近 8 个百分点；城镇居民人均可支配收入 38293 元、农村居民人均纯收入 17400 元，前者落后于全国 0. 5541 元，而后者超出全国平均水平 239 元。系统谋划、统筹安排城乡一体化实践，探讨在人口流动、土地流转、城乡规划建设、产业结构转型、生态环境保护、基础设施与公共服务等方面的重点内容与主攻方向，淡化二元结构，实现城乡包容与可持续发展，具有重要的战略意义与现实价值。

本章依据城乡一体化形态基本理论和研究方法，在分析评价桂林市城乡一体化发展现状、问题及制约因素的基础上，把握旅游资源富集区未来新型城镇化与城乡一体化发展的背景和机遇，提出桂林城乡一体化发展的总体思路，探讨打造桂林城乡一体化新形态的着力点，提出城乡一体化发展的对策与保障。

按照《桂林国际旅游胜地建设发展规划纲要》“实现旅游富民强市”的目标和市委“加快建设新城、疏解提升老城，加强产业融合发展，城乡协调推进，

---

① 参见《桂林国际旅游胜地建设发展规划纲要》。

生态文化相融,富裕和谐桂林”的总要求,强化产业支撑、夯实发展基础、改善社会民生、优化生态环境,推动城乡融合发展;探索城乡一体化制度设计、产业转型、基础设施与公共服务协同实施的可行路径,实现城乡包容与可持续发展,为2020年全面建成国际旅游胜地、实现小康社会打下坚实基础。①

一、桂林城乡一体化发展的基础和制约因素

(一)成就和基础

“十二五”特别是近10年以来,随着一系列加快推进城乡统筹发展战略部署的实施,桂林城乡一体化发展取得明显成效。到2020年底,通过全面实施城乡居民收入倍增计划,城镇居民人均可支配收入达38293元,农民人均纯收入达17400元,分别增长6.39%、9.4%。2020年常住人口城镇化率达52%。初步建立了城乡一体的经济社会发展管理体制和运行机制,城乡教育、医疗、文化布局逐渐合理、公共服务体系逐渐均衡配置,城乡有效衔接、功能完善的基础设施体系和覆盖城乡公共就业及社会保障体系逐渐完善,为“十三五”期间城乡一体化全面发展奠定了良好基础。

1.初步实现城乡管理和规划一体化

根据《广西壮族自治区人民政府关于开展统筹城乡综合配套改革试点工作的意见》,“十二五”期间对全市统筹城乡综合配套改革试点工作进行了部署,制定了工作计划,明确了任务分工及其责任考核。

实施改革试点工作以来,建立了相对完整的城乡统筹规划体系,完善了镇

① 《桂林国际旅游胜地建设发展规划纲要》提出,到2015年,初步建成在全国具有先进示范作用的旅游管理体制和公共服务体系;人均地区生产总值、城乡居民生活质量达到西部地区先进水平;到2020年,国际旅游胜地基本建成,成为世界一流山水观光休闲度假旅游目的地、国际旅游合作和文化交流的重要平台。

村体系规划、乡镇总体规划以及村庄规划的编制工作，城乡规划管理体制机制得到进一步理顺和优化。2018 年全市完成 12 县县域镇村体系规划、25 个乡镇总体规划、1880 个行政村村庄规划；2018 年底完成 22 个乡镇总体规划、9 个控制性详细规划、2117 个行政村村庄规划；2018 年完成自治区下达的 25 个乡镇总体规划、22 个重点镇控制性详细规划和专项规划编制、2372 个村庄规划编制的任务。

2. 推进城乡产业发展一体化

（1）农业农村经济快速发展

“十三五”时期，桂林市持续实施现代特色农业“7+3”提升行动，现代农业提质增效，农村经济稳步发展。漓江、湘江、桂江、资江四大流域现代农业发展规划全面实施，农业标准化、规模化、品牌化、产业化建设成效突出。2020 年农林牧渔业总产值占 GDP 比重 23. 1%，同比“十二五”时期末年增长 35. 7%，年均增长 5%，保持全区领先水平。水果、蔬菜、食用菌、粮食、毛竹等“10+3”优势产业种植面积和产量全区领先，对农业总产值增长贡献率达 80%以上。形成了恭城月柿、兴安葡萄、荔浦砂糖桔等一批特色水果主产县、专业乡镇、村屯，水果产值居全区前列；灌阳“一季稻+再生稻”平均亩产再创世界纪录；平乐、恭城在全区率先通过“绿色食品原料标准化生产基地”认证，资源入选中国果蔬无公害十强县，荔浦获“中国衣架之都”认证；永福龙江乡、阳朔白沙镇、兴安华江乡获广西“罗汉果之乡”、“金桔之乡”、“毛竹加工之乡”称号。

（2）特色旅游农业优势凸显

依托独特的旅游资源优势，农旅互动融合，大力拓展农业功能，开展中国最美田园、最美乡村和星级创建活动，促进了休闲农业提质升级。农产品深加工水平不断提升，形成全州米粉加工、荔浦果蔬加工、永福中药材加工、兴安生物制品加工及恭城水果加工等农产品加工格局。永福罗汉果特色小镇建设完成，罗汉果提取加工水平不断提升。农旅融合加快发展，休闲农业继续走在全国前列,农业旅游休闲、农业示范点连续增加,五年来累计创建国家休闲农业与乡村旅游三星级以上示范点80个。荔浦县获“全国休闲农业与乡村旅游示范县”称号。乡村旅游接待年均人数超3000万人次,乡村旅游年均收入超过250亿元,农民增收渠道不断扩宽。

3. 新型农业经营体系加快构建

以农业供给侧结构性改革为重点,加快打造提升粮食、柑桔、蔬菜、中草药、优质家畜等6个超100亿元产业集群和食用菌、优质家禽、特色经济林等3个20亿元产业集群。加快发展新型农业经营主体,建成市级以上农业产业化重点龙头企业202家、农民专业合作社8600多家、家庭农场近1600家;加快一二三产业融合,建成10个10亿—50亿元市级农产品加工集聚区,桂林干米粉加工、木衣架加工出口位居全国第一,海吉星农产品物流园建成营业,福达冷链物流项目加快建设。袁隆平院士工作站在灌阳挂牌运行。推动农村承包土地经营权规范有序流转,确权登记颁证达99.68%(全区为96.01%),累计流转土地面积156.99万亩,流转率达35.42%(全区31.21%),位列全区第三。强化财政金融支农投入力度,2020年切块深度贫困乡镇财政专项扶贫资金超过2500万元,各类乡村风貌提升项目累计投入资金38.9亿元。创新工商资本与村集体经济合作共赢模式,2019年村集体经济收入超4万元,行政村比重(99.85%)高出全区1.23个百分点。

4. 脱贫攻坚取得决定性胜利

其一,强化了扶贫开发领导小组,实行信息共享、资源整合、多方协同推进扶贫开发;其二,由单一扶贫视角转化为多维贫困视角,改进了扶贫开发工作考核机制,从贫困人口数量、收入到生活水平都作为其衡量标准,从绝对贫困到相对贫困,促使扶贫工作更为全面、完善;其三,建立了财政扶贫资金稳定增长机制;其四,精准识别,结对帮扶,基本形成精准扶贫工作机制。

（二）制约因素

桂林建设国际旅游胜地、推进城乡一体化发展具有得天独厚的条件，但也要清醒地意识到桂林仍然存在着不可忽视的制约因素，包括推进统筹城乡改革发展的机制有待进一步完善，生产要素自由流动的途径和机制有待进一步探索；桂林没有列入广西“双核驱动”战略的核心区位，区域发展面临的竞争格局将更为激烈；同时表现为城镇化水平偏低、总体经济实力偏弱、城市体系不完善、城市辐射带动力不强、企业规模偏小、产业链短、集聚度低、生态环境保护任务重等一系列制约因素。

1. 城乡统筹发展的体制机制有待进一步完善

虽然近年通过新农村建设改变了农民的生产生活条件，但无论从“量”还是从“质”上看，促进以“人的城镇化”为特征的城乡一体化体制机制还需更加健全，“四化同步”发展的工作推进机制还需更加完善，经济社会发展、城乡建设、土地利用、产业布局等“多规”之间的衔接还需更加紧密，行政管理体制与城乡一体化发展不适应问题还需深化改革，生产要素在城乡之间自由流动的体制机制还需探索完善；土地流转政策的探索还有待推进；农民进城门槛高、子女入学难、城镇吸纳农村剩余人口的拉力不足等问题依然突出。

2. 县域城镇化水平仍然偏低

2005 年以来，桂林市城镇化进程不断加快，城镇常住人口由 175.32 万人增加到 2019 年的 260.20 万人，由图 6-1 可知，其常住人口城镇化率也呈现持续上升态势，也由 33.45%提升到 2019 年的 50.90%，增长幅度达到 17.45 个百分点，年均提升 1.16 个百分点，且与广西保持相同的增长趋势，总体水平略低于广西，但差距不是很大，比如 2019 年仅与广西相差一个百分点。但值得指出的是，2005 年以来广西和桂林市的常住人口城镇化率均低于全国平均水平,且二者的差距有持续拉大的趋势,其中桂林市与全国常住人口城镇化率的差距由 2005 年的 9.5 个百分点逐渐提升至 2019 年的 9.7 个百分点,且在 2011 年时达到 11 个百分点,说明桂林市常住人口城镇化程度落后于全国平均水平,城镇化速度相对缓慢,加快推进城镇化进程是其"十四五"时期乃至更长时期内的重点任务之一。

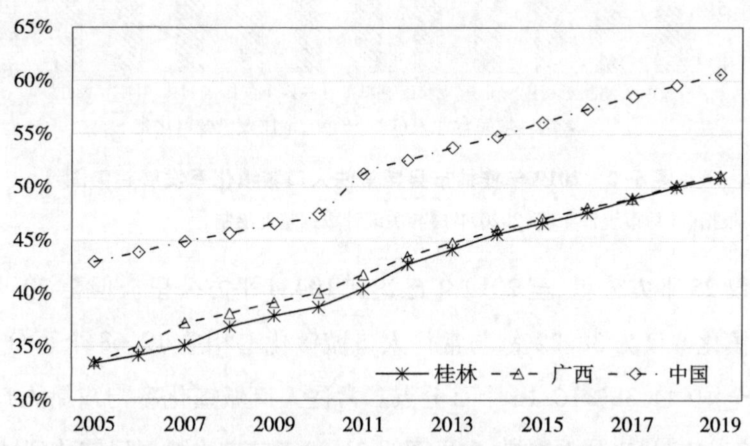

图 6-1　2005—2019 年桂林、广西、全国城镇化率动态比较图

资料来源:根据桂林市、广西和中国《统计年鉴》统计数据整理绘制。

由图 6-2 可以看出,桂林市县域城镇化水平仍处于初级阶段。目前桂林市 5 城区城镇化发展空间已不大,而 12 县城镇化水平达到 40%以上的只有灵川县和荔浦市,其余县常住人口城镇化率均在 40%以下。

从规模等级看,区域内只有一个大城市,其余均为小城镇,人口 20 万—50 万的中等城市以及 20 万以下的小城市至今缺失,建制镇规模较小,偏离稳定的"金字塔形"城镇体系等级序列结构。这种等级规模结构特征表明桂林总体上仍处于以人口进一步向主城集聚为特征的城市化初级阶段。

3. 农民工市民化进程相对滞后

人口城镇化发展相对较慢,滞后于土地城镇化发展。1982 年桂林市建成

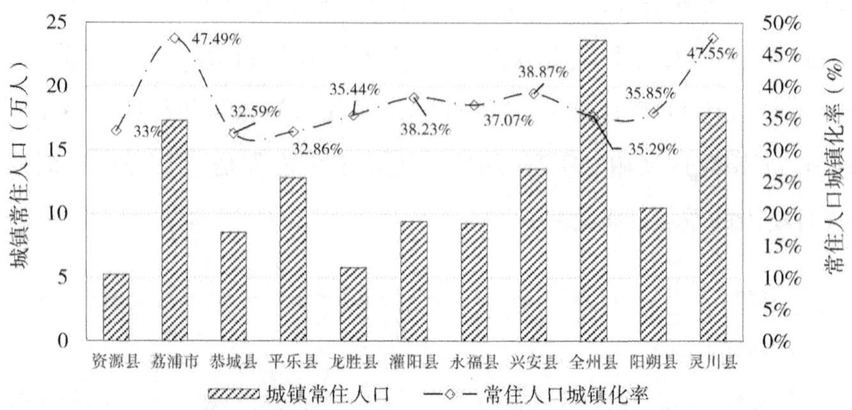

图 6-2　2019 年桂林市县域常住人口城镇化率发展趋势图

数据来源：根据《桂林市统计年鉴（2020 年）》相关统计数据整理绘制。

区面积仅 25 平方公里，至 2019 年已达到 104.4 平方公里。但至 2019 年户籍人口城镇化率仅为 38.22%，与常住人口城镇化率相差 12.68 个百分点，同时落后于全国（44.38%）6.16 个百分点。常住人口城镇化率与户籍人口城镇化率的"剪刀差"呈现加大态势（参见图 6-3），这意味着农村居民转移到城镇后，尚未成为真正的城镇居民，农民工市民化进程缓慢，半城镇化现象较为严重。

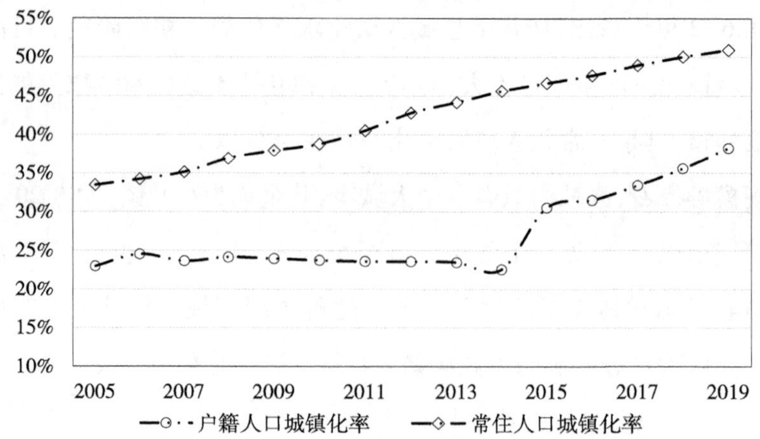

图 6-3　桂林常住人口与户籍人口城镇化率"剪刀差"

数据来源：根据历年《桂林市统计年鉴》相关统计数据整理绘制。

4. 城镇规模偏小,辐射能力弱

至 2019 年末,桂林市有乡镇 133 个,从全市总人口看,各乡镇人口分布并不均匀,多数集中在 3 万人以下,其中 2 万人以下的达到 52 个,2 万—3 万人的 29 个,仅 13 个乡镇人口在 5 万人以上。其具有空间布局分散,人口集聚度低,教育文化、医疗卫生、交通设施等基础设施和公共服务相对不足,同时缺乏主导产业和支柱产业,导致工业化发展缓慢,对周边农村的辐射带动作用不足。在此背景下,一些小城镇特别是中心城镇贪大求快,不切实际盲目扩张城镇规模,导致土地城镇化明显超前于人口城镇化速度,部分县域过多依赖土地财政推进城镇建设特别是新城区开发,潜藏财政金融债务风险。

5. 城乡二元结构依然显著

从产业结构看,虽然 2014 年以来第二产业呈现持续下降趋势,到 2019 年其产值占比略低于第一产业比重,为 22. 6%;第三产业产值比重 2016 年以后呈持续快速提升态势,到 2019 年其产值比重达到 54. 3%,成为推动经济发展的主力军。2005 年以来,第一产业产值比重总体不断下降,但下降幅度并不是很明显,到 2019 年其占比为 23. 1%,略高于第二产业产值比重。总体上看,2005 年以来桂林市三大产业产值比重结构呈现不断优化发展趋势,产业结构实现由“二三一”模式向“三二一”模式转变,但是与国内同类型城市相比,第三产业发展仍然相对滞后,一、二产业产值占比依然较大。第一产业产业比重过大一定程度上造成了农村劳动力向城镇的转移受限,导致一产就业人数较高,而第二产业吸纳的劳动力偏低,这一状况对城乡一体化发展极为不利,使得城乡二元结构显著,参见图 6-4。

从人口流动看,鉴于明显的城乡收入差距、区域收入差距、就业机会不均以及公共服务差距,导致日益严重的农村人口外流现象。2010 年第六次人口普查资料显示,桂林市离开户口登记地半年以上人口达 98. 75 万人,其中离开

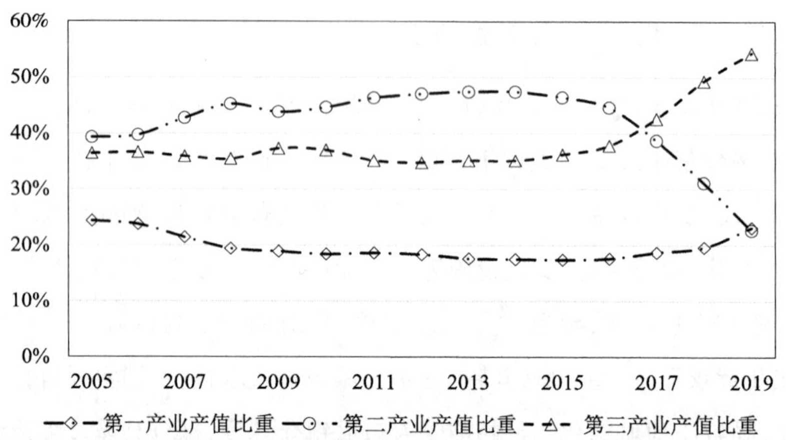

图 6-4 桂林三次产业结构变化趋势

数据来源:根据历年《桂林市统计年鉴》相关统计数据整理绘制。

本区(省)外的达 31.36 万人,流向广东地区达 22.79 万人。从 2012 年公安部门户籍人口来看,迁入本市人口 8.3 万人,而迁出本市人口 14.4 万人,机械性迁出人口远大于迁入人口。但这些迁入人口却不能与城镇居民在公共服务、社会福利方面享有均衡性,尚未真正实现转移人口市民化,从事行业主要集中在低端制造业和传统服务业,返乡率较高。即使在当前桂林城镇化率超过 45%的情况下,“不完全城镇化”现象依然明显。

从收入差距看,城乡居民收入之比在减小,但差额在继续拉大。随着桂林经济的发展,在城乡居民收入不断增长的情况下,城乡居民从中获益的程度却各有不同。长期以来城镇居民收入一直高于农村居民收入,城乡人均收入比由 2007 年 3.3 下降到 2019 年的 2.3,城乡收入差距呈现逐年缩小的趋势,详见图 6-5。

从基本公共服务均等化水平看,城乡基础教育、城乡公共医疗卫生、城乡社会保障、城乡基础设施建设等非均等化特征仍然比较显著。龙胜、资源等部分边远山区小城镇在电力通信交通等公共基础设施方面远远落后于城市和重点镇,存在电网简陋、交通不便、农田机电灌溉面积不足等问题。县域城镇垃

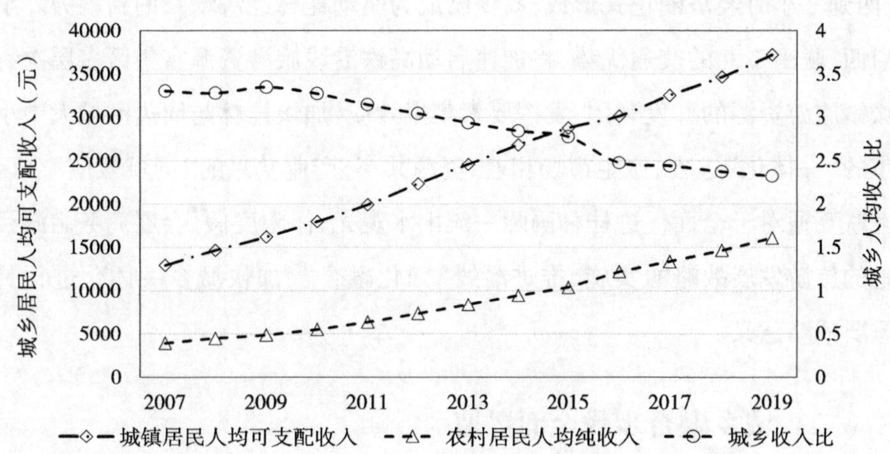

图 6-5　2007—2019 年桂林市城乡收入及其差距情况

数据来源：根据历年《桂林市统计年鉴》相关统计数据整理绘制。

圾处理、污水处理等基础设施仍有待进一步加大投入。2019 年桂林市城乡居民收入结构中转移性收入两者相差近 9 倍，说明农村居民在养老金、最低工资标准等基本社会保障水平及享有改革成果与城镇比相差甚大。

二、桂林城乡融合发展面临的机遇

（一）区域战略助推城乡融合发展

一系列政策的实施为桂林市“四化”建设提供机遇①，推进其发展；同时，随着湘（长沙）桂（南宁）高铁、贵（贵阳）广（广州）高铁等运输网络的开通运行，铁路、公路、航空、水运等多种交通方式无缝衔接，桂林一跃成为西南、华南、中南区域铁路运输枢纽，桂林与广州、长沙、贵阳、南宁四省会步入同城时

① 《桂林国际旅游胜地建设发展规划纲要》、《桂林漓江风景名胜区总体规划》、《珠江—西江经济带发展规划》、《桂林旅游产业用地改革试点总体方案》、智慧城市试点等获国家层面批准，桂林市纳入国家老工业基地调整改造范围等一系列政策机遇，将迎来深入推进工业化、城镇化、信息化、农业现代化进程的战略机遇。

代,两到三小时经济圈正式形成,高铁已成为驱动桂林经济增长的新动力。承东启西、联南带北的交通优势,将加速启动高铁沿线旅游资源富集区多层次特色城镇旅游资源的开发利用,发挥要素集聚效应,加快桂林与周边区域大中小城市的“一体化”进程,产生市场相通、资源共享、产业共兴的“同城效应”。区际互联互通对于全面促进桂林国际一流山水观光、休闲度假、会展商务旅游目的地的旅游发展战略的实施,推进沿线“四化融合”、加快城乡一体化进程具有重要战略意义。

（二）城乡融合步伐全面提速

新型城镇化、城乡一体化战略的全面实施,中央“以工促农、以城带乡”、“工业反哺农业、城市支持农村”政策的深入实施,“四化融合”协同发展必将进一步惠及农业农村经济,与此同时,“四化融合”发展,还将催生一大批以农产品精深加工为主的农业产业化龙头企业,为进一步改善农业生产重要条件,提高农业生产效率,转变农业生产方式,扩大农业经营规模,拓宽农民增收渠道,发挥更加有力的支撑和带动作用。

（三）经济结构调整向现代服务业倾斜

截至2019年,我国常住人口城市化率达到60.6%,但产业结构转型升级较慢,虽已进入逐渐软化阶段,第三产业已成为经济发展的主要动力,但与其他发达国家相比较,虽然我国第三产业占GDP比重在2019年达到53.9%左右,但与发达国家达70%仍然有较大差距。作为第三产业重要组成部分的旅游业,成为推动第三产业发展的重要因素,桂林作为我国著名的旅游城市,丰富的旅游资源及产业发展为现代服务业发展提供更为广阔的空间,国家经济结构调整也逐渐由工业为主向服务业倾斜。

（四）广西“双核驱动”区域经济格局的形成

广西区域经济格局的形成为桂林市的发展提供巨大的动力,尤其是珠江—西江经济带的发展,更进一步促进桂林市城乡融合的发展,而桂林市的地缘优势及丰富的旅游资源、文化资源优势必将成为区域经济发展的重要动力,“双核驱动、多点支撑”的发展模式为桂林全域旅游发展提供良好机遇。

三、桂林城乡融合发展的着力点

按照以人为本、集约高效、绿色发展、四化同步要求,进一步引导农村土地经营权有序流转,发展农业适度规模经营,加快培育新型农业经营主体、建立健全农业社会化服务体系、加快人口集聚步伐,促进城乡一体化转型。

（一）促进城乡要素自由流动

1. 创新城乡要素自由流动的体制机制

城乡生产要素自由流动是促进城乡融合发展的关键环节,主要包含劳动力、土地、资本等要素的自由流动。首先,通过建立城乡统一的户籍制度、城乡一体的劳动力市场,更好地促进城乡劳动力的自由流动,加强农村劳动力的就业培训,提高技能水平,同时实施就业优惠政策、就业援助等措施,为农村劳动力提供更多的就业岗位,对于征地农转非人员社会保险制度、农民养老保险制度、农村居民最低生活保障制度和城乡一体的社会救助制度要建立健全,实现社会保险制度全覆盖。其次,通过土地确权,土地承包经营权流转,业主投资激励机制、农户利益保障机制和政府管理机制,形成“政府+群众(业主和农户)+社会”的流转机制。最后,建立政府引导、市场运作的投融资平台,积极推进投资体制改革,减少市场准入限制,鼓励更多的资金参与城乡建设。

2. 创造就业机会,促进农村富余劳动力转移

合理发展比较优势的劳动密集型产业和企业,加快工业园区建设,推动城镇产业兴起,吸纳农村劳动力从事第二产业和第三产业;积极发展个体、私营经济,为个体私营企业提供更多优惠政策,鼓励农民发展二、三产业,提倡自主创业、自谋职业。

大力实施劳动力转移工程和"阳光工程",通过对劳动力提供技能培训,提高劳动力素质,通过内转外输渠道,加强与外地中介组织、劳务服务组织衔接,更好地为劳动力提供输出服务,提升就业率,同时对转移劳动力的文明观念进行培训,促使转移劳动力能够更好、更快适应现代城市生活。为使城乡居民在就业、收入等方面均衡,城乡劳动力市场一体化不可或缺。

3. 加强城乡建设用地统筹管理

(1)统筹城乡建设用地总量和增量

建立城乡统一的建设用地市场。在政策允许的条件下,农村集体经营性建设用地可以与国有土地一致,同权同价,在使用上发展产业化、规模化经营。加速人口、生产要素和产业向城市、城镇集聚,促进农村人口有序向城镇转移。根据人口和产业发展需要,合理确定城镇工矿用地增长规模,提高集约用地水平,实现土地城镇化和人口城镇化相协调,加强城乡建设用地总量控制。"十三五"期间,全市城乡建设用地面积达76500公顷,其中城镇工矿用地增加到29900公顷,人均城镇工矿用地控制在107平方米以内;农村居民点用地规模减少至46600公顷。二者分别占城乡建设用地总量的39.08%和60.92%。农村居民点布局趋于集中,初步形成城乡统筹的土地利用格局。

(2)推进农村土地承包经营权确权登记及合理流转

坚持和完善农村土地集体所有、家庭承包经营的基本经营制度的同时,适当放活经营权,促使农民能够更好地利用土地,提升土地利用效率。进一步加

快农村土地承包经营权确权登记颁证工作，借鉴四川温江、青白江等地改革模式，总结临桂六塘镇、恭城莲花镇以及观音乡土地流转与规模化经营的有益探索。截至2020年，全市有确权任务的乡镇已经全部完成农村土地确权颁证工作，已颁证农户929837户，颁证率达到99.68%。全市土地流转明显加快，流转面积达到156.99万亩，流转率达到35%；建成龙头企业174家、合作社6442家、家庭农场651家。①

(3)保障新农村建设用地，探索宅基地有偿退出机制

按照“规模适度、合理布局、注重实效”的原则，合理预留各集镇和中心村发展用地，积极支持新农村建设。重点保障农村教育、医疗、文化、体育等公共服务设施以及乡村公路、农村人饮水工程和农村生活垃圾处理设施等农村基础设施建设用地，支持农村基础设施和社会事业的发展。从严控制零星分散的农村居民点扩张，开展城镇建设用地增加与农村居民点用地减少相挂钩试点工作，通过适度撤并自然村落、开展农村废弃土地和闲置宅基地整理等，引导和促进农民居住向集镇和中心村集中。

探索宅基地有偿流转、退出机制。严格落实一户一宅政策，加快解决农村有关土地遗留问题，对农村宅基地及集体建设用地进行地籍调查、登记颁证。推进宅基地有偿流转、退出试点，探索由政府或集体经济组织参照征地拆迁补偿安置标准，对进城落户农民自愿退出的闲置住房和宅基地给予补偿，补偿方式可选择货币形式，也可采取住房或物业等多元安置方式。

4. 统筹城乡投融资机制

资金投入是推进国际旅游胜地建设与城镇化发展的重要保障，良好的投融资机制必不可少。采取多种融资方式，包括资金整合、多元化筹资、财政扶持等方式，吸引国内外甚至民间资本为城乡统筹建设服务。按照国家政策的

---

①　周凌辉、全道武：《桂林市获评全国农村承包地确权登记颁证工作典型地区》，《桂林晚报》2020年11月3日。

要求，可以加强与政策性银行合作，积极引导资本在生态环境建设、精准扶贫与脱贫等方面发挥其作用，保障各项专项资金充分使用。按照外商投资优势产业要求，引进外资，投入优势产业，促进优势产业发展。

鼓励各类金融组织到镇街增设具有信贷功能的营业网点或服务机构，在有条件的集镇、村（社区）设立金融自助终端或便民服务点。扶持农村商业银行、村镇银行、农村小额贷款公司等健康发展，规范发展农民资金专业合作社，扩大农村金融服务。创新农村金融产品和服务方式，扩大农村有效抵质押物范围，试点将农民住房、土地承包经营权、集体资产收益权等纳入农村有效抵质押物范围；鼓励银行业金融机构开展集体资产抵押贷款融资业务；探索金融信贷支持农村养老服务业。推进农村信用体系建设，鼓励支持各类担保公司为农村集体经济组织生产经营性项目贷款提供信用担保。健全农业保险体系，创新设计保险品种，完善保费补贴政策，扩大农业保险保障范围。

5. 推动全民创业，夯实产业支撑

以税费优惠等激励政策，鼓励大中专和技校毕业生、城乡新增劳动力到城镇创业；鼓励科技人员以多种方式到城镇投资创办民营科技企业；鼓励海外留学人员回国到桂林创办企业；鼓励和吸引区外投资主体到我市城镇投资；鼓励和引导外商投资我区优先发展产业；支持农村群众利用自身优势，开展农家店、农家乐等经营活动；加大对返乡农民工的创业扶持；鼓励城镇下岗职工、失业人员自主创业，实现再就业。大力推进现代服务业加快发展，放宽服务业市场准入，鼓励各类投资主体投资现代物流、金融服务、会展服务、信息服务、旅游休闲、体育竞赛交流和健身等服务业，支持金融保险、科技研发、文化创意、现代物流、会展服务等生产性服务业优先发展。通过全民创业，夯实城镇化发展的产业支撑，推动桂林城镇化跨越发展。

6. 强化要素投入,加大扶贫攻坚力度

按照集中连片帮扶、精准扶贫、生态扶贫的理念,统筹协调、整体推进各项帮扶工作,不断完善帮扶攻坚体系,推动帮扶力量、资源要素、扶持政策继续向龙胜、资源县等生态脆弱区、民族欠发达地区倾斜。重点增加对欠发达地区基础设施、产业发展和民生事业帮扶工程项目的资金投入。实施低收入农户“一户一策”针对性帮扶,依据致贫主因进行分类登记、分类管理、分类帮扶,重点采取扶持购岗、鼓励创业、帮助入股、建设基地等方式,促进低收入农户增收。推进落实领导干部挂钩帮扶联系贫困家庭和城乡社区(村)工作制度。重点推进扶贫生态移民工程,加强贫困地区基础设施和公共服务建设。脱贫攻坚战取得决定性胜利,累计实现 29.67 万人脱贫,农村贫困发生率从“十二五”时期末的 6.95%减至 0.35%,贫困村从 510 个减至 51 个,3 个贫困县全部实现脱贫摘帽,在全区扶贫开发成效考核中连续两年获评优秀,夺取脱贫攻坚全面胜利目标可如期实现。因地制宜发展县(市、区)“5+2”、贫困村“3+1”特色优势产业推进产业扶贫,实现贫困村特色产业项目 100%覆盖,贫困户有特色支柱产业覆盖率 93%。完成易地扶贫搬迁 43 个集中安置点建设目标,累计搬迁 6982 户 29934 人,搬迁计划项目入住率达 100%。

7. 全面深化改革,推动“人”的城镇化

以转变政府职能、处理好政府与市场的关系作为原则来指导改革,并将推进城镇化作为推动金融市场、户籍制度、财税体系、社会保障、能源和资源定价、政府行政管理以及农村土地等领域改革。在城镇化进程中,人的城镇化是其核心,在这一过程中缩小城乡之间的收入等方面的差异,减弱社会不公并减轻结构性失衡。城镇化进程努力实现“十有”①,通过这些措施增强农民工归

① 程磊:《改革盛宴——三中全会后的地产新起点》,《中国房地产业》2013 年第 12 期。

属感。同时转变政府职能,减少政府在投资、要素定价等方面的直接干预,保证社会保障等公共服务供给的覆盖面和质量;对服务业、要素市场以及金融市场的管制逐步放松,同时改变户籍制度、社会保障等城乡有别的二元制度。

(二)优化城乡融合产业结构与产业布局

1.优化农业结构与空间布局

(1)打造城乡一体化农业产业链

推进农业和农村经济结构调整。优化农业和农村经济结构,促进粮食增产、农业增效、农民增收,对产业化龙头企业促进其集群式发展;引导农村乡镇企业向小城镇集中,积极发展特色农产品加工等劳动密集型企业;以优势特色产业集聚促进特色乡镇的建设与发展。积极发展园区经济,推进农民进社区、企业进园区,促进产业和人口集聚,以园区建设带动农业产业化、农村工业化、新型城镇化,推动城乡融合发展进程。

依托特色农业示范区,实现农业与旅游互动融合。发挥市场机制与政府引导的双重作用,建设一批桂林国家农业科技示范园,继续以高水平建成兴安葡萄、阳朔白沙金橘、灵川大圩提子、荔浦修仁砂糖橘4个现代特色农业(核心)示范区。示范区在创建过程中要注重把农业特色产业发展与休闲农业旅游的景区景点建设有机结合起来,统筹兼顾,实现城乡结合、农业与休闲观光旅游结合,不断提升城镇风貌、完善功能;通过引进企业等多种投资方式推进示范区种—养—加、农—工—贸产业链延伸;逐步构建和完善多元化的科技支撑服务体系;成立管理协调机构,规范示范区的常规管理,搭建示范区管理服务平台。进一步推进兴安县溶江镇、桂阳公路沿线、桂黄公路全州段、草坪乡等地城乡一体化生态旅游农业示范区建设。通过拓展农业功能,将农业与旅游业实现对接,吸引城市居民到农村旅游,促进城乡互促双赢,促进城乡一体化发展。

推进农村二次、三次产业融合发展，打造农业产业体系及服务体系，以现代农业片区、休闲观光农业片区、生态农业片区为单元，以生态环保、食品安全、特色效益、高效利用资源为导向，推进农村六次产业融合发展，形成现代农业核心区格局，以此带动县域农业发展，形成规模化、产业化经营。

在每个县区设立1—3个现代农业区，推动建设农业科技示范基地，在城郊、村镇建设特色效益农业基地、无公害农产品生产基地和农业休闲体验基地，形成“菜篮子”工程、打造农副产品加工产业集群。在创建（核心）示范区工作中，要进一步突出经营组织化、装备设施化、生产标准化、要素集成化、特色产业化，形成要素集中、产业集聚、技术集成、经营集约的现代特色农业产业经营体系。示范区要尽可能利用桂林旅游资源优势，体现农旅综合。

推进龙胜、资源等山区特色农业示范区建设。发挥山区独特的资源环境优势，利用生物多样性特征，继续实施农户“万元增收工程”、“钱粮增收工程”，引进和培育特色农业龙头企业，做大龙胜“两茶一果+特色养殖”产业，推进“全国油茶种植示范县”建设和油茶精炼加工项目的落地。继续做强资源县红提、西红柿两大种植产业，扶持猕猴桃种植，进一步提升优势水果、特色蔬菜、中药材生产能力；扩大竹鼠、冷水鱼等特色养殖业规模，提升产业抗风险能力。进一步做好山区休闲农业产业规划，把精品农业与休闲旅游紧密结合起来，打造山区优质农产品品牌。推广“龙头企业+基地+农户”、“专业合作社+基地+农户”、家庭农场等经营模式，构建产供销一体化良性循环模式，提高农产品附加值和商品率，提高农业效益。

（2）优化城乡一体农业布局

根据桂林区位优势、农业资源禀赋、农业特色产业、休闲农业发展基础、历史文化背景、民族风情等条件，重点促进漓江、湘江、桂江“三大流域”特色效益农业加快发展，打造流域城乡一体化农业集聚带。

漓江流域（城区及灵川、临桂县等）重点建设五大特色农业功能区及五大农业产业带。五大特色农业功能区指城区都市型生态农业发展区，甘棠江低丘旱作节水农业开发区,海洋山河谷现代农业科技示范区,义江丘陵台地特色农业开发区和古桂柳运河岩溶盆地优势农业发展区。五大农业产业带指以城区农业乡镇为主的花卉产业带,以灵川甘棠江沿线乡镇为主的城郊型农业产业带,以灵川海洋山河谷乡镇为主的水果、银杏产业带,以临桂义江沿线乡镇为主的罗汉果、反季节蔬菜产业带,以临桂、雁山为主的古桂柳运河菜禽产业带。

湘江流域(兴安、全州等)重点发展粮食、蔬菜及林木等八大优势产业。结合兴安、全州等的地域优势,发展特色水果产业、蔬菜产业、中草药产业等,特别以优质稻、三辣为主的粮食产业、蔬菜产业。

桂江流域(阳朔、平乐、恭城等)重点是发展提升六大产业。结合周边荔浦和恭城发展提升以夏橙、月柿、沙田柚为主的水果产业,以马蹄、淮山、荔浦芋为主的蔬菜产业,以桂花、兰花、金银花为主的花卉产业,以种猪、瘦肉型猪为主的养殖业,以果蔬、粮油、中草药加工为主的农产品加工业,以新农村生态游、传统民俗风情游为主的乡村旅游。

以各类资源为基础,将农业导入第三产业,重点建设临桂、雁山、阳朔、兴安、龙胜、恭城等县域农业休闲观光示范区,发挥贵广高铁、京广高铁的运输优势,吸引周边城市群城市旅游人口,推进旅游产业拉动的城乡旅游一体化建设。

(3)促进农业转型升级,打造休闲农业品牌

以多种方式发展农业,促进农业的可持续发展,转变农业发展方式,促进农业转型升级,尤其要发展生态农业、休闲农业,提高农业的参与度,综合各种农业资源要素,合理运用旅游城市的优势,让游客根据个人喜好参与农业生产过程,同时开展农业科普知识,促使游客保护农村自然环境,为游客提供舒适的游憩场所。将科学技术应用在农业项目上,对于同品种的水果、蔬菜等在外形、包装上有所不同,拓展游客的视野。挖掘潜在的旅游景点,强力打造具有地方特色的循环农业、农业旅游景点。同时加强景点之间的协作,增加了解循

环农业、休闲农业旅游的路线、内容等,拓展农业旅游市场的开发。①

2. 优化工业结构与空间布局

(1)优化工业结构

坚持调结构、转方式、促增长,改造提升传统优势产业,大力培育发展战略性新兴产业,促进生产性服务业与制造业、信息化与传统农业融合发展。

电子信息产业。重点发展通信设备产业(光通信和微波通信)、软件和信息服务业、行业应用电子产业、光电光伏产业等为主体的电子信息产业体系。通过实施"互联网+"工程,将信息化融入传统农业、生态旅游等服务业,打造电子信息产业龙头企业和产品,将桂林市建设成为"全国重要的电子信息产业基地"、"广西电子信息产业的龙头带动区"和"新一代信息技术区域性核心承载区",促进城乡技术要素流动,驱动城乡智慧化发展。

医药及生物制品产业。重点发展现代中药、特色化学药,积极发展生物制品,将桂林打造成为南方特色中药生产基地和广西特色化学药生产基地。通过延伸医药产业链,推进农村中医药原料生产,拓展农村小城镇医药服务、养老保健服务网点,统筹带动城乡医疗均等化。

先进装备制造产业。重点发展智能装备制造业和汽车及零部件产业,延长产业链,逐步实现由低层次开发向高层次自主创新开发转变。提高技术水平以便提高农业全要素生产率,培育新型农民,发展集约化、规模化现代农业。

生态食品产业。依托桂林丰富的农、林、水资源,以市场需求为导向,发展优势产品。优先发展优质饮料及酒类,突出绿色旅游特色,鼓励开发绿色生态特色食品。强化信息技术应用,逐步实现由初级加工向精深加工转变,形成群

① 近年在政府引导下,桂林农村淘汰品质下降严重老化的水果,改园扩种产值更高的优质水果。逐步建成了桂阳路百里金桔、湘江资江流域百里葡萄长廊等水果"万元增收"示范带和桂江月柿、灌江黑李、海洋山脉优质桃等一批优势特色水果产业带,涌现了恭城月柿、阳朔金桔、兴安葡萄等一批特色明显的水果主产县,基本形成了每个县都有1—2个主导果品或"一乡一品或一村一品"的产业格局。

体优势,努力将桂林打造成为西南特色生态食品深加工产业基地。延长食品产业链,强化城乡产业对接。

(2)加快产业集聚,促进园城互动发展

通过工业园区引导产业集聚,促进产业转移发展的同时,壮大核心企业,培育完整产业链,进一步促进产业集群,带动新型工业化发展。注重产业园区建设与城镇化之间的互动发展,优化园区产业布局的同时,加快新兴产业的发展,形成基础产业为支撑,新兴产业为主导的产业空间格局,为城镇化发展提供巨大动力。

(3)优化工业空间布局

桂林国家高新区:依托数量众多的科研院所,以统筹优势技术要素、促进现代制造业集聚,同时科技产业化发展,将园区发展与城镇化发展、城乡统筹相结合。高新区与苏桥经济开发区"两翼齐飞"、形成集聚优势,深化高新区、苏桥经济开发区与兴安、永福等区县合作,拓展专业或特色产业园区,形成主导产业或支柱产业,促进新兴产业发展,辐射相邻地区产业发展。当然在发展过程中,注重农民收益的提升、生活水平的提高,健全农村人口的社会保障,通过科技创新推动城乡发展,优化工业空间布局。

桂林临空经济区:涵盖两江国际机场、临桂区临桂镇(原庙岭)、五通镇、两江镇、永福县苏桥镇(苏桥工业园)和灵川县定江镇(含八里街工业园区)。依托桂林国际旅游航空枢纽和西江经济带,坚持"人文、生态、低碳"发展理念,以现代化综合交通运输体系为支撑,以做大做强临空型产业为突破口,加快构建以现代服务业、先进制造业和现代观光农业为主的现代产业新体系,统筹推进临空经济核心区与周边功能片区协调发展,着力打造产城融合现代魅力宜居新城。

临苏工业带:包括秧塘山水科技园、凤凰产业园、两江宝山工业园、会仙工业园等区域。依托便利的交通条件和产业基础等优势,充分发挥桂林福达集团有限公司、桂林客车工业集团有限公司、桂林三金药业集团有限公司、广西科伦制药有限公司、桂林华润天和药业股份有限公司等龙头企业带动作用,重点发展医药及生物制品和先进装备制造等产业,延长产业链,实现增量扩张和产业集聚,打造桂林医药及生物制品和先进装备制造产业带。

各县特色工业集中区:根据本区域资源和区位优势,大力发展资源开发加工型、产业项目配套型、劳动密集型产业,承接外部产业转移,做优做强名优产品和骨干企业,形成一批特色产业集聚区。鼓励城乡融合发展,推动农业产业化经营,特别是农村特色产业园的发展集聚,各县形成具有特色的项目、企业,带动本地区农村经济发展,提供就业岗位,同时鼓励城市二三产业向县域工业集中区转移和农民进城"双向流动"。

3. 发展以旅游为主导的现代服务业

(1)优化旅游空间布局

开发形成四大旅游资源集聚区:漓江上游历史与自然相结合的旅游产品集群区,漓江中游山水与民族特色相结合的旅游产品集群区,桂江中上游自然与人文结合的旅游产品集群区,湘江上游(全州境内)宗教、生态与历史相结合的旅游产品集群区。按照"一核两极三带多点"布局,优化旅游产业空间结构,建设一批旅游强镇,实施一批旅游富民工程,扩大旅游合作区域,实现大桂林旅游一体化发展新格局。① 见表 6-1。

---

① 目前,桂林市拥有国家级农业旅游示范点 11 家,自治区级农业旅游示范点 28 家,全国特色景观旅游名镇(村)4 个,广西特色景观旅游名镇(村)5 个,广西三星级以上乡村旅游区 7 家,广西二星级以上农家乐 67 家。阳朔县、恭城瑶族自治县、灌阳县、灵川县先后被评为全国休闲农业与乡村旅游示范县,恭城莲花镇竹山村获得 2012 年"中国十大最有魅力休闲乡村"称号。以"龙胜—临桂—桂林—灵川—阳朔—恭城"为重点的"桂林休闲农业四季游"被中国旅游协会列为"2012 中国乡村旅游与休闲农业十大精品线路"。恭城红岩村、龙胜大寨村,恭城月柿、阳朔金桔、恭城桃花节分别获得广西休闲农业名村、名品、名节三个"十佳"称号。

表 6-1　桂林旅游产品空间布局表

旅游产品集聚区	范围	主要旅游资源	旅游产品体系
漓江上游产品集群	兴安、龙胜、资源、全州	猫儿山原始森林旅游、龙脊梯田旅游资源、资江旅游资源、兴安灵渠旅游资源、八角寨旅游资源等	秦文化旅游、登山探险生态旅游、科考旅游、探险漂流民族风情旅游、休闲旅游
漓江中游产品集群	桂林、阳朔、灵川、灌阳、永福	大漓江精华段自然风景、“两江四湖”环城旅游带、阳朔田园风光、遇龙河漂流、临桂名人故居、永福百寿岩摩崖石刻、灌阳千家洞等	观光游览产品、休闲度假产品、文化考察产品、会议展览产品、古迹探访产品、民居考察产品
桂江中上游旅游产品集群	平乐、荔浦、恭城	恭城瑶族庙宇文化、生态农业、平乐三江口船家文化、温泉和饮食文化、瑶族民族风情、榕津古镇等	历史宗教文化旅游、生态农业旅游、岩溶地貌考察旅游、休闲度假旅游、古镇文化和瑶族民族风情旅游
湘江上游(全州境内)旅游产品集群	全州	湘山寺、天湖、炎井温泉、三江口、湘江战役遗址等	历史宗教文化旅游、生态农业旅游、休闲度假旅游

资料来源:《桂林市重点旅游片区规划(2014—2020)》。

(2)促进旅游结构转型

以打造环境友好、文化繁荣、经济发达、社会和谐的国际旅游胜地、国家历史文化名城和生态山水名市为目标,推动城乡生态旅游、文化产业等的有机融合,实现旅游产业发展方式转变,提升综合效益。推动城乡一体化乡村休闲生态旅游,主要包括生态观光、休闲度假、民俗表演、运动体验和城乡风貌等相关内容。针对乡镇产业集聚和旅游提升的薄弱环节,通过模式创新与机制改革,大力提升乡镇特色旅游水平,形成示范带动效应。形成特色主导、多元化为辅的旅游城镇,促进农村旅游与农村城镇化联动发展。

(3)加快发展现代服务业

加快现代服务业发展尤其是创新服务业发展,在国家政策引导下,结合生态旅游、社会养老、商务发展等方面,发展旅游业、文化产业等现代服务业,促进城乡服务业联动发展,构建主导产业突出、服务功能强、辐射范围广的区域性服务业中心,加快打造品位休闲之都。

(三)完善城乡融合空间结构

1. 完善城镇等级规模结构

初步形成等级相对健全、分布相对有序、较为合理的等级规模结构,首位度进一步降至6以内;进一步完善基础设施与公共服务设施,优化交通网络与节点布局,完善市政、文化、卫生、体育、社区服务等设施,提升中心城镇服务水平,营造城镇特色风貌。加快城镇新区内的产业引进,促进人口集聚、设施配套与产业互动发展。科学引导要素集聚,促进桂林中心城市进入大城市行列①;全州县城、荔浦县城按照Ⅰ型小城市规模培育建设;兴安、阳朔、荔浦、平乐、永福、灵川等从重点小城镇逐步向Ⅱ型小城市转型;恭城、灌阳、资源、龙胜等进一步夯实中心城镇综合基础,强化因素集聚水平。地域城镇体系趋向完善,典型的首位分布向位序—规模分布演化过程明显。

2. 以主体功能区导向优化城镇体系空间布局

党的十八大报告明确指出,“加快实施主体功能区战略,推动各地区严格按照主体功能定位发展,构建科学合理的城市化格局、农业发展格局、生态安全格局”。以突出地域比较优势、优化生态功能、增强城乡要素流动为导向,

① 按照2014年11月国务院《关于调整城市规模划分标准的通知》,对现有城市规模按照新标准进行分析预测。新的城市规模划分标准以城区常住人口为统计口径,将城市划分为五类七档:城区常住人口50万以下的城市为小城市,其中20万以上50万以下的城市为Ⅰ型小城市,20万以下的城市为Ⅱ型小城市;城区常住人口50万以上100万以下的城市为中等城市;城区常住人口100万以上500万以下的城市为大城市,其中300万以上500万以下的城市为Ⅰ型大城市,100万以上300万以下的城市为Ⅱ型大城市;城区常住人口500万以上1000万以下的城市为特大城市;城区常住人口1000万以上的城市为超大城市。

遵循城市功能定位，统筹谋划城乡一体化空间结构、产业布局、人口分布，构建符合城镇化发展的空间格局。按照不同定位在不同地区实施差别化城乡政策，政策实施应符合区域比较优势。①

城镇化地区主要包括桂林中心城市建设区、重点城镇建设区和独立工矿区，属于工业化、城镇化开发、人口集聚、基础设施建设的主要国土空间。

农产品主产区主要包括湘桂走廊、义江流域、桂林盆地、荔浦河流域、榕津河流域、恭城河流域、灌江流域的基本农田集中区和果林、畜牧等综合农业生产基地以及农村居民点建设用地。作为主要提供农产品的空间载体，重点发展特色高效农业，促进农产品生产向优势产区集中，实现专业化、规模化。以县城为重点推进城乡一体化建设和非农产业发展，加强农村基础设施和公共服务建设。

以主体功能区为导向，重点发展沿江"一区两带"城镇组团结构。"一区"指中心城区要素密集区。包括现桂林市区（包括临桂区）、灵川县的定江镇（八里街）为中心，苏桥—两江—临桂和八里街—灵川两个犄角在内的城市连绵区。该城市连绵带拥有人口超过100万的中心城区、桂北商贸中心灵川县定江镇，苏桥（工业）、大圩（旅游）、会仙（生态）、六塘（蔬菜）、两江（空港）等专业化中心城镇。

"两带"分别指北部城镇扩展带和南部城镇功能带。北部城镇扩展带重点是加快将全州县城发展为Ⅰ型小城市，逐渐形成全州—才湾—绍水—咸水—界首—兴安—严关—溶江城镇扩展带，促进石塘（工业）和兴安（光伏）等专业城镇发展。

---

① 根据主题功能区规划，桂林重点开发区域包括秀峰、象山、叠彩、七星、雁山、临桂6个城区及26个较大的镇（11个县城城关镇、15个发展基础较好的重点镇）。限制开发的农产品主产区域包括永福、灵川、兴安、全州、荔浦、平乐6个县的基本农田集中区和果林、畜牧、水产等综合农业生产基地为农产品主产区。限制开发的重点生态功能区域包括龙胜、资源2个国家级重点生态功能县，阳朔、恭城、灌阳3个自治区级重点生态功能县。禁止开发区域包括我市12个自然保护区、7个国家森林公园、4个国家级风景名胜区、2个地质公园和1个国家湿地公园。

南部城镇功能带重点是加快发展平乐县城、荔浦城等小城市（镇），逐渐形成白沙—阳朔—福利—普益—平乐—二塘—同安城镇扩展带。与处于沿江经济带辐射区域、作为沿江经济带单一功能区、建议规划作为Ⅱ型小城市发展的荔浦共同带动沿江经济带东南片区的城镇化、工业化及城乡旅游一体化的快速发展。

3. 优化城镇职能结构

结合桂林城镇体系现状及其未来态势，明确各级城镇发展的空间拓展与优势产业方向，在阳朔、恭城、兴安、龙胜等城镇，依托资源和产业优势，进一步创建国家级农业旅游示范点，创建多层次、多类型现代农业科技园、休闲农庄、农业观光采摘园、农家乐等，安置农村富余劳动力，增加特色旅游收入。

进一步优化以"桂—阳"公路、"桂—黄"公路、机场路、遇龙河沿线田园风光以及以桂林城郊小城镇为中心的休闲农业区，优化观光区等生态农业园、生态农业观光区，以兴安县溶江镇葡萄、阳朔县白沙镇金桔、灵川县大圩镇提子、荔浦县修仁镇砂糖桔四个现代特色农业（核心）示范区为典型，统筹城乡发展，推进城乡一体化示范区建设。未来城镇职能体系优化方向，见表6-2。

表 6-2　桂林市域城镇职能体系发展方向

市镇名称	职能类型
中心城区（七星、叠彩、秀峰、象山、雁山）	国际风景旅游胜地、国家历史文化名城、山水生态宜居名城，桂北及桂湘黔粤交界区中心城市；国家旅游综合改革试验区、国家服务业综合改革试点区域；区域高新技术、先进制造业基地、现代服务业和科技创新基地；全市的政治、经济、文化、交通中心
中心城区拓展区（临桂区、定江镇、三街镇）	城市新区，中心城市卫星城镇，近郊制造业、商贸物流、现代服务业基地，城乡一体化示范区
全州县城	综合发展型城镇

续表

市镇名称	职能类型
兴安县城	旅游—工贸侧重型;城乡一体化示范区
荔浦县城、平乐县城、永福县城	工贸—旅游侧重型
阳朔县城	综合旅游主导型;城乡旅游一体化示范区
灵川县城	工贸物流主导,旅游侧重型
恭城县城	工贸—旅游侧重型;城乡生态产业一体化示范区
灌阳县城、苏桥镇	工业主导,旅游侧重型
龙胜县城、资源县城	特色旅游主导型,工业侧重型
两江、潭下、大圩镇、绍水、溶江、界首、百寿、广福、文市、黄关、沙子、同安、青山、修仁、马岭、白沙、六塘、五通	工贸—物流或工贸—旅游综合发展的县域副中心城镇、县域重点镇。城乡一体化生态农业示范区
兴坪、青狮潭	生态旅游主导型专业化城镇
二塘、石塘	交通物流主导型专业化城镇
栗木、三门、才湾、大西江	矿产开采型专业化城镇
莲花、界首、百寿	特色生态农业、特色旅游城镇
福利、葡萄、庙头、瓢里	工贸、生态农业主导型
新坪、会仙	旅游主导型
黄沙河、莲花	矿产开采主导型
高尚、漠川、柘木、华江、潮田、永岁、咸水、凤凰、两河、源头、张家、龙水、文桥、东昌、杜莫、花篢、双江、罗锦、新街、平等、大扒、大塘、嘉会、西岭、高田、四塘、九屋、湘漓、严关、水车、新圩	农业综合发展型

4. 进一步提升中心城市的集聚辐射功能,有序建设中小城市

遵循“中强、西进、东扩、南拓、北优”的发展原则,加强资源整合,提升中心城市与周围腹地的要素流动,统筹布局,推进中心城市—外围腹地之间产业

结构优势互补、协同联动。为农村流动人口创造更多传统服务业和现代服务业就业岗位,为农村流动人口在老城区就业、创业提供更多机会。

以临桂区为主体,突出“旅游、生态、创新、低碳”四大理念,推进“世界旅游城”建设。将临苏经济开发区建设成为广西西江经济带上重要产业基地和桂林工业产业新城。进一步理顺开发区管理体制机制,完善基础设施配套,将其建设成为既适合居民居住,又可以带动产业转型升级、城乡一体化发展的城市新区。

依托雁山新大学城雄厚的院校实力,积极发展科教文化、健康养生、体育休闲、大型人文景观旅游、生物制品和低碳环保产业,打造桂林特色产业集聚区。

以贵广高铁、湘桂高铁运营为契机,加快建设“桂林北新城”,打造“桂灵都市圈”,做强城北商贸物流基地,建设桂林西货站枢纽物流园区、城北高铁站前核心商贸圈。完善商贸物流服务产业配套设施,以大交通促进大流通,大流通引领大发展。

根据桂林中心城镇发展潜力,着力促进阳朔、灵川、全州、兴安、永福、平乐、荔浦等7个县城按照Ⅱ小城市目标规划建设。灌阳、龙胜、资源、恭城等4个县城进一步强化要素集聚,按县域重点特色城镇的目标规划建设,逐步向小城市转型发展。

5. 重点建设特色乡(村)镇

根据特色乡镇的区位优势、产业布局、资源禀赋等特点,对不同乡镇制定产业发展战略与规划,培育特色产业,集中发展具有地方特色优势的产业。

基于历史、现状及其资源禀赋,重点建设的特色工贸、文化、旅游、农业(生态)特色镇(乡)包括:雁山生态农业主题城镇;灵川商贸流通、生态农业、美食文化、湘桂古道主题城镇;临桂状元之乡、名人故里、五通农民画、传统体育主体城镇;兴安“光伏之都”、米粉发源主体城镇;龙胜梯田览胜、民族风情主题城镇；资源丹霞之魂、漂流之乡主体城镇；全州湘山古寺、高山湖泊主题城镇；灌阳瑶族之源、居民风物主题城镇；阳朔、兴坪休闲度假、山水观光、农耕渔业主题城镇；恭城生态农业、民族风情、儒家文化主体城镇；荔浦"衣架之都"、华商之乡、休闲度假主体城镇；平乐桂南水津、水域古榕、漓江小镇主体城镇；永福现代制造、福寿养生文化、罗汉果之乡主题城镇。

突出抓好特色镇（乡）的供水、排水、垃圾处理等市政设施建设，加强分类指导，努力提高城镇质量。加大对特色镇（乡）在资金、政策、技术、信息、人才等方面的扶持力度，以强化示范引导、带动能力，进而达到整体推进的目的。完善特色镇财政体制，探索土地管理新机制，建立统筹城乡的就业和社会保障制度。具备条件的特色镇、重点镇可建立城镇投资开发公司，开展镇区土地开发与利用、城镇建设项目的投融资开发与管理，加快建设步伐，提升城镇经营水平。

6. 全面推进美丽乡村建设

桂林要美，农村必须美。以农业农村部确定的桂林7个全国"美丽乡村"创建试点建设为契机，①将生产要素优先向其倾斜，将资金重点投放在有利于美丽乡村建设的项目上，如农村清洁工程、农技推广等项目，为"美丽乡村"建设提供必备条件及支撑。同时加强政策引导，不断建立创新机制，完善投入保障体系、科技支撑体系，促进技术和模式更好地推广应用，有利于促进乡村建设的健康可持续发展。

继续围绕"村庄秀美、环境优美、生活甜美、社会和美"十六字美丽乡村建设理念，完善农村村庄布点规划，合理确定布点村庄数量、类型和规模，具体落实各规划布点村庄的用地规模，划定边界范围。以规划保留村为基础，确定城

---

① 2014年1月，农业部下发《农业部办公厅关于公布美丽乡村创建试点乡村名单的通知》，广西区37村镇入选农业部"美丽乡村"创建试点乡村，其中桂林市入选7个，包括兴安县严关镇马头山村、荔浦县马岭镇永明村小青山屯等。

镇建设用地的增长边界，明确村庄建设与搬迁时序。深入开展市级示范村创建活动，着力建设打造一批空间优化形态美、绿色发展生产美、创业富民生活美、村社宜居生态美、乡风文明和谐美的新型农村社区。

加强农村基础设施建设，转变农业发展方式，发展农业循环经济，减少农业污染，保障农产品质量安全，优化农业产业结构调整。按照乡村生态农业发展的要求，加快乡村旅游休闲业的发展，引导农民在房前屋后、道路两旁植树护绿，保护农村生态环境。以环境整治和民风建设为重点，加强农村精神文明建设，扎实推进文明村镇创建。

（四）推进城乡一体化公共服务体系建设

1. 推进城乡公共服务均等化

结合《桂林旅游产业用地改革试点若干政策》，通过“多规合一”，切实保障公共服务设施用地，提升公共服务供给能力，初步形成以都市区为核心、县区中心镇为节点、其他城镇为支撑的网络状社会服务体系。严格保护各级城镇规划预留的科技设施用地，加强科普设施和学生校外科技教育基地建设。加快雁山大学城等基础配套设施建设，按照区域中心城市和次区域中心城镇大力发展职业教育和成人教育的要求，加快职业教育基地建设。以提高全社会文化、体育生活质量为目标，建设布局合理、定位准确、层次分明、满足不同群体需求的文化、体育设施体系。完善市、区县、街道（镇）三级医疗、预防保健网，加强医疗卫生设施建设。完善城乡一体化运输服务体系，打造城郊、县乡、镇村一体化客货运输服务体系。注重农村教育及教学质量，支持城镇乡村两级办学，加速发展高中、职业技能教育，加强乡村教师建设，国家经费向集中连片特困区、边疆地区、革命老区倾斜。

2. 推进城乡社会保障一体化

整合城乡基本医疗保险管理职能，推进城乡居民一体化医疗保险体系以及城乡社区卫生服务机构建设，推动城乡养老保险体系互联互通。完善农村医疗保障标准增长机制，合理提高城乡低保、养老和医保的保障标准，逐年缩小城乡差距。把改善民生摆在优先位置，特别是对医疗、失业、养老、工伤等基本保障，应全面落实，持续稳定。

3. 健全农业农村社会化服务体系

以政府公共服务机构为依托，加快构建合作经济组织、龙头企业和其他社会力量参加的主体多元化、服务专业化、运行市场化的新型社会化服务体系。巩固基层农技推广体系建设成果，鼓励城市农业生物技术向农村渗透，依法开展公益性农技推广工作，制定对基层农技推广机构和人员的激励政策，探索建立政府购买农技推广服务的竞争机制。鼓励各类农村能人领办创办专业化服务组织，发展农产品运输营销经纪人队伍。推进农业科技创新，建立健全农业科技成果托管中心和交易市场，推动科技资源向企业流动和集聚。加快供销合作社综合改革发展，把供销社建设成为为农民生产生活服务的生力军。

（五）加大城乡一体化基础设施建设

1. 推进一体化城乡运输体系建设

首先，完善市域交通系统，建立安全、便捷、舒适的市域公共交通网络。围绕打造“城郊、城乡、镇村”三级城乡公交网络体系，形成城乡结合、城郊一体化运营格局。在城乡客运一体化的基础上，实施农村客运线路公交化改造、公司化运营，推动城乡公交一体化发展，实现“乡乡通公交”。随着临桂新区人口以及要素集聚，连接新区与老区的机场路很快将会饱和，应尽快启动新老城区互联互通、相关交通基础设施建设，解决新区规划中缺少公交站场等基础设施滞后的问题。

其次，加快城乡一体化综合交通运输体系建设，提高城乡之间的联系效率,降低城乡之间物流运输等交易成本。形成以高铁、高等级公路为主体、多种运输方式相互补充,安全方便、经济适用、满足社会主义新农村发展需要的一体化运输网络。构建城乡综合交通、航空体系,带动桂林成为交通枢纽城市。打造形成桂林至周边 4 个省会城市"2 小时经济圈"、到达 12 县"1 小时交通圈"的新格局。

加快推进偏远山区和连片特困地区农村公路建设、资金投入和机制创新,解决农村出行难问题。贯彻落实《"美丽桂林·生态乡村"活动实施意见》及 3 个专项活动实施方案①,2020 年全市所有具备通车条件的建制村通畅率达 100%,基本实现城郊公交一体化全覆盖,形成等级较高、路况较好、服务面较广的农村公路网络。

2. 加强村镇供水、供电、供气设施建设

村镇供水。全面建设节水型村镇,对节水器具推广应用,对供水管网漏水进行及时改造,降低供水能耗,提高水资源的利用率。建设较为完善的水资源基础设施,提高应对水质等突发事件方面的能力,保障安全供水。针对有条件村镇合理开发第二水源,分质供水,建立直饮用水工程。

能源保障。统筹推进能源基础设施建设,构建安全、绿色的保障体系,对电网进行改造,扩大电网规模,优化电网结构。推进新能源开发,充分利用可再生资源,对风能、生物质能、沼气能、太阳能等合理利用,提高清洁高效能源的利用率。切实抓好风电场等项目建设,新建(二期)等一批风电场,支持资源金紫山、龙胜等地开发山区风力资源;优化、推进兴安太阳能光伏产业园区建设;因地制宜推广恭城等地农村沼气池建设经验和运营模式。

村镇供气。加大中心城镇燃气管网建设力度,促使中心城镇实现燃气化,同时对节约燃气的器具及时推广应用。针对部分不能建设燃气管网建设的村

---

① 3 个专项活动实施方案分别是《桂林市"村屯绿化"专项活动实施方案》、《桂林市"饮水净化"专项活动实施方案》、《桂林市"道路硬化"专项活动实施方案》。

镇,允许多种气源并存,提高燃气普及率和利用率。

3. 促进信息化基础设施建设

根据桂林国际旅游胜地的功能定位及智慧城市建设定位,加强信息化基础设施建设,用信息化技术推动经济全面发展,加快信息化发展步伐。推进桂林生活网站等的建设,整合相关资源,通过多媒体等展现桂林人、事、景,提升治理体系能力,让更多人了解桂林,吸引更多的人来桂林旅游,驱动桂林经济发展。

以桂林市成功获批信息惠民国家试点城市为契机①,用现代信息技术手段促进民生发展。发挥示范带动和市区联动,建立市级层面的平台,同时与区县、街道对接,有效推进信息化进程,促进信息消费,通过信息模式创新,促使信息化发挥更大作用。通过加强公共安全、医疗卫生健康、社区、养老、旅游、社会保障及就业等方面的信息化建设达到惠民的效果,力争在2020年前通过资源整合,建立养老健康监测、老年人心理疏导、智能交通、预约挂号、旅游电子交互平台等重大信息惠民工程。加快电子商务平台和现代物流信息平台等信息基础设施,促进信息化基础设施在城郊或农村中心镇布局。推进广电网、电信网、互联网"三网融合"。

4. 完善农田水利建设管护机制

完善农田水利建设,充分利用水利建设专项资金,落实水利建设及土地出让收益计提等优惠政策,发挥公共财政在水利建设投入中的主导作用。通过以奖代补、先建后补等方式,探索农田水利基本建设新机制。加强资源整合,促进农田水利建设与美丽乡村建设、农村土地整理、农业综合开发、生态环境建设、城镇化建设等有机结合,提高水利建设综合效益。提高农田水利工程管

① 2014年6月桂林市获批"信息惠民国家试点城市"。

护水平,健全以奖代补机制,引导各区加大水利工程设施管理经费投入。深化小型水利工程产权改革,建立产权明晰、责任明确的水利管护机制,对部分水利站进行改革,明确各单位的管理目标、要求、责任等,建立事权与责任相对应的保障机制,完善基层水利服务体系,对市、县、镇三级水务体系,实现城乡一体化。

(六) 优化城乡一体化生态环境

1. 改善城乡区域环境

以桂林入选全国生态文明示范工程试点城市为契机①,进一步加强自然资源保护开发和建设项目的环境管理,改善城乡区域环境。加大对漓江水环境综合整治力度,重点保护、建设好漓江流域生态经济风光带。加强区域湿地生态系统、绿地生态系统和城镇绿环建设,积极推进临桂会仙喀斯特湿地项目建设。抓好生物多样性和自然生态系统的完整性保护,搬迁生态敏感区内有污染的工矿企业,建立严格的保护管理制度,广泛开展人居环境奖、生态县市、生态示范区、环境优美乡镇和生态文明村创建活动。持续推进"美丽桂林"乡村建设行动,打造清洁乡村升级版。全力抓好以铁路沿线绿化和城乡风貌改造为重点的美化工程。

2. 完善城镇绿地系统

各类城镇要因地制宜,合理规划和布局城区范围内的绿化空间,建设环城绿化带、防护绿地、公园绿地、社区绿地和风景林地,围绕城镇交通主干线和城镇水系等建设绿色走廊,形成点线面结合的绿地系统。严格控制与生态功能

---

① 2014年12月,国家发展改革委、国家林业局印发《关于在西部地区开展生态文明示范工程试点的通知》,公布了第二批全国生态文明示范工程试点名单,桂林成功入选。全国共有14个省市、13个市州、29个县区纳入本轮试点范围。

相冲突的开发项目进入城镇绿地系统。

3. 加强生态环境综合治理

把大气污染、水污染、垃圾污染作为防治重点，加大环境整治力度，保护城镇生态环境。统筹建设生活垃圾、医疗废物、危险废物、污水等的处理，形成"低消耗、低排放、高效率"的生产模式。推行企业清洁生产、绿色生产，推行绿色消费、绿色流通，建立全社会共同参与的循环经济社会体制。引导不同产业通过产业链的延伸和耦合，实现资源在不同企业之间和不同产业之间的充分利用。积极申请国家将漓江流域阳朔、兴安、灵川、临桂、平乐、灌阳、恭城等县及资江流域的资源县列为生态补偿区，调动漓江上游地区保护水源林的积极性。

4. 加强历史文化资源保护

充分挖掘城镇历史文化内涵，对历史文化遗址进行传承和保护，对一些宗教文化圣地进行恢复重建，对名镇名村、民族特色村镇、风景名胜区等进行保护。科学处理城镇建设与历史文化遗产保护关系，实现历史和文化景观的永续利用。

四、培育特色旅游资源集聚型城乡关系新形态

从全球旅游发展趋势看，农村旅游呈现出特色资源空间聚集、农旅融合化和网络化发展特征，旅游业的发展方式正从单项产品向要素集聚转变，从单个企业到多个企业协同发展转变。特色旅游要素集聚逐渐从区位角度向关注产业组织与特定区域的经济联系转变，通过联合向旅游者提供特色鲜明、人性化、追求品位的旅游经历。集群化、农旅融合、网络化旅游空间组织，催生了农村以特色旅游价值链为主要驱动力量的城乡一体化发展。

（一）旅游产业空间集聚不同类型

1.“点—轴”模式

在旅游发展中，“点”主要包含重点旅游景点、旅游景区或旅游中心县城等旅游经济单体，“轴”是指连接这些旅游经济单体的交通干线。点与点之间通过交通线联结，在不断开发旅游点的过程中，相关的交通沿线及一些次级的乡镇和旅游地、旅游点也逐渐发展起来，能够对附近区域具有很强的经济吸引力和凝聚力。合作区域表现为一种以点而轴、以轴而带的干道延伸式结构形态，目的是联合打造经典的旅游线路产品，以赢得更多的输入性旅游客流，从而带动整个地区旅游的发展。点—轴系统模式如图 6-6 所示：

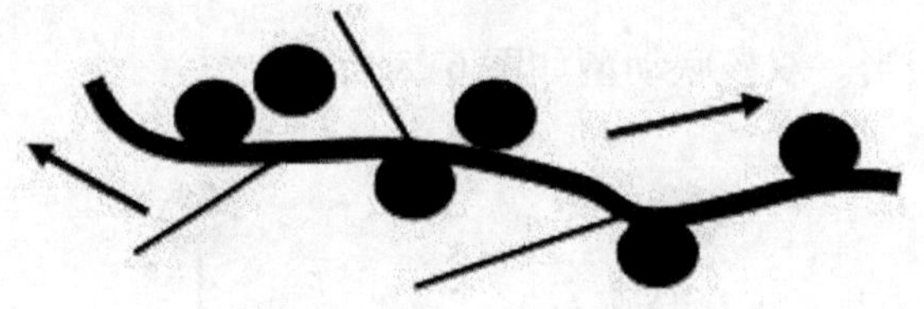

图 6-6　点—轴系统模式

2.“核心—边缘”模式

“核心”即旅游产业聚集的中心城市，具有集聚与辐射效应；“边缘区”即旅游资源相对丰富但开发滞后的区域。区域旅游联动发展主要表现为核心与边缘区之间的旅游互动和区际间旅游互动，呈圈层结构。“核心—边缘”模式又可衍生以下次级模式：

一是单核辐射型。该类型单项优势资源突出，旅游资源分布不平衡，空间关系特征表现为城市（市场）—区域资源—市场，区域旅游合作模式以旅游经济为纽带，由于出游人数多，需要承载力大的单个城市或具有较大吸引力的旅游景区为核心。单核辐射型如图 6-7 所示。

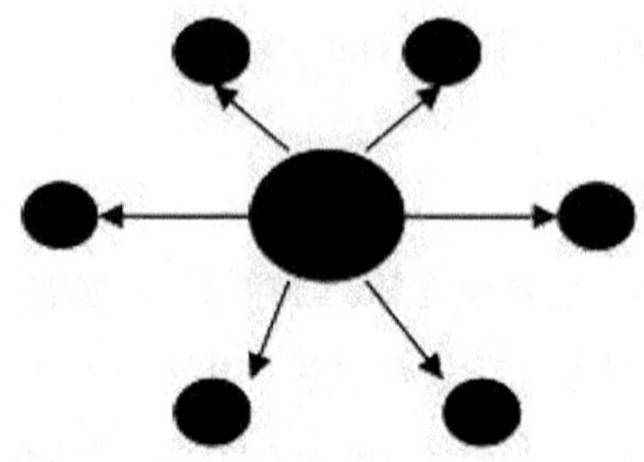

图 6-7　单核辐射型

二是双核联动型(共生型)。该类型与单核辐射型有所不同,这种旅游空间组织以双核心构成旅游集聚—辐射节点,空间关系特征表现为旅游富集区中心城市—中心城市或资源节点—资源节点,形成旅游市场共轭或区域旅游资源互补或两者兼而有之的互补合作关系。双核在区域中的旅游竞争地位和集聚辐射等级相当。双核联动型如图 6-8 所示。

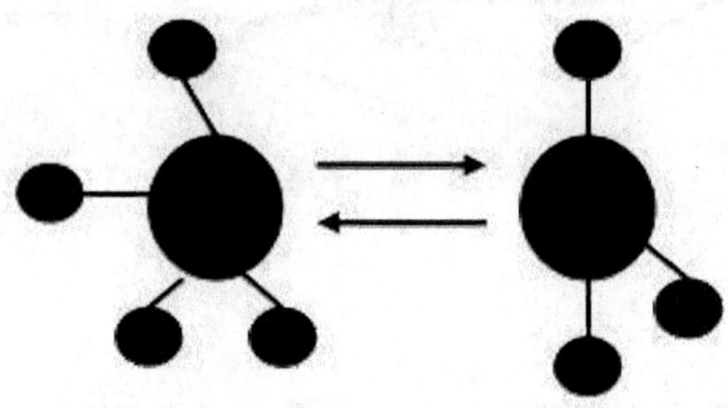

图 6-8　双核联动模式

三是中心—外围型。该类型与单核辐射型、双核联动型差异较大,是单核辐射模式与双核联动模式的后续发展阶段,呈现多级圈层结构。这种空间旅游格局形成于城市体系相对完善,首位型城市同时也是旅游资源相对集中的极化节点城市,首位城市与周边各级各类城镇之间的联系相对便捷,旅游吸引物在不同城市节点具有差异化、互补性特点。如图 6-9 所示。

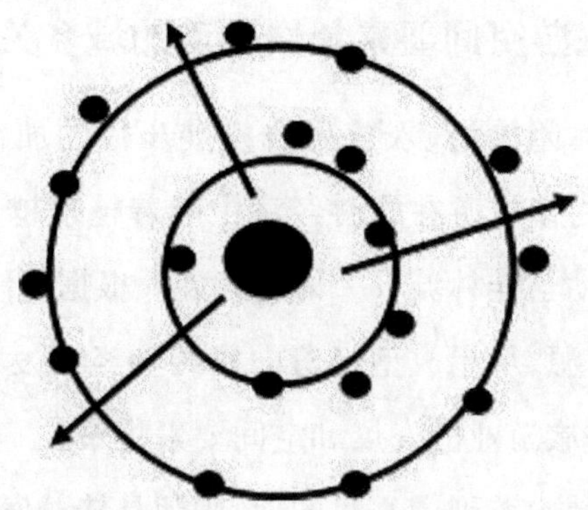

图 6-9　中心—外围模式

3. 网络型模式

该模式相对较为复杂,适用于经济较为发达的地区,旅游业受到区域经济发展的影响,区域经济给予旅游业强力支撑,这一模式包含很多吸引力强度差别较小的旅游景区或旅游城市,将这些景区或城市看成单元,单元之间有快速交通进行纽带联结。这种空间旅游结构对应于相对成熟的城市体系,是区域城市化、城乡一体化发展到高级阶段的旅游空间模式,如长三角、珠三角等地。一般形成于区域旅游合作水平比较高、旅游资源开发利用相对均衡、旅游市场供需处于多元化、旅游基础设施与服务体系比较发达的地域。如图 6-10 所示。

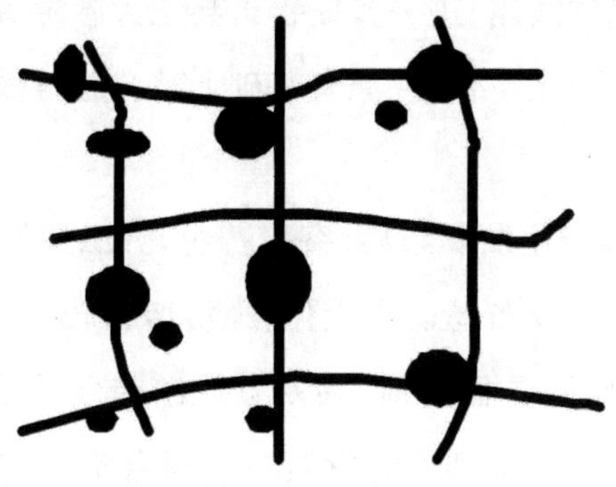

图 6-10　网络型模式

（二）桂林旅游空间要素集聚驱动的城乡关系新格局

随着桂林农村休闲旅游、农旅融合发展步伐的加快，农村旅游在不断完善，游客越来越多，村镇旅游在旅游经济中起着越来越重要的作用，这种态势同时也强有力地驱动了桂林城乡一体化发展。根据不同区位的旅游特色和发展定位，整合不同资源，从粗放型经营向集约型经营发展，围绕三大集群和两条黄金旅游带，促进旅游业的发展和空间要素集聚。

作为大桂林全域旅游副中心目的地，阳朔是桂林发展县域旅游的龙头，是南部特色旅游集群的核心区，已从“旅游中转站”变为“旅游目的地”，相继获得“最佳休闲度假目的地”、“中国旅游名县”、“广西优秀旅游县”等称号。

在旅游一体化、网络化构建中，本区域注重多元化旅游产品开发，在大型山水实体景区的艺术开发实践，使阳朔成为城乡联动、一体化参与旅游价值链的成功典范。重点建设漓江山水风光精华集中的城镇，如兴坪、杨堤等。针对这些小镇基础设施和公共服务设施发展滞后、城镇建设与旅游业发展不协调、特色不突出、行业管理混乱、从业人员缺乏正规培训等问题，加强了一体化规划，多要素投入，将旅游产业优化升级与转变发展方式有机结合起来，培育特色旅游名镇，强化旅游网络的整体优势和比较优势。

为促进漓江旅游资源最优化利用、集约化经营，在整合漓江旅游资源基础上，围绕主品牌，突出主线路，进一步完善市县三大旅游板块和漓江、百里小康生态文明长廊两条黄金旅游带，在原有基础上整合旅游线路统一规划，一体化发展。

为统筹桂林旅游产业发展布局，突出特色、分工协调、重点推进。桂林旅游经过 30 多年发展，产业布局逐步优化，经济增长较为迅速。县域旅游也风生水起，阳朔成为著名旅游目的地，兴安县旅游带动功能明显增强，荔浦、龙胜、恭城、临桂、资源、永福等县旅游发展迈上新台阶，培育出了像漓江、龙脊、两江四湖、印象刘三姐等一批高品质景区和旅游文化活动。不仅如此，各县区农村还根据自身特点积极探索发展了一系列与旅游有关的相关产业,促进农村经济的发展。如各县区乡村农民因地制宜,在旅游景点旁边开办农家乐、农家旅馆、经营旅游纪念品、提供导游服务等,促进当地就业,增加农民收入,提高了乡村经济的发展。在此过程中,更是涌现一些像阳朔“月亮妈妈”等草根名人,然后通过名牌效应,吸引更多的游客到来,进一步促进当地旅游业发展,带动乡村经济,助推桂林城乡一体化进程。

（三）特色旅游要素集聚驱动的城乡融合形态

1. 恭城模式

恭城瑶族自治县总面积 2149 平方公里,总人口 28.5 万人,其中瑶族人口占 59%。“恭城模式”即以特色农业与沼气开发为纽带,以“养殖—沼气—种植—加工—旅游”等多位一体的生态循环农业为基础,立足“三农”,集聚各种生产要素,促进农民增收、农业增效,实现农旅结合、城乡互动,推进“富裕生态家园”建设,形成城乡经济社会发展一体化格局的新农村发展模式。

(1)土地流转驱动特色种植业发展

土地流转明显加快,至 2020 年全市流转面积达到 156.99 万亩,流转率达到 35%。农村土地规模流转、规模养殖奖扶政策的实施,促进设施农业迅速发展。以加快土地流转为突破口,转变农业经营方式,优化农业产业结构,促进了农业种植业的发展。①

(2)特色养殖开辟增收新通道

在加快种植业发展、夯实农业根基的同时,勇于破解农业品种单一的现状,鼓励农民打破“重种轻养”的传统观念,引导农民发展各种特色养殖,养殖业动力强劲,为养殖业开辟了更为广阔的前景。

---

①　刘先春等:《绿色发展好戏连台 县域经济亮点纷呈》,2015 年 1 月 28 日,见 http://m.gxcounty.com/show-20-103228-0.html。

(3)“全托管”促“恭城模式”提质增效

为破解农村沼气池原料不足的难题,立足规模养殖、规模种植初见成效的实际,“全托管”有效解决了大型养殖场禽畜粪便处理难、沼气池无料产气少、大型果园绿肥缺的矛盾,使“恭城模式”生态农业瓶颈有了创新突破。

(4)“富裕生态家园”创新城乡融合模式

紧紧围绕“养殖—沼气—种植—加工—旅游”等多位一体的生态农业链实现致富,水果、养殖等稳定、多元的收入渠道,使农民收入大幅增加,生活质量明显提高。一方面,推进新型农村合作医疗制度建设,构建有助于农民利益的多层次农村社会保障体系,这一体系应遵循自愿、互助、公开、服务的原则。另一方面,坚持从多方面强化农民“参保”意识。

随着恭城农民生活观念的改变,城市文明在不断向农村地区拓展,农村也逐渐显现出社区化管理趋势。以生态游闻名的莲花镇红岩村、平安乡北洞源村等将村委会改成社区管委会,将干部的工作按照卫生、文化娱乐、治安环境等细化到人,提高了办事效率。村文体活动室、图书室、社会保障服务室、警务调解室、医疗卫生服务室等一应俱全。

农村基础设施完善,新农村建设现新貌。恭城围绕“富裕、生态、民主、文明、和谐”的内容,实施“富裕生态家园”建设,对全县800多个自然村进行规划,到目前为止已经规划了720多个,并先后投入近5000万元作为农村基础设施和公共设施建设资金,引导经济条件较好的村屯的农民对村舍进行改造。

2. 阳朔模式

阳朔县总面积1428平方公里,总人口30万人,辖6镇3乡,有汉、壮、瑶、回等11个民族。2014年中国最美丽县名单中,阳朔以秀领天下美居第一。阳朔模式就是实施旅游全域化战略,将全县旅游资源优势转化为产品优势,打造国际旅游休闲中心,将风情小镇、喀斯特地貌、生态环境、民俗文化等融为一体,覆盖城乡、全民共享的旅游综合体模式。

(1)点面结合，辐射带动，统筹发展

打造“一江两河六路”和“一圈四带”城乡空间结构，促进城乡要素互动融合①。依托重点轴线，以沿线村庄和重点景区景点为增长极，建设阳朔全域旅游城乡融合示范圈和新农村建设示范区。将示范带的部分村镇建设成精品示范村，以点带面梯次连片推进美丽幸福乡村建设，按照“村庄规划协调美、村容整洁环境美、村强民富生活美、村风文明风尚美、村稳民安和谐美”原则构建示范村。“以点带面、由点成线、齐头并进、城乡统筹、全域发展”，在全县推广新农村建设，建设桂北城乡一体、产业融合的全域旅游示范区。

(2)突出特色优势，项目驱动产品创新，推进城乡旅游环境建设

桂林阳朔旅游业的蓬勃发展，一定程度上依赖的是旅游产品的开发与创新，打造具有地方特色的农业旅游胜地，通过分析市场需求，开发符合市场需求的产品。同时城市建设与旅游环境相结合，提升环境质量，促进了政府、行业、企业互动，有效地提升了旅游服务水平和质量，推动了旅游经济效益、社会效益和环境效益的良性增长。

3. 荔浦模式

荔浦全县总面积1758.62平方公里，人口约38万，有汉、壮、苗、瑶等15个民族。农业发达，“皇室贡品”——荔浦芋，在国内外享有盛誉。荔浦模式即通过民营经济发展，形成不同类型的新农村样板，对地方经济的发展起到举足轻重的作用。

(1)政企联合培育优势特色产业

近10年，采用“促联”、“互联”、“引联”、“带联”、“助联”等五种方式，政府

① “一江两河六路”包含漓江，遇龙河、金宝河，以及桂阳、葡高、福兴、阳高、阳普、桂梧高速阳朔段等高等级公路，这些轴带通道及其沿途景观基本涵盖阳朔城乡旅游一体化全貌。“一圈四带”基本覆盖整个阳朔县城镇和农村。“一圈”，即以百里新村、葡高路、阳高路为点轴构成的城乡融合示范圈；“四带”包含百里漓江、桂阳公路、福兴公路、桂梧高速公路阳朔段等四条示范带，覆盖63个村委会、231个党支部，近1000平方公里内。

与企业联合培育优势特色产业,积极为农村民营企业提供平台。为引导企业走质量效益型发展道路,该县制订了民营企业发展规划,引导相关要素集聚、联合,走集群化、规模化、专业化发展道路;促进衣架及配套的小五金生产企业向价值链两端延伸,优化配套和协作、管理和服务,相继成立了产业发展指导委员会、行业规范管理办公室和国家外贸转型升级专业型示范基地办公室等机构。

(2)产业化开发、特色化经营推进农业农村发展

近年结合精准扶贫战略,加大产业扶贫力度,根据比较优势开发带动贫困农户创业增收的特色良种培育生产基地,引导农户将产品与市场对接。培育形成多个组织规范、有较强辐射带动能力的专业合作社;强化发展特色效益农业示范带;跟踪、帮扶、培育农民增收示范户;打造包括砂糖橘、荔浦芋、马蹄、生猪、花卉苗木等具有地域竞争优势的规模化、特色化拳头农产品。实施主导农产品产业化、园区化、市场化战略,全力推进生产订单化、精细化,产品绿色化、标准化,种植规模化、专业化,经营集约化、农工贸一体化,摸索出以名、优、特农产品产业化带动农业增产、农户增收新路子。同时以设施农业为重点鼓励引导农户新建蔬菜、花卉标准钢架大棚,逐步向现代设施农业迈进。

(3)市场化运作推进农村基础设施建设

针对荔浦基础设施相对滞后的格局,该县一些经济实力强、发展态势好的民营企业富而思源,自觉支持结对村基础设施建设,改善农村新面貌。

五、城乡一体化基本措施与保障体系

(一)基本措施

1.优化资源配置,确保“三个集中”

城乡一体化的本质在于城乡融合。城乡融合主要表现为工业集聚、农民向城镇集聚、土地规模集中经营,这是推动城乡一体化的重要路径。

其中,引导工业向集中发展区集中是“三个集中”的关键,是促进桂林产业结构转型升级和企业创新的重大举措。必须通过土地规划、环境建设、集群培育和区域协调等多条途径引导企业聚集。对进入工业集中发展区的工业项目优先安排并保证建设用地,对不进入集中区的新建企业在规划、土地供应等方面严格约束,从源头上遏制企业分散无序布局。

农民向城市居民的转化是城市化的核心环节,也是桂林市统筹城乡发展、缩小城乡差距的重要手段。各级政府应紧紧围绕让农民住得舒心、住得安心这两个基本要求,构建农民向城镇集中,进而实现由农民向新市民转变的长效机制。桂林的农民向城镇集中主要分为 3 种类型:在 5 个中心城区建设完全与城市接轨的农民新居工程;在郊区则以重点镇为主推动农民向城镇集中,城镇新型社区工程成为重点镇建设的重要组成部分;在边远山区,则根据区情适度引导农民向新型农村社区集中居住。

进一步推进户籍制度改革。一是要消除附着在户籍上的城乡不平等权利和待遇。在确保已有的惠农政策持续有效的前提下,从不同角度如医疗、教育、社会保障等方面入手,实现城乡居民享有平等的基本公共服务和社会福利。二是实现城乡居民自由迁徙。着力完善户口登记管理机制,充分保障农民各项权益,促使转移人口城镇居民享有均等的保障,保障人口转移的同时,户籍也能在其居住地落户。三是顺利推进公民信息大系统建设。组织收集和录入基础信息数据,公民信息管理系统运行正常。

2. 加强政策引导,推进“六个统筹”

加强政策引导,按照“六个统筹”的要求,在不同方面对其实施不同的措施。着力实施全域“城乡规划”。推进城市、土地、产业规划,将城乡规划融合,促进城乡融合发展,注重城乡规划的一致性。根据产业发展规律,明确产业发展机制,促进产业发展的一体化。同时注重城乡市场一体化,建立城乡统一的人口、土地体制,城镇居民与农民工、城镇居民与农村居民享有均衡的公共服务,城市土地与农村土地的产权一致。

作为改善城乡居民环境、生活条件的基础设施,推进农村生态环境、信息建设必不可少,而智能化服务也要不断推进,促使城乡居民在基础设施方面的一致性,实现村村通水泥路、村村通自来水等。

城乡公共服务一体化是最能体现以人为本、共创共享的制度安排。因此大力发展城乡公共服务,加强城乡在公共服务方面的均衡配置,部分城市资源向农村覆盖,达到城乡居民能够共享资源。

城乡管理体制一体化,为城乡统筹提供了制度保障。进一步简化政府办事程序,优化职能,建立适应城乡一体的大部门管理体制,促进公共管理和公共服务向农村覆盖和延伸;充分发挥农民在参与经济发展和民主管理中当家作主的主体作用。

(二)保障体系

1.组织保障

各级政府要站在战略高度,推进城乡一体化改革,通过加强与农村工作相关部门的协调,积极探索符合城乡发展的领导体制,改变城乡二元管理体制。

加强监督考核。把城乡一体化工作的各项目标任务细化分解到各区县、乡、街道办事处和政府有关部门,建立责任明确、分工协作、齐抓落实的工作机制。把推进城乡一体化的工作实绩作为考核各级干部政绩和工作水平的重要内容,科学制定全市城乡一体化评价考核体系,强化考核,严格奖惩。建议市委市政府成立新型城镇化与城乡一体化领导小组,设立城乡一体化效能督查室,切实加强对城乡一体化工作的督促检查力度,推进全市城乡一体化工作的落实。

各级党委、政府特别是宣传部门要加大宣传力度,进一步提高各级领导干部和城乡居民对城乡一体化工作重要性的认识,充分调动广大干部群众参与的积极性,以城乡一体化的理念调整工作思路和力量配置,自觉把各项工作融入到城乡一体化的大战略中去,形成全社会关心、支持和参与城乡一体化建设的氛围。

2. 规划体系保障

统筹桂林城乡规划,推进全市城乡空间布局一体化。统一规划城乡空间布局,推进城乡行政区划调整,建立中心城区、新城区、中小城市、小城镇、乡(街)、重点村(居)等有机结合的、统一的城乡空间体系,努力构筑层次清晰、功能明确、布局合理、发展联动、设施共享的城乡空间发展形态。

以推进城乡一体化工作为契机,以全面协调城乡利益关系和整合城乡资源为着眼点,按照城乡一体化的要求,编制全市城乡一体化发展规划体系。以规划指导全区城乡一体化各项工作开展。

3. 财税政策保障

贯彻落实国务院关于"深化农村金融体制改革,加大对重点领域金融支持"的指示精神①,按照城乡一体化发展的新情况,提升农村金融服务,给予"三农"发展更多支持,拓宽融资渠道,深化资金扶持政策。

保证公共财政支农投入稳定增长,大力推进财政支农资金整合,重点支持农村基础设施、生态环境、公共服务等的建设,对涉农资金、涉农专项资金提供一定的资金配套。发挥财政资金的引导作用,通过不同方式促使更多资金投

---

①　2014年4月20日,国务院颁布实施农村金融改革的通知,明确了农村金融服务重点、主体、架构、方向、方式,预示着农村金融改革浪潮即将来临。银监会牵头负责督促检查和情况汇总,实际上为总牵头。35条中,银监会牵头负责12条,人民银行牵头负责8条,财政部牵头负责7条,证监会牵头负责4条,保监会牵头负责3条。人民银行牵头负责的为:金融扶贫、涉农资金、农村抵押担保方式创新、农业发展方式转变、新型城镇化发展方式、农村信用体系、农村支付环境、涉农金融统计。

入农业。

4. 土地政策保障

根据《桂林旅游产业用地改革试点总体方案》①，结合党的十八届三中全会关于土地改革的相关政策导向，在强化旅游产业用地规划管控制度、探索旅游产业用地分类管理、探索促进旅游产业转型升级的供地政策等方面先行先试，建立符合旅游产业发展特点和要求的科学化、差别化、精细化、生态化土地利用和管理制度。

实施灵活多样的土地使用政策，推进城乡土地一体化管理。针对集体建设用地注重集约开发利用，因此需要维护农民的合法权益，建立城乡统一的建设用地交易市场，对城乡土地征用制度进行完善，确保征用土地过程中，对农村集体经济组织和农民的补偿合理化，对失地农民的安置问题、社会保障问题要妥善解决。

---

① 2013年6月，《桂林旅游产业用地改革试点总体方案》获国土资源部批复同意，属于全国五个试点城市中首个获国土资源部批复的试点方案，也是《桂林国际旅游胜地建设发展规划纲要》获批以来国家部委出台的第一个配套性政策，将成为推动桂林国际旅游胜地建设的重要引擎。

第七章 城中村改造驱动的新型城乡关系

一、问题的提出与背景

城中村、棚户区改造是城市化加速发展到一定阶段后我国城乡统筹战略的重要组成部分，是着力于解决快速城镇化进程中形成的新型城乡二元结构，促进城市内部城乡融合发展的重大民生工程和城镇化质量提升工程，是调结构、转方式、实现包容发展背景下备受关注的焦点和热点问题之一。党的十八大指出，加快推进新型城市化、以城市化质量提升作为促进经济社会转型发展的新引擎，为此必须着力聚焦包括城中村、棚户区改造在内的诸多社会问题。2013年《国务院关于加快棚户区改造工作的意见》指出：加快棚户区改造能够有效缓解城市内部二元矛盾，创造新的经济增长点，发挥助推经济实现持续健康发展和民生不断改善的积极效应。2016年李克强在政府工作报告中进一步指出：做好城中村和棚户区改造工作，是实现约一亿人在中西部地区实现就近城镇化的重要举措。

我国城中村的形成究其根源在于快速城市化进程中多层次的城乡二元体

制弊端①,这也使得城中村的改造转型变得尤为复杂与棘手。城乡二元分离的体制覆盖于我国社会生活的诸多方面,包括人口和户籍的管理、城乡教育和社会保障、城乡公共财政和土地产权、城乡公共卫生和医疗体系、就业制度与劳动力市场等。随着城市化的推进和产业布局的快速拓展,原先城乡接合部的村庄,由于种种原因,在城市空间拓展中,并没有同步纳入征地、拆迁、改造等城市化过程,而是被置于建成区规划视野之外,最终被城市建成区包围,成为城市建成区内部的“孤立空间”,空间景观杂乱,介于城乡之间,周边原有的农业也被城市二、三产业所替代,村庄变为“都市中的农村”。伴随着城市内部二元结构性弊端的日益显现,城市的规划和管理体系又将这些都市里的村庄排除在外,村民受利益的驱使以及大量外来流动人口对廉价房屋租赁的需求,造成城中村人口结构复杂、景观无序杂乱、公共设施缺失、人居环境恶化等诸多负面效应。形成“城不像城、村不像村”的城中村现象②,长期以来被人们称作“城市毒瘤”、“城市牛皮癣”。

随着我国经济增长方式的转变,我国大城市特别是沿海中心城市的城市化进程从数量扩张、外延发展型向质量提升、内涵优化型转变,城中村、棚户区改造已成为促进我国城乡融合发展、破除多元城乡二元结构、有效解决“三农”问题的重要举措,也是进一步提升城市综合竞争力,顺利推进我国城市化战略、实现城市可持续发展和构建和谐城市、和谐社会过程中不可回避的特殊阶段和必经之路。

有关城中村改造,国内学者从不同视角出发进行了大量理论和实证研究。

① 城中村是城市内部、城乡之间多重二元结构叠加的特殊空间。从人口结构看,城中村居住着外部流入的短期迁移人口,这些人口以外来农民工为主导,而本地人口主要从事面向外来人口的房屋出租、传统服务业。从这个角度看,本地人口与外来人口之间形成工资收入、雇佣关系上的二元结构;从土地利用看,城中村属于被城市包围的非建成区,土地结构仍属于村集体用地,没有纳入城市统一规划,土地利用粗放、随意,基础设施与公共服务与建成区之间存在断层,因此,存在城市内部事实上的城乡土地利用二元结构。

② 李俊夫:《城中村的改造》,科学出版社 2004 年版。

基于制度博弈、激励相容视角研究城中村改造模式的学者指出，城中村改造涉及多方利益群体之间的博弈，博弈的最终结果将反映于改造模式的抉择中。建立“博弈模型”，从均衡分析中得出分别由政府、开发商、村民三种不同主体主导实施的城中村改造模式。也有学者从改造形式视角出发，提出全拆重建型、重点控制型、局部调整型等一体化改造设想。

而对于通过城中村改造驱动新型城乡关系的形成，王永昌(2007)基于绍兴城中村改造的实践，提出通过城中村改造，绍兴市基本实现了城市内部城乡一体化转型目标。其一，“农民变成了市民”，在就业、就医等公共服务方面实现了城乡对接；其二，“村落变成了社区”，使郊区农村融入建成区，城市空间优化拓展，城市功能进一步提升，城中村脏、乱、差的景观成为历史；其三，“分散”变成了集中，土地集中改造，公共资源整合提升和集约利用，人口和产业集聚促进中心城市辐射作用的进一步发挥。①

针对国外的相关研究，主要集中于贫民窟等城市问题方面。吴志华(2010)调查了作为巴西城市化进程特殊产物的贫民窟，指出巴西城市工业发展导致农业人口向城市盲目集聚，他们被迫居住于郊外荒野、城市边缘山坡的临时居住地，这些临时安置点游离于政府规划、监管体系外。这些贫民窟缺乏完善的市政基础设施与公共服务，贩毒、走私枪支等暴力活动频发。近20年，巴西政府加大贫民窟改造力度，并作为消除贫困的切入点。实施贫民窟人口的统一登记管理，并将贫民窟纳入城市的统一规划范畴；在持续加大投入的同时，成立专施贫民窟改造的城市发展部；通过“家庭奖励金”、“家庭农业”等诸多扶贫计划，帮助城乡贫困群体增加收入，消除或减轻贫困。

1980年，英国城市为解决移民潮、经济衰退等内城问题，通过开展城市更新运动，出台城市更新的一系列政策，构建城市开发公司，对旧城土地进行滚动开发，以更多地募集私人投资，从而实现旧城改造。韩国20世纪90年代开

① 王永昌:《城乡一体化发展:城中村改造的必由之路》,《求是》2007年第20期。

展的以农民为主体的新村运动,通过对国民的自我教育进行积极引导,集思广益的同时有效激发农民创造力和主观能动性,奠定了新村运动中民间群众的主导地位,高效地推进了开发改造工作。同时通过市场机制招商引资,由政府进行基础设施建设,很少直接投资到相关企业,资金主要来自民间。国家还积极引导各地根据自身情况,把自然优势转变为产业优势,大力发展特色产品,取得了良好的成效。

二、我国城中村的成因与现状

(一) 城中村形成原因

1. 快速城市化的驱动

快速城市化是城中村形成的直接诱因,"城市包围农村"是我国特定城市化背景下的权宜之举。随着城乡分工及城市化的推进,一方面,从土地上游离出来的大量农业流动人口迅速涌入城市,相对低廉的房租和其他生活成本、相对易于融合的生活方式等,使得外来人口将立足空间首先选择在城中村;①另一方面,出于城市建设资金、征地和拆迁安置等投资和交易成本问题的考虑,城市在空间扩展过程中避开或绕过近郊居民点,利用开发成本相对较低的农地、空地进行新区开发,②与此同时城市的扩张往往偏重于占用城郊土地资源,却忽略了将城市管理体系惠及村镇人口和社区,难以真正实现村落及人口的城市化和现代化。进而形成了"城市包围农村"的地域形态和城乡混杂的二元格局。

---

① 翟振武等:《北京市流动人口的最新状况与分析》,《人口研究》2007 年第 2 期。

② 仝德、冯长春等:《城中村空间形态的演化特征及原因——以深圳特区为例》,《地理研究》2011 年第 3 期。

2. 经济原因

经济利益是驱使城中村形成的外在动因。其一，城中村村籍居民凭借土地资源的高回报强化了其内在认同，使城乡融合相距甚远。随着土地价格的上涨，城中村附近工商业得以发展，城中村户籍村民也得以坐享更好的待遇和福利。其二，城中村占据着与各方博弈的主动性，村民自然不愿放弃现有的既得优势和利益，加之传统的乡土情影响和政府的安抚政策有时落不到实处，使得村民更有理由维持现状、安享现有利益。

3. 制度原因

城乡二元体制是我国城中村形成的内在动力。城中村的形成深深抹上了城乡二元有别的经济体制结构这一历史印记。其一，城乡有别的户籍管理制度造成了城市户口与农村户口在资源分配和社会保障上的两极分化，不利于实现共同富裕。城市户口对于农村户口而言有着明显的优越性，体现在医疗、养老、教育等社会生活的各个方面，城中村居民仍以农村户口的身份生活在城市，也为其融入城市生活带来了很大困难。其二，城乡二元的社保机制难以解决农村户口的社保问题，也进一步加剧了城市内部的二元分化。

（二）城中村发展现状与问题

我国城市中随处可见城中村现象，其中珠三角、长三角、环渤海等沿海大中城市的城中村现象更为明显。我国城中村量多地广，涉及的土地和人口规模巨大。现阶段我国城中村主要存在以下问题。

1. 公共基础服务不完善，居住环境质量差

城乡二元体制长期制约我国城乡包容发展进程，传统的城市规划管理体系难以覆盖于城中村，使其配套公共基础设施和服务严重滞后于中心城市区。

同时，快速城市化使以农民工为主的大量外来人口涌入城市，极大地刺激了对廉价住房的需求，在经济利益驱使下城中村村民为获取更多的土地租金收益，对集体土地进行高强度开发，环境条件恶劣，建筑强度大，脏、乱、差、拥堵成为城中村的代名词。利益驱使下短期的低层次、超强度开发模式，极大阻碍了城中村宜居环境的建设。

2. 经济结构单一，封闭性较强

城中村的物业租赁行为和房屋建筑经营活动是其经济结构的组成。物业经济的从业者主要是村民和村集体股份公司，从事住宅、厂房以及各种商业服务设施的租赁活动，其经济行为由于局限于城中村以内的范围而具有一定的封闭性特点；而房屋建筑经营活动的从业者以城中村物业的承租者为主，主要从事服务业，提供诸如购物、娱乐等的配套服务，服务对象涵盖了整个城市居民，同时还有从事加工制造活动等经济行为。城中村经济有着明显的缺陷，主要体现在：一是封闭式的经济体系制约其发展壮大；二是村集体股份合作公司难以摆脱自身资产经营规模小、业务结构单一、抵御风险能力弱等发展瓶颈，发展后劲以及竞争力不足；三是原村民难以摆脱对物业经济的依赖使其与城乡融合相距甚远。

3. 社会保障缺失，再就业面临困境

依托周边流动人口的大量居住需求，城中村原住村民依靠自有土地收取租金维持生计。但当城市化扩展使得村民的土地征收成为城市居民后，他们将面临脱村入城后的就业问题。而城中村村民基本上学历都不高，知识技能也不强，学习能力也较弱，失去土地的他们不得不面临城市非农就业的困扰：一方面城市二、三产业要的是高学历高素质的劳动力；另一方面城市就业本身存在供需失衡，即劳动供给大于需求的现状。而村民的后续生存和发展等问题却无法依靠当初政府的一次性补偿来解决，加之政府的失业保障又将这部

分村民排除在体系之外，造成城中村失业率居高不下，大量无业游民缺乏必要的社会保障。此外，城中村教育保障机制缺失，村民不愿从事人力资本投入，也难以摆脱自身受教育程度较低的局限以及路径依赖的约束，对下一代努力学习获取知识也不够重视，只注重进行短期投资行为以求年终多获分红收益，结果导致城乡之间就业的二元结构进一步加剧。

4. 生态环境压力大，可持续发展能力不足

我国城市化、城乡一体化建设中一直致力于解决城中村的可持续发展问题。城中村人口众多，建筑密集，各类经济活动繁多，设施布局混乱，污水横流、垃圾遍地、蚊蝇滋生、空气污浊是大量城中村环境问题的现实写照。恶劣的生态环境对城中村密集的人口居住、产业活动必将产生现实或潜在的健康损害。随着人地关系的不断恶化，城中村的可持续发展不得不面临巨大挑战，使得聚落生活品质的提高、城市综合竞争力的提升、城市功能的发挥以及城市化进程受到了很大阻碍。因此，实现城中村与城市空间一体化的发展模式，对今后我国城市化建设具有重大意义。

三、我国城中村改造的主要模式

城中村改造是一项复杂的系统工程，由于各地城中村形成的原因、特征及问题不尽相同，因此城中村改造的路径和模式也在“因城施策”的探索中砥砺前行。现阶段我国城中村改造模式主要有以下四种，即由政府、开发商、城中村村民分别主导的改造模式以及由政府引导、市场主导、村民参与的多元化改造模式。不同改造模式各具优缺点，适用范围、适用的现实条件也不尽相同。

（一）政府主导型改造模式

政府主导型改造的核心在于，在城中村拆迁和安置方面，实施一张蓝图，

强调规划引领,基础设施与公共服务按照一体化配置,突出产业融合和就业保障,在此基础上,灵活运用市场化机制,同时为使土地集约节约高效利用,剩余土地的开发建设将以招拍挂等形式进行处理。政府主导型改造模式适用于城市中心区、重点地段、形象工程、特定村落、政府圈定项目等。郑州三环以内整街坊的连片改造、广州市白云区棠景街、杭州市祥福镇上塘善闲村的开发改造均以此种模式为主。参见表 7-1。

表 7-1　政府主导的改造模式

优点	缺点
1. 改造中坚持一张蓝图、统一规划,充分整合各方资源,打击违法建筑,资源得到优化配置,投资以财政为主导,改造效率相对较高。 2. 政府出台改造拆迁的优惠政策,尽可能以公平公正赢得村民支持配合,加快改造进度。 3. 可强化基础设施与公共服务建设,形成形象工程和政绩工程,实现最大化公共利益。	1. 改造开发中政府过于集权,信息不对称,监管手段相对粗放,易滋生寻租和腐败。 2. 行政色彩和威权意味较浓,稍有不慎易引起改造对象的怀疑和抵触,造成群体事件。 3. 改造资金需求巨大,地方政府财政不济,借助融资平台,资金链易断,延缓改造进度。

(二)开发商主导型改造模式

开发商主导下的城中村改造适用于政府实施改造项目时,需要借助民间资本,借助开发商的融资能力和市场化运作机制,配合政府进行改造。广州市猎德村、深圳市蔡屋围村、珠海市洲仔文明社区等就是在开发商主导下完成改造的。

广州市猎德村的改造思路为:开发商先期垫付资金、政府出台规划和相关配套政策,村委会协助落实权益内的某些具体环节。在此过程中,猎德村首先将原村部分集体土地拍卖,筹集到部分改造资金,使用其中部分土地开发为村民安置区,然后用另一部分资金以集体经济组织名义建设商业服务设施,通过经营所得支撑集体经济运转。

开发商主导型改造模式，涉及土地征收、拆迁、补偿、安置、土地使用权“招、拍、挂”等方面的风险，如何合理分配与平衡各自利益，实现开发主体与地方政府、村集体、村民个人之间的激励相容，是一个具有挑战性的问题。参见表7-2。

表7-2　开发商主导的改造模式

优点	缺点
1. 开发商开发管理经验丰富、机制相对灵活，融资能力较强，资金相对充裕。 2. 运用市场化运作，改造成本无需由征迁村民过多承担，有效维护其既得利益。 3. 政府可将有限财政用于配套公共基础设施和服务的建设中来。	1. 土地征收存在法律风险；开发主体间的利益相关性难以兼顾。 2. 开发商追求效益最大化，缺乏对公共基础设施与公共服务的投入动力。 3. 村民被动参与；村民在与政府和开发商的三方博弈中为弱势群体，对开发商的规划只能被动接受，利益诉求容易被忽略。

（三）城中村村民为主导的改造模式

城中村村民为主导的改造模式适用于村落本身经济实力较强、改造内容不难或是有特定改造能力的情况。北京海淀区青龙桥镇、广州海珠区石溪村、珠海市鹿丹村的改造采用的就是城中村村民为主导的改造方式。

城中村、旧城改造是北京市海淀区新型城镇化建设的重要内容，其思路是将镇村主导、村民主体、市场化运作、政府协调结合起来，突出以村民为主导的机制创新，实现村民从“要我拆”到“我要改”的嬗变。其中海淀区青龙桥古镇十余年先后经历五次拆迁，被分割成6个城中村。生态环境形势日益严峻，开发改造阻力较大，村民希望改善的呼声也日益强烈。

基于此，镇村通过政府帮扶引导，以“零盈利、全封闭”为运作理念，以村集体为主体，成立了专门负责改造的村集体公司，保证了改造项目资源得以落实到位，明确了改造中村民的主导地位，优化了资源的配置。2013年初，青龙桥地区以镇政府政策为引导，以召开村民代表大会的形式反复讨论，最终自主开发改造的方案得以确立。其中拆迁腾退工作用时不到4个月便完成，安置房的建设工作也经政府跨区统筹后顺利进行，40 公顷腾退土地中有 30%用于城市配套设施建设，其余的 70%用于绿化，同时平衡腾退改造的部分资金，用以改造升级颐和园周边环境。改造完成后，该区域环境优雅，人地关系和谐，成为城市的“绿肺”。参见表 7-3。

表 7-3　城中村村民为主导的改造模式

优点	缺点
1. 自发自主的改造积极性可得到充分调动，改造阻力较小。 2. 村民为主体可最大化村民自身及村集体利益。	1. 村民融资能力有限，改造资金短缺。 2. 缺乏开发建设经验，经营管理能力不足。 3. 通过自主协商方式的改造，统一标准缺乏，开发弹性大，开发周期历时长。

（四）政府引导、市场主导、村民参与的多元化改造模式

多方参与的改造模式适用于政府在法律政策上有所支持，并许可开发商介入开发活动，且村民对改造开发活动有较高的自发自觉度的村落。西安市北关村、长沙市的天马小区以及重庆等地便采取此种模式。

例如，古城西安 326 个城中村，其改造改建历经 10 年逐步向纵深拓展，推行“政府主导下的市场化运作、安置先于整村拆除以及有形无形改造并举”的模式，力求实现村民、开发商、政府三方利益的共赢，探索形成城中村多元化改造模式。在此过程中，村民诉求于获得合理补偿，开发商诉求于获取平均收益，而政府则要使市场和社会稳定得到保障。因此改造的着力点依托于合理的制度创新以及确保多元合作的激励相容。通过实践，实现了由最初粗放式的“自筹资金、自我改造、自我发展”向规范化的“政府主导、市场运作、利民益民、科学规划、综合改造”的转型，加快了城市化发展进程的推进。

在多元化融资方面，西安在准入制度的建立以及融资平台的搭建上进行创新尝试，吸引了国有企业中的代表上海绿地集团、金地集团以及民营企业中

的代表广州颐和集团、西安荣华集团、海城置业参与到城中村的改造，灵活运用市场机制，广泛动员社会资本，以确保城中村改造的资金需求；同时，该市要求，城中村改造项目要在政府主导下实施，准确定位，超前规划，规划方案公开，积极鼓励村民参与规划方案、拆迁安置方案的讨论和信息反馈，改变单一的“政府拆迁，开发商安置”传统模式。

同时，为了改变城中村改造中一次性补偿的弊端①，西安特别就拆迁改造后村民转变为市民后的社会保障问题进行了规定，即城市就业监管服务体系必须将改造后的村民一体化纳入其范畴，并将原村民经过就业培训后，安置到因城中村改造和产业结构调整而增加的就业岗位中去。改制后的城中村原村民，将享受城区一体化的社会保险服务，并由政府、改制后的新经济组织和原村民个人按比例承担社保费用。此外，原村民中符合城市居民最低生活保障标准的，则按最低生活保障待遇适用之。参见表 7-4。

表 7-4 政府引导、市场主导、村民参与的改造模式

优点	缺点
1. 保障公众权益，尤其是拆迁过渡期村民权益，改变过去拆迁就面临失业的现状。 2. 政府出面招标，开发商靠实力竞标，改造开发工程质量的提高有保障。 3. 政府保证配套公共基础设施和服务的落地，同时有效监管村民和开发商的改造活动。	1. 村民利益诉求缺乏行之有效的协商对话机制加以保障；政府与民争利的问题。 2. 村民利益驱使下违法改建扩建现象严重。 3. 政府一次性的货币补偿，村民土地被征收后没了持续收益，不利于可持续发展。 4. 政府工作若不公开、不透明，村民和开发商介入改造困难。

（五）城中村改造模式比较

城中村改造涉及政府作用、改造主体、补偿方式等诸多要素，各种要素的

① 一次性补偿的弊端主要在于，由于不少村民难以适应城市化后的就业要求，缺乏可持续求生技能，获得补偿后往往坐吃山空，也容易积累社会矛盾，滋生社会不稳定因素。

不同组合，使城中村改造的模式也各具特色。详见表 7-5。

表 7-5　四种城中村改造模式特点分析

改造模式	政府作用	改造主体	补偿方式	筹资方式	体制变更	改造形式	典型城市
政府主导	政策优惠财政支持	政府	产权置换货币补偿结合	土地出让金和政府财政支持	股份改革和户籍变更	改建重建和综合整治	杭州
开发商主导	政策引导、扶持	开发商	货币补偿为辅实物补偿为主	开发商自行投资	股份改革和户籍变更	彻底重建	珠海
村民主导	政策引导、扶持	村集体村民	自行协商一村一策	自行筹资政府支持土地出让	股份改革和户籍变更	改建重建和综合整治	西安
多元参与	政策引导、扶持	多主体共同参与	货币与实物补偿结合，按出资比例分红	政府出资、开发商融资与村民入股	股份改革和户籍变更	改建重建和综合整治	长沙

现阶段我国城中村改造仍然任重道远，各地应充分发挥现有改造模式的优点、改进其缺点，因地制宜地探索创新出适合的改造模式。

四、基于城乡统筹的城中村改造典型实践

（一）珠海城中村改造实践

1. 改造背景

珠海有 26 个城中村参与开发改造，覆盖面积近 300 万平方米，涉及总人口近 20 万。与许多快速发展的新兴城市一样，珠海城区范围内也散落着像“城市毒瘤”一样的城中村。由于地势低洼，多数村落经常“逢雨遭淹”。城中村现状像“城市牛皮癣”一样阻碍着珠海市整体的城市化建设，村内建筑面积广，土地资源利用率极低，村集体用地、宅基地开发管理和建设难度较大，违章

建筑和违法用地现象屡禁不止,“握手楼”、“一线天”随处可见。同时,城中村与城市市区两者的管理体制也难以适应,城市内部的二元结构弊端也逐渐显现,导致许多管理关系权责不明,极大地阻碍了城市化的进程。

2. 珠海基于土地出让的城中村改造新尝试

近年来,珠海通过实施独特的“市场化运动下凸显政府政策推动及决策引导作用”的改造新尝试,实现了政府、开发商、村民之间利益的平衡和激励。珠海是我国城中村改造推进最早的城市之一,通过前期改造工作积累的经验与基础,以土地流转与开发为视角,不断创新思考城中村改造的土地开发模式,一方面探求改革松绑土地约束并在局部地区加以推行实验①;另一方面积极创新土地招拍挂的流转和出让形式,并实施于具体改造项目中,为我国城中村改造的实践提供了新的思路和经验。

2009 年以来,随着珠海城市化建设的快速发展与城区土地资源有限的矛盾日益突出,以及广东省“三旧”改造战略的实施。珠海通过坚持以创新驱动为导向,逐步建立起更具可持续发展动力的城市更新工作体系,并最终形成了“六个统筹”②的“三旧”改造更新模式。其中,沥溪和福溪村作为典型区域被纳入盘活存量土地和“三旧”改造的城市更新计划中。

首先,突出政府宏观层面的引导作用,并在政策上加以保障,一改过往城中村改造中过度依赖开发商的局面,强调了城乡之间的统筹规划、城市功能布局的完善以及城市空间结构的优化。2012 年 8 月,广东省政府通过出台“三旧”改造的相关政策文件,如《城市更新管理办法》和《城中旧村更新实施细则》等,在规章制度上确保了政府或村集体在开发改造中的主体地位,开发商

① 《关于推进三旧改造促进节约集约用地的若干意见》,为“三旧”改造开辟了特别土地政策通道,珠海市政府颁布了《珠海市城中旧村更新实施细则(试行)》扩大了土地开发权的授权范围,明确发挥村集体经济组织的主导作用。

② 东西统筹、城乡统筹、产城统筹、宜居宜业统筹、局部利益和整体利益统筹、群众利益和公众利益统筹。

不再是城中村改造的主体，明确了开发改造的模式由政府统筹或村集体自主开发。2014 年 10 月，珠海住房与城乡规划建设局出台的《关于加快推进三旧改造的工作方案》进一步明确了政府的主导作用，并指出要按先行先试的方针勇于探索，加快实施拆迁建设的部署。

其次，推行因城施策的改造方式。由政府明确沥溪和福溪的发展方向和定位，力争实现其产业发展优势转变为经济效益，初步构建先进工业和现代物流服务板块，开发改造的内容不再是单一地进行住宅开发。因此，其城中村改造与所在区域的产业园发展规划相互融合，使"三高一特"①产业得到发展，六个统筹的思路得以体现，促进了产业集聚发展，推动了产城融合。

同时，以政府为主导实施不同区域之间相互联动的开发策略，结合所在区域发展情况，与周边政府进行联合，对储备用地以置换联合的形式进行使用开发。其中，以面积为 19.3 公顷，宗地号为珠国土储 2015-01 的置换地块，附带一定条件通过网上挂牌的形式推行土地的流转开发。主要附带以下几个条件：一是竞得者要提供给政府用于城中村改造安置补偿的建筑面积大于 30 万平方米的住房；二是要提供给政府用于教育以及社区管理用房等配套设施的公共配套建筑面积为 1.1 万平方米；三是城中村改造建设的建筑须满足《珠海 TOD 小镇生态低碳规划建设导则》中对建筑的标准达到绿色建筑 2 星以上的要求；四是改造空间、景观、道路等要素须满足《上冲 TOD 小镇城市设计》中的标准。

最后，在政府引导下经过多次激烈竞拍，珠海万科房地产公司以总价 2.7 亿，以 32.5 公顷建筑用地，以 10.7 万可售商品房面积获得沥溪和福溪改造联动地块的开发权。2015 年 3 月，为顺利推进项目实施，珠海万科房地产公司专门设立了单独的项目开发建设主体、珠海万有引力房地产有限公司，负责实施上冲区域项目的开发建设。2015 年 5 月 1 日，在上冲区域项目安置补偿区举行了改善适宜的人居环境工程开工典礼，标志着沥溪和福溪村的改造开发

① "三高一特"指高端制造业、高新技术产业、高端服务业以及特色海洋经济和生态农业。

项目得以全面启动实施。目前,珠海市住规建局已审批通过了改造联动地块的建设内容,进入项目施工和一期住房预售阶段。

（二）深圳市城中村改造

1. 改造背景

改革开放以来,深圳的发展堪称我国快速城市化的奇迹,然而随着城市规模的扩大和人口密度的高度增长,早期的粗放发展模式使得城中村问题异常突出。城中村里以违法私房为主的违法建筑占了全市的 90%以上。违章违法建筑的泛滥,使得政府权威受到了一定程度的削弱,国有资产有所流失,也严重影响了市容市貌的建设,还极大冲击了房地产市场。城中村多被过度开发,导致包括绿化用地在内的公共活动空间严重不足,生态环境质量堪忧;村内配套公共基础设施和服务严重缺失,多数村落道路曲折、通行不畅、标高无序、排水雨污不分、管道煤气不通、供给排水容量不足、电力及通信线路杂乱。公共基础服务设施特别是给外来人口使用的设施严重不足,卫生设施落后,垃圾随地乱丢,导致居住环境恶劣。因此,城中村改造成为优化城市结构、提升城市功能、破除发展瓶颈的一个重大课题。

2. 改造亮点

(1)政策创新

深圳市政府基于广东省政策引导,并总结过往旧区升级改造经验,于 2009 年 10 月出台了《深圳市城市更新办法》,在该文件中率先提出了“城市更新”的理念并以此替代城中村改造的提法,同时在政策和机制上围绕“城市更新单元”进行了多项创新,逐步系统地推进城中村改造的有关工作;2012 年深圳市政府为进一步完善城市更新的核心政策,又出台了《深圳市城市更新办法实施细则》。同时为明确指出整个改造流程中的具体问题,包括用地审批规则、规划审批规则、计划申报指引等内容，又相继颁布了《深圳市城市更新单元规划制定计划申报指引》、《深圳市城市更新项目保障性住房配建比例暂行规定》等操作性规程。① 此外在2012年版的基础上加以修正后出台的2014年版《关于加强和改进城市更新实施工作的暂行措施》，使城市更新政策体系得到了进一步完善。当前，深圳市城市化建设和发展的重要任务，以城市更新为主要内容的城中村存量土地的二次开发正紧锣密鼓地进行，项目实施顺利，综合效益显著。

(2)政府与市场合力推进

首先，城市更新推行原权利人自行实施、市场主体单独实施或者是二者共同实施的方式，同时为市场主体介入城市更新提供制度上的路径。其次，政府为使城市更新的资金有所保障，颁布了一系列优惠政策，为社会资金参与城市更新进行引导和服务。政府部门必须履行好其规划统筹、法规保障和监管服务等职能。即市级政府履行好其政策制定、计划和规划的整体统筹职能，区级政府发挥其对项目实施的协调和监管等具体工作。

市场在资源配置中起决定作用，深圳市城市更新正是基于这一市场规律来组织实施的，并高效地发挥出了市场在更新中的积极主动性作用。即运用市场机制实施城市更新项目，由市场机制抉择出项目的实施主体，可分别由权利人、市场主体、原村集体经济组织的继受单位与市场主体合作负责实施。同时有关拆迁和补偿等的问题，仍在尊重市场规律的基础上，通过原权利主体与开发主体的平等协调解决，使得各方各得其所，有效规避了因政府介入可能出现的摩擦和矛盾风险。此外，深圳城市更新在市场运作中还有一大亮点，即坚持以人文本，充分尊重各方改造意愿，并坚决维护好原村民、业主等原权利人的合法权益。

(3)创新城中村存量土地二次开发模式

其一，创设“城市更新单元”为基本管理单位，改变过去以单一宗地为改

---

① 刘应明、何瑶：《城市更新规划中市政设施配置标准研究——以深圳市为例》，《现代城市研究》2013年第8期。

造对象的经常做法。同时为使城市公共基础设施和公共服务用地得到有效落实，通过严格的条件限制城市更新单元的合法用地比例和划定面积，并为具有一定规模的相对成片区域在改造后重新设定规划条件和划定产权边界，相关设施的建设到位由城市更新项目的实施来保障。

其二，推行多主体利益参与的“协商式”城市更新单元规划，改变过去单一的政府主导的“包办式”规划，通过保障公众利益，进而实现利益共享。随着城市更新在深圳城市化建设中的稳步推进，城市更新单元规划的编制已经法制化，这也是巩固核心层次城市规划成果的重要方法之一。

其三，多种更新模式并举。结合原有的拆除重建改造模式，还采用新提出的功能改变模式和综合整治模式。最近几年，深圳各级政府持续扩大投入到整个城市城中村综合整治的资金，项目融资达 24 亿元，惠及 333 个城中村。2018 年以来，旧工业区作为深圳改造的目标，为实施以综合整治为主的复合式城市更新，相继颁发了一系列激励政策，例如允许功能改变、加建扩建、土地延期等。此外针对拆除重建类项目还专门划定一些整治维护和现状保留的区域，以加强对历史建筑、工业遗存、传统世居等的保护。

（4）以城市更新助推土地改革

经多方协议，城市更新助推土地改革。其一，改造用地可出让给参与改造的原权利人或市场主体；其二，非改造用地可进行腾挪、置换，但必须是在城市更新的规划整合以后；其三，零星用地可经协议后出让于开发商。同时针对诸如城中村、旧屋村、旧工业区等旧区的同种类进行区分，并以低价的差异化标准适用之。此外，城市更新还通过发挥消化历史账、激发政策创新的作用，有效解决了非农建设用地、历史用地处置等方面的问题。

（5）坚持公益，建立土地利益共享机制

深圳城中村改造本着公益优先、利益共享的理念，致力于实现政府、产权主体、市场主体、原农村集体经济组织等多方的共赢，新增土地的收益分配遵循利益共享的原则。公共配套设施的落地是城市更新的关键,其用地来源于每一拆除重建类城市更新单元须提供的大于3000平方米,并大于拆除范围用地面积15%的规定,且项目在具体实践中平均的土地贡献率达30%;改造后所配建保障性住房的基准比例须按住宅总规模的8%—12%制定住宅项目;创新型产业用房作为产业升级类改造项目,将按12%的配建比例进行配建;开发企业将负责实施建设以上物业,政府将以成本价进行回购或以政府指定价格和对象进行出售。总之,坚持政府引导,产业的发展得到了扶持,民生的改善也得到了保障。其首创的保障性住房配建的经验做法已被广东省国土资源厅推广至全省。

(三)徐州市棚户区改造

1. 改造背景

棚户区是我国社会经济发展进程中的产物,是城市中结构简陋,抗灾性差(抗灾、防火、防洪性差);居住环境恶劣(无道路、无绿化、采风通光差、垃圾无序排放);居住拥挤,功能差(无供气供热、无上下水、几辈同室)的房屋聚集地,是城市中危旧住房和古城镇的历史街区,或是低洼易涝、配套公共基础设施和服务不齐全的街区、城中村的统称。

徐州位于苏鲁豫皖四省交界,兼具老工业城市和资源性城市的双重特点,是江苏棚改最繁重的城市。徐州自解放以来,先后有近千家重化工企业落户于此,还配建成了大批职工住宅,同时徐州市矿产资源丰富,因而大批矿工住宅建于矿区及城市附近地区。棚户区的形成是长久以来这些住宅未能得到较好的维修和改造等诸多因素综合作用的结果,导致形成现今的棚户区。其住宅拥挤、抗灾性能差、公共配套设施缺乏、生态环境质量低等特点,极不利于居民生活;棚户区社会管理缺失,也是各种社会矛盾爆发的导火索。因此,为改善当地居住条件和生活环境,棚改势在必行、刻不容缓。

2. 改造策略

(1)突出政府的调控作用

徐州市强化了政府政策的组织引导职能。其一,专门成立棚改组织领导工作组,专设办公室,履行好其组织、协调、推进的职能。其二,建立棚改各部门之间的联动体系,充分发挥市、区、办事处和拆迁公司之间的联动效应。其三,建立和完善目标责任制。由市委、市政府出面将棚改工作列为年度重点城建项目,作为对各区、各相关部门综合考核的依据,并由市棚改办细化各棚改项目的具体任务以确立权责关系,进而出台考核奖惩标准。各区又以街道办事处为棚改重心,并加大对其考核力度。

(2)提供多元化安置方案

根据棚改居民多样化的住房需求,徐州棚改提供了多元化安置方式,分别有货币补偿安置、集中建设定销房安置、团购市场商品房安置等。其一,引导实施货币安置。货币安置后购置了商品房的住户,再增加相应经过评估后的购房补贴。其二,推行多元化实物安置,包括建设定销房、自行购置市场存量房等方式,满足棚改住户需求。定销房安置中充分考虑居民居住及生活习惯,实施"梯次转移"方法,合理确定选房系数,尽可能解决棚改前后返还率差距问题。对于市场化商品房安置住户,借助商品房选购服务平台,政府积极参与价格协商,以相对优惠的价格满足住户需求,同时积极建立安置房源信息库,棚改居民可按自身需要在房源库内的任何住宅小区自行购置商品房进行安置。

同时,徐州棚改还推行改造安置与住房保障有机结合的方式,并通过特殊政策加以实施。拆迁户中符合经济适用房标准的可直接享受经济适用房;符合廉租房和双特困户标准的则通过缴纳政策性房租以廉租房安置;对于经济困难且无法补足差价的搬迁户,则以共有产权方式安置,拆迁户可在10年内以拆迁时的价格购置剩余产权。此外,针对棚改中特困群体难以安置的现状,徐州专门成立了棚改救助服务机构，建立救助基金会，对部分低保、特困、病寡老人等特困群体实施定向帮扶。

(3)政府主导与市场化运作相结合

通过成立国有投资公司作为棚改融资主体，负责棚改融资，获融资授信520亿，使得棚改工作的资金支持得到了保障。同时，棚改积极创新土地运作方式，推行“政府拆迁、统一规划、定向招商、净地出让”的模式，使得土地的综合收益得到了最大化的提高，并以此收益用于棚改，因此开发商不再占有土地的增值收益，而是被棚改居民享有。棚改推行的市场化运作模式，拓宽了资金筹集的来源，使棚改资金需求得到了保障。

(4)严格规范征迁行为

为规范棚改中的征迁行为，徐州棚改严格执行风险评估制度，通过对棚改户的接受度、安置补偿方案等影响社会稳定的因素进行严格审查和科学评估，项目的启动实施须征得90%以上的拆迁户同意才可。同时组建棚改投诉救助受理中心，公布举报电话，开辟投诉举报通道。严格履行房屋征收信息的公开、公示、公布制度，并从征收的程序、要件、补偿结果等方面开辟投诉举报通道。此外。还建立并完善了棚改的监督管理机制。即为保证政策落实到位，棚改项目启动方案须经部门会审、政府审批，由纪检监察和审计人员全程跟踪调查、审计，切实保障了群众利益不受损害。

五、我国城中村改造的主攻方向

（一）以城乡融合发展的理念引领城中村改造

城中村改造的突破点应是尽快实现城乡融合发展新格局，改造的重点应由初期的硬件建设转移到以人为核心的软件建设中来，注重人口结构的变化引起的城乡结构的变化,从城乡经济、社会等资源协调发展的角度进行整合。把握城中村改造这一新机遇,创新机制体制,突破城乡融合的制度性障碍,着重加快推进城乡户籍制度改造、城乡要素市场改造、财政分配体制改造以及产权制度和农村土地流转制度改造等。[①] 以城乡融合发展的理念,结合地区功能定位,综合城市整体产业布局和协调发展要求,充分挖掘可依附的产业资源,优化城乡基本公共服务的配置,夯实城中村产业发展基础,促进其经济资源的优化配置和经济发展的良性循环,实现城中村与城市的统筹发展。同时因城施策,各有侧重,同步有序地推进城乡发展、城乡要素、城乡关系的融合,以实现城乡统筹的战略。

(二)以城乡二元结构的调整破除发展瓶颈

城中村改造的着力点应是尽快调整城乡二元结构,从根本上摆脱二元体制的桎梏,实现城中村与城市的融合发展。破除城乡发展瓶颈,关键是要实现城乡一体化管理,必须以户籍、土地、社会保障等方面为突破口开展工作,从根本上阻断次生村的产生。[②] 城中村改造应当使其在内在机理和外在形式都能适应城市化发展的趋势,必须在制度上加以引导和改革。城市政府在推进城市建设过程中,应充分发挥政府宏观调控的职能,在财政和管理制度等方面加大供给力度,及早破除影响城乡户籍、土地、行政权限等二元问题对接的体制机制障碍。未来我国城市发展的主题仍是城市化,为避免再次产生城市化建设中的城中村问题,今后工作的着力点应当集中在城乡二元结构体系的调整上,为统筹城乡融合发展提供保障。

---

① 刘俊杰、叶允最等:《旅游中心城市产业发展与功能优化研究》,经济管理出版社 2016 年版。

② 侯华丽:《从土地管理视角论北京市“城中村”整治》,《城市管理与科技》2009 年第 5 期。

（三）以相应的机制优化促成改造的保障

城中村改造“牵一发而动全身”，离不开相应的机构和法规的支持，以确保各方面工作的落实到位和多方利益得到平衡，城中村改造的顺利推进必须优化相应的机制体制。其一，成立专门负责城中村改造的部门或机构。① 城中村改造涉及诸多内容，包括了城、乡以及城乡接合部的统筹规划、建设和管理等，是一项庞大而复杂的系统工程，具体实践中需要各不同职能部门的协调合作才能保质保量地推进完成，因此有必要设立专门的研究机构加强研究、管理和协调。其二，优化相关的政策法规体系。城中村改造必须平衡好各方利益、促进各主体之间的激励相容，因此城中村改造的顺利高效推进，离不开各级政府部门相关的政策支持，尤其是在土地和户籍的转变政策、就业安置和劳动保障政策、社区建设政策等方面的支持。

（四）以模式创新成为驱动城中村改造的引擎

创新是引领我国经济社会发展的第一动力，因此城中村改造应适度地跳出原有的条条框框限制，寻求在改造模式上进行新的突破。在具体改造过程中，应综合考量多方制约因素，结合自身所处环境和发挥出自身的优势、特点，做到扬长避短，选择适合的改造模式。当前我国城中村改造工作仍然任重道远，尚处于起步摸索的初级阶段，因此，各城市城中村改造应以自身实情为基础因城施策，同时通过引入国内外先进的城市更新经验和做法，探索出适合自己的改造路径。

（五）具体问题具体分析，遵循因城施策的原则

城中村改造在具体执行中不能固定的采用某一单一模式，应具体问题具

① 建设部课题组：《城中村规划建设问题研究》，中国建筑工业出版社 2007 年版。

体分析,遵循因城施策的原则。不同城市的城中村,在类型特点、经济发展水平、城市功能布局、地理区位等诸多方面都存在很大差异,改造过程中面临的形式也不尽相同。因此,在具体的改造过程中,应遵循因城施策的原则,结合自身的经济发展水平和城中村所处的发展阶段以及所面临的类型特点,有针对性地制定城中村改造的整治措施。

第八章　国外城乡融合典型模式及经验启示

从城乡分割到城乡融合是现代化的必由之路。国际经验显示，只有在城乡融合质量和水平都达到一定层次后，才能基本实现现代化。同时，只有跨越中等收入或低收入陷阱，城乡关系面临的一系列矛盾冲突才会逐步缓解。数据显示，2019 年末，我国城镇常住人口数量为 8.48 亿人，占人口总数的 60.6%。同时，2019 年我国人均 GDP 达到 7.08 万元，约合 10276 美元，达到中等收入水平，此阶段，如果处理不好产业转型、城乡结构与经济增长之间的互动关系，则极易导致一系列矛盾冲突，进入"中等收入陷阱"①。目前我国城市化呈现速度与质量的不协调以及典型的不完全城市化等一系列特征，打破城乡二元结构，寻求城乡一体化协调发展路径成为当前中国发展的重中之重。

基于资源、国际环境、制度政策及发展模式等因素的不同，各个国家城乡

① 世界银行《东亚经济发展报告（2006）》中首次提出"中等收入陷阱"（Middle Income Trap）概念，指中等收入的经济体很难成功转型为高收入国家，这些国家在进入中等收入阶段经济增长容易出现大幅波动或陷入停滞，快速发展积累的矛盾集中爆发，原有的增长机制和发展模式无法有效应对由此形成的系统性风险。大部分国家长期在中等收入阶段徘徊，难以进入高收入国家行列，究其原因主要是产业结构转型失败、贫富分化、腐败多发、过度城市化、公共服务短缺、就业困难、社会动荡、信仰缺失、金融体系脆弱等。参见世界银行：《东亚经济发展报告（2006）》。

发展水平存在显著差异，研究欧盟、日韩以及墨西哥等不同工业化阶段、制度背景下城乡统筹发展模式，对我国形成分布合理的城乡一体化均衡发展模式、避免由“人口城市化陷阱”诱发的“中等收入陷阱”具有重要意义①。本章以历史路径、发展水平和质量协调提升为主线，比较西方、东亚新型工业化经济体以及拉丁美洲若干不同类型的城乡一体化形态形成发展经验，并归纳其对我国城乡一体化形态健康发展的借鉴。

一、发达经济体城镇化与城乡关系演进

城乡关系发展是产业分工深化、城乡空间结构转型与制度演化的结果。西方工业革命以前，城乡之间并没有显著差别，工业革命导致的专业化、规模化生产才打破了“农业和工场手工业的最初的家庭纽带”。从此以后，西方国家的城镇化速度逐渐提升，城乡间经济社会发展差距逐渐被拉大，在工业革命的影响下，工业化与城镇化实现了良性的互动，工业化推动了城镇化的进程，城镇化又为工业化提供了劳动力、集聚的市场和基础设施。其后，发达国家在产业演进和空间转型发展中又进一步探索了工业化、城镇化、农业现代化之间的关系，经过近百年的时间，最终实现城镇主导的空间结构形态。近 30 年，信息技术革命、现代服务业发展进一步促进产业结构与空间结构的转型，西方在城乡分工、一体化融合发展方面进行了一系列技术创新和资源配置变革，城乡关系总体趋于协调。

---

① “人口城市化陷阱”，是指人口城市化率达到 50%以后，农村人口加速向城市特别是超大城市转移，形成畸形发展的城市化。这种畸形包括：其一是畸形先进与畸形落后并存。拉美国家的墨西哥城、里约热内卢、布宜诺斯艾利斯等超大城市，现代产业、城市设施和高档住宅与原始手工作坊式传统产业及贫民窟并存。其二是少数人的富裕与多数人的贫困并存。其三是现代文明与畸形愚昧并存。严重分化的人口城市化，不仅没有给城市发展注入活力，没有给农村经济发展带来机遇，而且成为城乡经济发展的绊脚石、落入“中等收入陷阱”的垫脚石。参见田雪原（2011）。

综上可见，历史上欧洲的城镇化、乡村现代化发展是与工业化同步推进的（参见表 8–1）。德、法等欧洲各国在工业革命前的很长一段时间内城镇化发展速度较缓慢。这些国家城镇化随着产业革命和产业分工的不断深化而迅速发展。19 世纪中叶，英国随着农村人口大量迁移至城市，农业劳动人口大幅下降，工业以及服务业劳动人口大量上升，城镇化率升至 51%。此后，在工业革命的影响下，法国、德国等欧洲国家的城镇化水平短时间内迅速提升，城市化进程陆续展开，至 1950 年，法国、德国等国家的城镇化率已超过 50%。

从城乡关系的历史演进看，西方经济体的城镇化过程与乡村发展复兴之间存在相对明显的时间差。在城镇化加速发展阶段，欧洲、日本、韩国等经济体的乡村政策着力点围绕乡村农产品产出、农业发展方面。当经历了高速经济增长，基本完成城镇化进程之后，传统的以农业发展为主导的乡村发展模式遭到批评，以优化公共服务、注重文化功能和生态环境、着力培育发展特色产业的多功能乡村复兴模式得到极大支持，城乡之间互联互通、公共服务一体化、促进乡村软硬件水平同步提升的政策全方位推广，城乡关系趋于协调。

表 8–1　经合组织国家城乡关系与乡村复兴的演进

	第一阶段	第二阶段	第三阶段
德国村庄更新	1950—1975 年	1975 年至今	
	土地整理，增强农业竞争力	重新发现乡村文化景观的历史价值；提升旅游休闲功能	
	大规模建设乡村基础设施	保持村庄活力，侧重生态修复，注重区域可持续发展，提出村庄就是未来的口号	
法国乡村复兴	1950—1960 年	1960—1975 年	1995 年至今
	在乡村建设宜居生态新城	推动乡村社会经济发展和乡村更新	差异化精细化政策引导，引入市场力量
	着重农业发展	保护乡村空间、农业空间、生态空间，注重生态保护	政府重点关注落后乡村

续表

	第一阶段	第二阶段	第三阶段
日本新村运动	1950—1965年	1965—1970年	1980—1990年
	农村基础设施建设	开始注重农村造血功能培育	推行经济生态建设
	农村环境改造	注重农村人居品质提升	乡村文化复兴发展
韩国新村运动	1970—1980年		
	配合国家战略，发挥国家—社会多方建设动力		
	综合考虑“农业发展、农民利益、农村建设”		

资料来源：《城镇化　乡土中国：困境与创新》，中国建筑工业出版社2015年版。

法国和德国等欧洲国家注重小城镇与大中城市均衡发展，与日本、韩国空间集聚模式截然不同，形成了一种独特的发展模式。一方面，城市体系形成尽可能避免首位型城市过于突出，发展“多中心”、扁平化城市体系格局。如德国11个大都市圈承载了德国70%左右的人口，并容纳了国内70%的就业。另一方面，欧洲各国在城市化过程中特别是在城市化后期，将空间政策的重点放在了小城镇和中小城市，着力培育乡村经济增长点。欧盟中小城镇的规模虽然不大，但基础设施与公共服务相对完善，特色化、专业化程度高，功能区划分比较明确。

德、法、日、韩等国城乡关系与乡村复兴的演进，与这些国家工业化、城镇化发展的不同阶段城乡关系政策的侧重点相适应，基本经历了从初期的农村土地整理、乡村基础设施建设、提高农业竞争力到侧重生态修复、保护开发乡村历史人文景观、推进乡村文化复兴、优化人居环境以及统筹考虑“农业发展、农民利益和农村建设”。

二、欧盟国家的城乡融合实践

从先发国家到发展中国家，都在不同程度探索着“城乡和谐”的实现途径，欧盟城乡关系实践取得了较好成绩，其经验值得中国借鉴。

（一）推进区域融合战略的挑战

工业化进程中，经济竞争、社会融合、可持续发展等目标共同驱动了欧盟的发展，而这些目标又受到明显的空间非均衡制约，实现这些目标的主要障碍是欧盟内部在就业机会、财政、投资、公共服务上存在巨大的空间差异。虽然城市地区的特点表现为财富及就业机会的高度集中，但外围局部贫穷与城市内部劳动力市场排斥等问题与之相伴。欧盟及部分经合组织国家中约有47%的失业出现在城市为主的地区，在日本、英国、荷兰及美国该数字达60%左右。尽管欧盟采取了各种行动，面对倾向于把财富和空间开发活动集中起来的经济势力，要缩小各种差距，特别是核心与边缘区的差距仍然需要付出异常艰巨的努力。① 欧洲工业化发展的特点是经济活动的空间越来越集聚，全球性城市、区域中心城市发挥着资源配置的核心作用，城市与城市之间的竞争日益加剧。同时，另一些乡村和城市地区的人口在减少，经济增长、产业发展的活力发生两极分化，并产生了负面的环境影响。

在欧盟及经合组织国家城市政策的选项上，解决与城市化有关的负外部性，包括城乡关系，是政策长期关注的着力点。因为区域贫困、收入差距、犯罪、机会不均等、文化冲突等负外部性往往随着时间的推移而加剧。依据欧盟、经合组织国家主要聚集经济体的经验，以都市、城市群为核心的经济增长，最终离不开空间相互依存、腹地资源环境和社会凝聚力等其他因素。在他们看来，被隔离于都市区以外的经济要素及劳动力市场之外的农村地区，在某种程度上妨碍了区域的整体竞争力并有损于实现整体发展目标。

---

① Communities S., Regions, Statistical Yearbook, Office for Official Publications of the European Communities, 2000.

（二）实现城乡一体化的重要举措

欧盟推动区域协调发展、统筹城乡发展方面的关键举措在于空间规划引导和干预,以及相关的地区干预政策。通过编制区域空间发展战略,加强区域层面的规划体系,推进多层次规划融合,促进规划涉及更广阔的范围。1999年,欧盟委员会通过了《欧盟空间发展战略》(ESDP)作为各成员国空间一体化发展的指导文件。

ESDP 规定各成员国空间发展应建立均衡的城市体系和新型城乡关系,提升获得公共服务和基础设施的公平机会;合理保护和开发文化遗存与自然遗产。其中关于发挥城乡比较优势、促进城乡分工合作的观点,可为我国开展新时期的国土空间优化与多层次区域发展规划提供借鉴。

欧盟的地区政策以促进各类型区域社会经济和谐发展为主攻方向,其首要目的是通过定向干预促进经济活动的空间协调或地理分布,"区域政策"以缩小区域差距、促进共同繁荣为切入点。地区政策是欧盟实现城乡经济社会发展一体化的支柱,又称为结构政策,具体表现为以下内容。

1. 政策倾斜促进农村地区发展

欧盟通过实施如泛欧网络(TEN)、环境政策(EP)、结构基金(SF)和科技研发(RTD)、共同农业政策(CAP),以及欧洲开发银行(EIB)贷款活动等一系列项目,以达到减小空间差异、保障城乡一体化发展的目的。这些项目中,共同农业政策和结构基金是欧盟推进空间协调发展最重要的财政措施。而泛欧网络要求共同体在开发建设泛欧交通、电信和能源供应基础设施网络化上作出贡献,以服务于共同体确立的一体化目标,有效激活统一市场资源和要素流动机制,增强区域经济和社会融合度。现代通信技术和公共服务互联互通支持了农村和边远地区的发展,帮助地方消除空间距离上的障碍。

欧洲共同体早在 1962 年就开始实行统一的农业政策,欧盟成立后在延续欧共体时期统一的农业政策的同时实行“共同农业政策”,绝大部分的财政预算被用来发展农村经济。共同农业政策不仅使欧洲农业得到复苏、农产品市场更加稳定,且推进了欧洲经济一体化的进程。统计数据显示,2005 年以来随着农业投入占总财政支出比例的上升,欧盟农业人口比重持续下降,农业人口由 2005 年的 25.5%下降至 2019 年的 9.3%,农业投入占总财政支出比重则由 24.1%提升至 51.6%。

(1)价格政策

政府主要通过价格干预实现对农业的宏观调控,这里的价格干预主要有门槛价格、目标价格和干预价格等三种。欧盟制定了进口农产品在其市场的最低销售价格,防止对欧盟农产品带来的冲击,同时用农业预算开支向农产品出口进行补贴。由此观之,政府通过干预农产品的生产、销售和进出口使市场风险降低,农业发展得到保护,农民收入得到提高,消费者利益有了保障。

(2)结构调整与持续的投入政策

结构政策的主要内容包括:其一,通过对农业结构的调整提升农业现代化水平;其二,对有意愿放弃农业劳动的年龄达 60—65 岁农场主进行农业补贴,政府提供创业基金和补助激励青年劳动力经营农业;其三,建立农业服务机构,对农场主提供培训服务;其四,对因地形、气候等条件限制的农业生产困难地区给予资金援助。

随后,欧盟根据“2000 年日程”对 1999 年共同农业政策实施改革,《乡村开发条例》(EC1257/1999)得以确立。该条例扩大了农业预算(现在是欧盟农业保障基金 EAGF,以前是欧洲农业指导和保障基金 EAGGF)所涉及的范畴,从种植业扩展到更广泛的乡村相关事务以及经济多样性方面,成为 CAP 的“第二支柱”①。基于这种情况,2005 年 9 月又新增了一项独立的欧洲乡村开发预算,即欧洲农业乡村开发基金(European Agricultural Fund for Rural De-

① Garrod B., Wornell R., Youell R. Re - conceptualising Rural Resources as Countryside Capital: The Case of Rural Tourism Journal of Rural Studies, 2006, 22(1):117-128.

velpoment,EAFRD)。该基金是从 EAGGF 中分离出来的,用来支撑成员国的乡村开发项目。直接针对乡村开发目标的资金数额通过调整的过程来逐步实现,即允许成员国政府对分配给乡村开发项目 CAP 补贴的预算进行再分配。欧盟农业委员会提供了为期六年的国家战略计划指导。

欧盟《2007—2013 年农村发展条例》显示,2007—2013 年期间,欧盟用于农村发展方面的预算资金总额达 970 亿欧元,加上各成员国提供的配套资金,7 年间投入农村建设资金约 2000 亿欧元,这些资金投向宽带网络覆盖、农村小企业发展、食品加工、托儿服务、生态环境改善等生产和服务领域,大规模改变了欧盟经济体农村人居环境,缩小了城乡基础设施与公共服务差距(参见表 8-2)。

表 8-2　欧盟 2007—2013 年农村发展条例:战略重点

1.通过重视知识传播、现代化、粮食生产链中创新和质量、物质资本和人力资本投资重点部门,来建立强大而有动力的欧洲农粮部门。 2.保护并巩固欧盟自然资源和乡村景观,重点关注欧盟层面的三个领域:生物多样性、高生态价值农业和林业体系的保护和开发以及传统农业景观;水资源;气候变化。 3.重视就业机会和经济增长条件的创造。 4.关注改善管理和激发乡村地区的内在发展潜力。 5.鼓励产业结构、就业和乡村发展政策的协调。

资料来源:严恒元:《欧盟农村环境缘何不断改善》,2013 年 11 月 4 日,见 http://intl. ce. cn/specials/zxxx/201311/04/t20131104_1701628. shtml。

2. 以乡村旅游为切入点推进城乡融合

20 世纪以来,欧洲各国为促进农村与农业发展,建立城乡之间密切的要素流动与分工机制,以乡村旅游为切入点,推进城乡融合。从乡村旅游性质、功能定位、经营特色等方面看,欧洲农业乡村旅游可分为生态观光型、工厂化经营型和休闲度假型三种。

(1)生态观光型模式

依托良好的自然环境和独特的农业生态系统,兼具观光、休闲、教育等功能的生态游已经成为欧洲短期旅游的主流。此种旅游投入不多,产值却占欧洲旅游总收入的近四分之一。这种旅游模式以城市居民为主要消费市场,在城市外围景区附近开辟能够吸引游客自主摘果、赏花、采茶的特色园区,使消费者尽享田园乐趣。

(2)工厂化经营模式

以无土栽培、配方施肥、精准干预、智慧管理为重要特征,在城镇内部农业小区和郊区地带建立高效集约的小规模、订单化特色农产品生产基地,为市场提供多样化时鲜农产品的同时,又接待城市观光客,取得一部分旅游收入,兼具高科技农业生产与农业科普教育功能。

(3)休闲度假模式

休闲度假模式是当地居民充分利用果园、森林、河流等自然资源,为外来游客提供休闲度假服务的一种模式,这一度假模式在欧洲国家较为普遍。法国当局为鼓励农村对新产品的推出和新农场的建设推出了多种政策。数据显示,法国乡村旅馆达 1.6 万户,每年接待游客量超过 200 万人次,仅接待所得收入就占到整个法国旅游总收入的四分之一。欧洲乡村旅游起源于 19 世纪,20 世纪 70—80 年代逐渐兴盛,各国在乡村旅游发展过程中主要通过:对乡村旅游品质进行认证、成立有关的部门及社会团体专门组织进行强力推动、通过建立乡村旅游网络、电话、旅行社等完善预定系统,方便游客对旅游形成进行设定等多种方式进行营销。

(三) 欧盟主要国家城乡融合发展经验

1. 英国

(1)英国城乡统筹的历史背景

作为最早完成工业化国家之一的英国,其城乡统筹的进程基本能全面反映西方城市一体化探索的过程。英国是第一个制定《城市规划法》的国家,是第一个提出“卫星城”概念和“花园城市”理念的国家,也是第一个实行维护社会公平正义的社会保障体系,并第一个实现郊区城市化目标的城市,英国城镇化的进程为其他国家城镇化发展提供了参考。

(2)英国城乡融合举措

其一,科学利用规划土地。英国绝大部分土地为私人或法人所有。① 在此基础上建立了严格受法律保护的土地产权体系。英国对于现代土地规划制度起始于 1909 年,随后于 1947 年进行了较大的调整,后期又进行了多次修改。现英国的土地体系主要由四个级别组成:中央规划、区域规划、郡规划、市规划。其中,中央规划在四级体系中主要负责制定全国范围的土地制度和发展规划,对地方规划的制定进行指导。市级政府享有更大的规划权力,对于改变土地的利用性质的项目开发,开发单位必须取得规划许可。并且,英国在土地利用规划中实施上诉制度,比如,当地政府对于私人开发商的项目进行限制,开发商可直接向中央政府提出上诉,中央政府有权否决地方规划制度并要求其进行修改。

其中,对于英国的乡村用地规划,土地所有权与开发权的分离以及对于乡村的开发重要集中于对自然资源和环境保护这两方面值得我们学习和借鉴。如《城乡规划法》(1947)规定,土地所有者无权开发未经批准的土地,城乡用地纳入整体规划控制。《限制带状发展法》阻止城市向农村的无限制扩张,以达到保护乡村自然人文景观的作用;《乡村法》规定了各级地方政府促进乡村公共设施建设与维护、保护乡村自然历史景观的责任。

其二,立法及规划体系的升级变革。政府公共管理职能体现在规划上,英国于 1909 年颁布实施第一部规划法《住房及城市规划诸法》,该法是规划作为管理职能体现的开端性文件。1947 年《城乡规划法》作为现代规划的基础,

---

① 王晓颖:《英国土地制度变迁史及对我国的启示》,《经济体制改革》2013 年第 1 期。

1990 年规划法是英国现行规划法律的核心,2004 年英国又建立了新的城乡规划法案。参见表 8-3。

表 8-3　英国规划法总结

规划法名称	内容及其侧重点
1947 年《城乡规划法》	(1)为了保证开发、保证有效控制、土地利用的合规性,国家实行土地开发权国有化。 (2)设立地方规划当局,执行规划以及开发控制职能。 (3)政府给予无开发权的土地所有者进行财政补贴。
1990 年《城乡规划法》	对于发展规划方面的补偿问题,业主享有规划征购权力,以及各项开发活动的合法性、财政支持情况。
2004 年《规划与强制性购买法》	包括九部分,分别为区域功能、地方发展、发展(规划和可持续发展)、发展控制、修正、威尔士、皇家申请、强制性购买。目的在于建立灵活的规划系统,激发社会参与热情,为规划提供有力的资金保证。

此外,规划并不局限于用地和财产方面,英国政府不断追求实现不同政策的相互协调,引入空间规划新思想。2004 年的规划体系对各地需求进行调整,旨在形成更有针对性的空间规划。“空间规划”与旧有开发规划是不同的。旧体系中,区或自治区层面的开发规划(地方规划)附属(或者说服从)于国家层面的战略规划(结构规划)。在单层政府中,“单层开发规划”体现了地方和整体结构规划两方面的战略与开发职能。地方规划受结构规划内容的指导,结构规划反过来也受到“区域规划指导”(RPG)的影响,然而结构或地方规划并不必须“服从”区域层,区域只是一个“指导”的作用。在新体系中区域规划得到强化,参见图 8-1。

“区域空间战略”(RSS)由区域规划实体制定,并成为规划层级中具有法律效力的一环,低层级的规划制定需要与 RSS 一致。郡级结构规划被取消,但鼓励 RPB 开发次区域优先战略,无须恪守郡边境。① 在地方层面(区、镇或

① Bianconi M., Gallent N., Greatbatch I., The Changing Geography of Subregional Planning in England, *Environment & Planning Government & Policy*, 2006, 24(3).

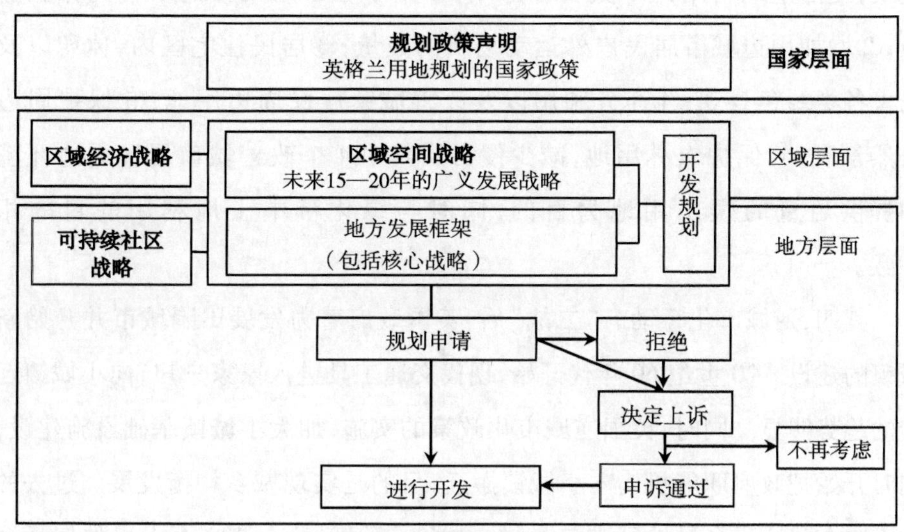

图 8-1　英格兰新规划框架

资料来源：DCLG，2007a：6。

直辖市），规划部门负责制定“地方开发框架”（Local Development Framework，LDF）。LDF 本身并不是规划，而是地方开发文件的总揽，从整体上为地方政府规划战略提供明确的表述。这个文件总揽中包括两种类型的文件：开发规划文件（Development Plan Document，DPD）和附加规划文件（Supplementary Plan Document，SPD）。

英国对空间规划的关注，对于职能分散的乡村地区至关重要，新的空间规划能够整合各方面意愿和优先战略，促进城市—乡村整合发展。

其三，“绿带”政策的实施。绿带政策在英国的实施受 19 世纪霍华德的“田园城市”启发，绿带政策的制定之初是为了控制城市无限制扩张，并为城乡边缘地带提供农业用地以及相关的娱乐设施。后来，绿带政策逐渐趋向于维护城乡接合部农业景观和保护生态多样性，从而实现对乡村土地的保护和管理。

2006 年《绿带化纲要》的修订实施，足以看出英国对绿带土地利用高度重视,提出土地利用的6大目标原则:①给予城市居民接近乡村的体验途径;②增加周边城市居民户外运动场所的数量;③居民住宅区内,休憩以及完善各类绿色景观;④充分利用以及改善城镇居民周边用地;⑤保护周边自然景观;⑥保护农林用地,减少侵占。其中4个改善城市居民周边环境和提供足量的娱乐用地为目的,同时与绿化带中土地利用的目的相一致。①

其四,逆城市化行动。“二战”后,英国政府着力发展田园城市并开始新城镇的建设。20世纪60年代开始,现代交通工具进入家家户户,向小城镇迁徙的趋势明显。同时,英国逆城市化政策的实施,加大小城镇基础设施建设,同时开始把政府职能机构向小城镇搬迁,目的是实现城乡均衡发展。过去的40年中,“偏远”乡村地区人口激增。1961年仅仅只有400万人口的偏远乡村地区,在1991年上升到540万。逆城市化的人口外溢这一过程呈现出“阶梯瀑布”的形式,如图8-2所示。

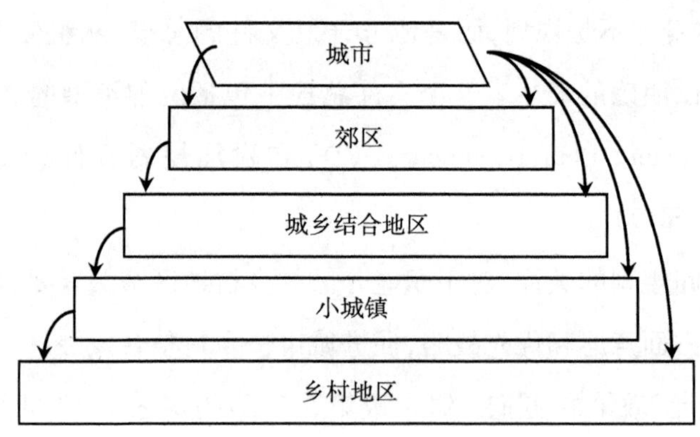

图8-2 逆城市化的人口外溢

资料来源:Champion,2000:14。

① 谈明洪等:《英国城市绿化带土地利用及其对中国的启示——以斯佩尔索恩(Spelthorne)区为例》,《地理科学进展》2012年第31期。

2. 法国

(1)法国城乡一体化背景

法国的城乡关系变迁经历了较长的历史进程。从18世纪末工业化起步的初级阶段到第一次世界大战前夕,法国的城乡关系处于分离阶段。但到第二次世界大战之后,工业进入快速发展时期,农业产业化、现代化进程不断推进,在此期间法国城市化进程不断推进,城乡关系趋向融合。"二战"后截至1975年,城市人口已达75%,跻身高度城市化国家行列。如表8-4所示,1806—1982年之间城市人口与农村人口发生巨大变化,农村人口的迁徙极大推动了法国城市化进程。随着城市人口的增加,城市数量和城市规模也逐渐扩大,从1911年到1982年,法国有近3000个集镇升级为城市。[①] 20世纪中期,随着城市化发展,领土整治计划和工业政策的实施,加快发展中小城市和农村产业,建立高度发达的交通网,以及完善的社会保障体系,从而推动了城乡经济社会的协调发展,法国逐渐实现城乡均衡发展。

表8-4　1806—1982年法国乡村人口变化情况

年份	农村人口		城市人口	
	数量(万人)	比重(%)	数量(万人)	比重(%)
1806	2450	82.63	515	17.37
1851	2722	74.64	925	25.36
1901	2390	58.75	1678	41.25
1931	2040	49.16	2110	50.84
1975	1420	27.00	3840	73.00
1982	1450	26.65	3990	73.35

数据来源:王章辉:《欧美农村劳动力的转移与城市化》,社会科学文献出版社1999年版。

① 王章辉:《欧美农村劳动力的转移与城市化》,社会科学文献出版社1999年版。

(2)法国城乡融合发展模式

其一,分散平衡发展模式。在城市化水平不断提高的进程中,法国工业企业以及人口都过度集中于巴黎、马赛、里昂等几个大城市,导致相关城市环境恶化,城乡区域发展极度不协调。鉴于种种现实情况,法国领土整治计划和工业分散计划等政策的实施,使得法国中小城市、农业现代化、农村工业快速发展。法国在此过程中进行城乡分散平衡发展模式主要包括以下三方面(见图8-3)。

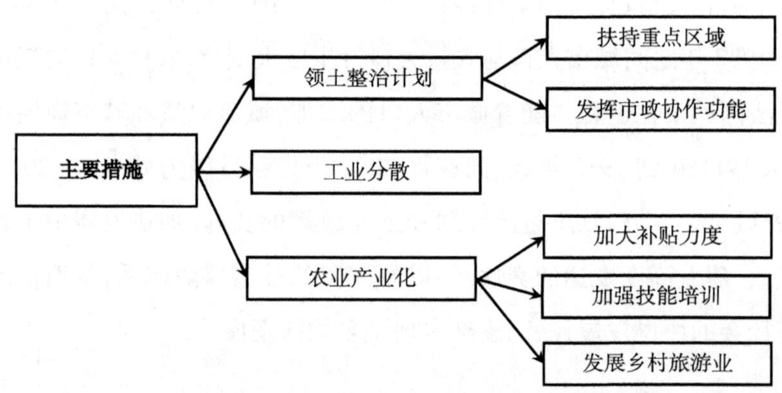

图 8-3 法国分散平衡发展模式主要做法

实施领土整治计划,着重发展中小城市农村市镇。为解决大型城市人口扩张的问题,法国实施领土整治,选取 8 个重点开发区域进行重点治理,使其在城乡经济社会发展中起到一体化引导作用,主要包括图卢兹、里尔鲁贝图尔库安、波尔多、南特圣纳采尔、南希麦茨蒂翁维尔、斯特拉斯堡等①。与此同时,充分发挥三万多市镇的协作功能,鼓励市镇之间合作发展,促进其形成"经济共同体",由此提高了区域资源配置效率。此外,1999 年根据城市人口聚集度提出了三种共同体组织形式:"城市共同体"、"聚居区共同体"、"市镇

① 王章辉:《欧美农村劳动力的转移与城市化》,社会科学文献出版社 1999 年版,第 21 页。

共同体"①。

实施工业分散计划,促进农村工业的发展。20 世纪中期开始禁止在三大城市以及东部、北部老工业区新建、扩建工厂,通过颁布各种优惠政策鼓励大城市向外搬迁或者新建工厂。1955—1959 年,法国共实施了 515 项工业分散政策,加快实施社会公共机构外迁计划。与此同时,法国政府通过设立"国家发展奖金",鼓励在中小城市、乡镇和农村地区兴建工厂。1966—1976 年,获得"国家发展奖金"企业数目高达 4405 家,金额高达 33.293 亿法郎。② 法国的工业分散政策取得了积极成效,1955—1964 年,从巴黎外迁的企业达到 1800 家,外迁工人达到 50 万人;1954—1973 年,法国各省新建工厂面积增加了近 10 倍,农村工业发展水平大幅提高。

农业现代化产业化转型,促进了农村整体发展。法国针对乡村全面开发主要从以下四个方面入手:一是保证农业生产力的提高;二是促进乡村工业等非农产业集聚,避免乡村人口大量外流而造成城市压力;三是提高乡村地区整体宜居指数;四是发展乡村特色旅游产业,促进农村经济发展。③

作为欧洲第一农业大国,通过成立众多扶持农业发展的机构、加大农业补贴力度、加强农民技能培训等相关措施,极大推进了法国农业产业化进程,也相应促进了农村地区发展,包括种植业、林业、食品加工业、制造业、乡村旅游业等在内的多元化产业结构逐步形成,农村居民的就业渠道多样化。农村经济的发展使得法国城乡居民收入差别不断缩小,农村基础设施和公共服务供给不断完善,基本实现了公共服务均等化。此外,地区政策法规的实施,例如优秀乡村中心政策、乡村复兴区政策、大区自然公园政策等(见表 8-5),不仅促进了

---

① 卓健、刘玉民:《法国城市规划的地方分权——1919—2000 年法国城市规划体系发展演变综述》,《国外城市规划》2009 年第 21 期。

② 全国西欧经济研究会:《西欧经济论文选》,福建人民出版社 1980 年版。

③ 刘健:《基于城乡统筹的法国乡村开发建设及其规划管理》,《国际城市规划》2010 年第 5 期。

农村地区的快速发展,乡村旅游业发展如火如荼,农民收入也十分可观。

表 8-5　法国乡村政策

政策名称	法律依据	政策对象	政策实质
优秀乡村中心政策	2005 年 2 月 23 日颁布的《乡村开发法案》	被划定为"优秀乡村中心"的市镇	提供发展资助,促进当地经济发展
乡村复兴区政策	1995 年 2 月 4 日颁布《空间规划与发展法案》	被划定为"乡村复兴区"的市镇	为乡村地区各项创业活动提供税收优惠措施,保证创业积极性
大区自然公园政策		被划定为"大区自然公园"的市镇	为拥有丰富自然和文化遗产但均衡发展相对脆弱的地区提供资助

资料来源:刘健:《基于城乡统筹的法国乡村开发建设及规划管理》,《国际城市规划》2010 年第 2 期。

其二,互联互通的城乡交通网络。法国交通网络四通八达,农产品交易、居民出行便捷。巴黎大区下辖巴黎市区及周边 7 个省,为减轻巴黎市区人口密度与公共服务压力,巴黎大区政府近 20 年加大投资力度,开发公交资源,包括郊区环城高速公路、拓展地铁线路和轻轨网络。高效便捷、网络化辐射的地铁及公交系统,促使大量居民选择环境更加舒适的周边新城居住,巴黎郊区辐射状铁路及环城快速路承担了巴黎大区三分之一的交通。①互联互通的道路交通系统极大推进了城乡一体化。由于环境舒适、宜居指数较高、房价合理等多方面原因,周边新城吸引了大量居民。高效发达的交通系统也为每日通勤提供了可能性,例如,作为法国新城典范的谢尔吉,居民有 50%在巴黎大区工作。

3. 德国

(1)德国城乡关系发展背景

继英国、法国之后,德国于 19 世纪 30 年代中期启动工业化进程,城乡关

① 吴人坚:《国际大都市的生态环境》,华东理工大学出版社 2001 年版。

系开始趋于分离。19 世纪 30 年代至 20 世纪初期,城市化进程伴随着以重化工业为主导的产业结构演进以及农业机械化水平的提高。相对英、法等国,德国工业革命和城市化起步较晚,但发展速度较快,至 1910 年基本实现了城市化,到 1996 年德国的城市化水平已经达到了 94.6%。此外,德国较早就推行城乡一体的社会保障制度,着力发展小城镇,开展乡村更新计划,以农业产业化推进现代农业发展,城乡关系和谐。

(2)德国城乡一体化发展举措

其一,小城镇发展模式。小城镇是德国城市和农村联接的枢纽,注重小城镇发展是德国城市化、城乡一体化进程的显著特点。德国中小城市数量多但却分布相对均衡,大城市不存在人口膨胀的压力,也不存在人口高度集聚的特大城市,全境城市体系及城市空间布局合理,形成独特的均衡城市化发展模式。德国小城镇发展模式主要体现在以下几个方面。

注重城乡协调发展的法制保障。德国政府在城乡关系方面充分发挥法律制度保障优势,以满足社会公众利益的基本诉求。广泛征求民意,制定实施了《空间秩序法》、《建设法典》、《田地重划法》等法律法规,奠定了城乡协调发展的法制基础。

注重均衡城乡发展的政策引导。以城乡均衡发展为前提,以营造平等优质生活环境为目的来保证区域规划实施。政府机构小而精,办公效率高,城市功能完善是德国小城镇的共性。大力扶持农业和农村经济发展,以工促农,使农业机械化现代化水平逐年提升。同时针对农业落后地区,政府给予财政支持,实施金融政策优惠、税收优惠等措施,保证农民生产积极性以及生活水平的不断提高;加大财政资金在基础设施建设方面的投入,逐步实现城乡均衡发展。

建立城乡统一的社会保障系统。德国政府较早推动并制定严格的城乡一体社会保障制度。例如 1927 年实行的居民失业保险制度,1957 年实行的农场主养老保险制度。①

其二，城乡等值化模式。“城乡等值化”指不通过简单形式上的农村发展转变为城市，而是使农村不论是在生活质量还是生活水平上与城市逐渐消除差异，实现“与城市生活不同类但等值”的一系列目标准则。理念提出后，德国政府开始率先在巴伐利亚进行试点实施并最终获得成功。2010 年统计数据显示，巴伐利亚州的城乡 GDP 相差 1%，基本真正实现了等值化发展的目标愿景。随后该模式发展成为德国农村发展的普遍性模式。

德国城镇化发展的基本原则是追求区域的平衡发展，实现共同富裕。现代交通设施的完善、四通八达的交通网络大大拉近城乡空间距离，广播电视、电话、网络等通信手段的广泛应用、基础设施完善，城乡生活条件差距逐渐在缩小，由此降低了人口向大城市转移的意愿。

（四）欧盟城乡关系模式述评

英、法、德等国城乡融合发展进程中典型城乡关系是在欧盟发展政策大框架下形成的，因此具有相似之处。不难发现，欧盟解决城乡差异的核心切入点是从整体视角看待城乡关系，通过政府与市场的协同实现两者均衡发展。通过多中心与均衡的城市体系，克服不合时宜的城乡二元论观念，强化城乡不同地区之间的合作，建立新型一体化城乡关系。

第一，在推进城市化和城乡融合进程中，对过度依赖单一产业特别是衰退型产业的城市积极开发替代产业，推行产业发展的多元化战略，对边缘化地区的城镇给予政策更多的扶持；引导可以激发社会结构和功能多样化发展的城乡转型策略，特别关注缓解城市内部以及城乡之间的非均衡和社会分化问题；引导资源合理投向空间利用率低或废弃城区土地利用改造、重建，实施空间再治理；以推进城市功能综合化、鼓励公交优先发展的土地利用规划和空间布

① 李勤、张元红、张军：《国外城乡统筹实践及其启示》，《世界农业》2009 年第 6 期。

局,更好地提高城市和都市区以及周边腹地的可达性;采取有效手段控制无节制的城市蔓延;等等。

第二,在促进乡村地区高效发展、激发乡村活力方面,提出立足区域优势、实施多元化、差异化发展的策略,促进农业集约化、产业化、现代化转型。提高农业劳动者素质,为农村劳动力提供多元化就业渠道,增加培训机会。重视并巩固乡村在中小城镇发展中的核心地位,发挥地区潜能,积极发展农村生态旅游业。

第三,在城乡合作伙伴关系的政策方面,强化基础设施建设,发展完善的交通体系。倡导城乡合作、协调发展,从而强化区域功能。提高土地利用效率,提高城市周边地区发展水平。

总体而言,欧盟城乡关系虽然在不同国家甚至一国之内存在一定程度差别,如收入差距、就业机会差距等,但这种城乡差别并不十分显著。由于城乡基础设施、公共服务投入相对均衡,加之相对公平自由的户籍制度、要素流动、市场准入条件等,为欧盟国家城乡一体化发展奠定了良好的基础。欧盟城乡关系的制度安排和实践经验,为我国打造城乡互动的新型城镇化提供了重要借鉴。

三、亚洲国家城乡融合发展经验

(一)日本

日本经济于1955年开始复苏,1968年国民生产总值超越英法德,跻身经济大国的前列,成为继美国之后的第二经济大国。但对于工业发展的过度追求,致使城乡差距被拉大,1959年农民的收入相当于城市居民的60%;同时人口向城市的大规模流入造成地域间差距扩大,传统村落迅速没落,农村人口急剧减少。基于国情,1961年日本借鉴法国、德国经验,开始走向谋求产业均衡、区域均衡、城乡协调的新的城乡发展一体化道路。其城乡融合发展的日本模式如下：

1. 高度重视农村地区发展

第一，重视农业立法工作的进行。农业作为弱势产业，发展落后很容易造成农村地区的落后，日本政府规范农业立法，实施相关政策对农业进行扶持，为农村发展建设以及农业现代化发展提供强有力的法律保障。参见表8-6。

表8-6 农业法规政策梳理

年份	颁布的法规政策内容
1967	“结构政策的基本方针”
1968	综合资金制度
1969	《农振法》
1970	修改《农地法》、《农协法》，农民养老金机制初步形成
1971	《农村地区引入工业促进法》鼓励工业向农村地区转移，拓宽农民的非农业就业渠道
1984	修改《农振法》、《土地改良法》，加强农村地区的基础设施建设
1987	《村落地域建设法》规范农村地区土地利用，加速村落建设。颁布《孤岛振兴法》、《山区振兴法》、《过疏地域对策特别措施法》，针对贫困地区制度建设，促进整个地区的协调发展

资料来源：相关文献整理。

第二，对农业、农村、农民实施财政倾斜，税收优惠。以开发落后地区、缩小地区差异为目的，对经济发展不同的地方实行差别税率，据1962年数字，东京税率为25.9%，鹿儿岛税率为13.9%，东京基本是最穷县鹿儿岛的一倍；国库支出倾向于国家重点支持的开发地区、开发项目实行各种名义的财政补贴，调节落后地区与发达地区的经济发展差距。① 日本在农业、农村、农民方面财政支持主要分为三方面：加强水利、农产品加工、农田平整等方面的基础设施

① 李勤、张元红、张军：《国外城乡统筹实践及其启示》，《世界农业》2009年第6期。

建设;加强农用公园、公共医疗卫生服务、街道等生活环境改造建设;通过建设公共科研机构、大学民间科研机构,加强对农产品的科研开发,并由专门机构负责农民职业技术培训,并积极推广新产品。日本农业支出比例逐年增加,农业投资主要来源于日本政府(见表8-7)。

表8-7　1960—1998年日本农业资金投资的资金来源

项目	1960年	1970年	1980年	1984年	1990年	1998年
农业总投资	100	100	100	100	100	100
政府补贴	15	24	39	40	40	50
制度贷款	11	22	22	20	18	10
私人资金	74	54	39	40	42	40
土地基础设施投资	100	100	100	100	100	100
政府补贴	66	71	80	82	81	86
制度贷款	27	20	18	16	18	14
私人资金	7	9	2	2	1	0

资料来源:陈颂东:《统筹城乡发展的财政体制与财政政策》,华中科技大学出版社2006年版。

第三,针对农产品,实施价格补贴、金融支持的政策手段。为维护国内农业的正常生产,对进口农产品征收高额税费;以维持农产品价格稳定为主要目的,价格补贴是日本采取的主要措施,以此来维护农民利益。日本通过价格管理和价格调节制度来合体调控农产品价格,给予农民最为优惠的补贴。比如,对于甘薯、甘蔗这些价格需稳定的农产品,政府规定波动价格的上下限,并实行最低保证价格制度。日本政府遵循市场机制的前提下,又避免了市场的盲目性给农业生产造成不良影响,充分利用政府手段,保护农业生产以及农民利益。与此同时,在现代农业发展过程中,安排财政资金入股农村金融机构,对农户的渔业贷款、农业改良贷款、农业现代化贷款等实施利息补贴并提供政府担保。

2. 土地利用规划的综合管理手段

日本政府通过法律、行政手段与宏观层面的国土利用规划来对土地资源利用进行管理，宏微观手段的结合，从而形成了完善的土地利用规划体系。比如，对于城市市区、农地、森林、公园以及自然保护区内的土地，通过法律法规强制性方式，比如设立《城市规划法》、《农地法》、《森林法》、《自然公园法》以及《自然环境保护法》等进行严格的限制管理，从而使土地利用微观层面的管理有切实的保障。此外，政府实行严格的许可证、土地交易申报制度对土地转移交易实施控制，以减小交易对土地利用产生的影响为目的。日本的土地利用模式建立在土地私有化以及自由市场的基础上，宏观调控的主要手段通过国土利用规划来实现，形成以宏观直接调控为主，微观间接调控为辅的主要调控机制。

（二）韩国

1. 城乡统筹发展背景

20 世纪 60 年代之后，以出口导向型的发展战略为指导，开启工业化进程，实现汉江奇迹，成功位列中等发达国家。但由于实施的大城市、工业优先发展模式，造成社会的非均衡发展，伴随着出现了农业经济落后、劳动力的无序转移、农民增收困难等现象，这些都成为阻碍城乡经济发展的因素。针对这些问题，1970 年 4 月，韩国政府以实现农业现代化、农村城镇化工业化以及加强农村精神文明法制建设为目标的“新村运动”开始实施，促使韩国城乡关系由分裂走向融合。①

① 20 世纪 70 年代，随着韩国工业化工业快速推进，城乡差别日益突出。为消除城乡之间日益显现的巨大差距，韩国政府开始将“工农业均衡发展”放在经济政策 3 大核心目标之首，并在全国范围发起了“新村运动”。通过数十年艰苦努力，韩国农村面貌发生了翻天覆地的变化，基本实现了机械化、电气化、水利化以及交通互联互通，农民住房条件彻底改善，农民收入显著增加。

2. 构建城乡融合“韩国模式”

(1)新村运动促进农业现代化发展

韩国农业现代化是“东亚模式”的成功典范,“新村运动”在实现国家稳定而平衡的现代化发展模式中功不可没,并且促使农村经济发展从而逐渐消除城乡差异。

第一,实行土地改革,为农业现代化提供产业资本。韩国政府在1948—1949年之间,先后制定两项土地改革制度:一是实行有偿征用、有偿分配的土地所有制政策;二是赎买地主土地,然后进行有偿出售,实现土地的再分配。土地改革对韩国现代化农业进程产生深远影响。一方面,它加速土地资本向产业资本转移的速度,使得韩国原始资本快速积累从而带动了韩国资本主义经济的发展;另一方面,土地改革刺激农民投资,为农民合作经济的良好运行奠定了坚实的基础①。

第二,以工促农,推进农业现代化。工业化成就极大带动了韩国农业现代化,实施的“新村运动”成功打破城乡二元结构。新村运动初期,以提升生活质量、改善生活环境为目的,地方政府着手推进修建桥梁、修筑沙堤、拓宽进村公路等建设项目,并引进现代化机械工具(见表8-8),这标志着由政府引导的以工哺农的农业现代化运动的开始。农民也积极响应这一项运动。这项运动极大提高了农民生活质量,为生产力发展提供契机。

表8-8　1965—1992年农场引进的农业机械数量

年份	耕耘机	拖拉机	插秧机	打捆机	联合收割机
1965	1.1	0	0	0	0
1970	11.9	0	0	0	0

① 雷俊忠、饶开宇、谭静:《中国农业现代化建设的理论与实践》,电子科技大学出版社2011年版。

续表

年份	耕耘机	拖拉机	插秧机	打捆机	联合收割机
1975	85.7	0.6	0	0	0
1980	289.8	2.7	11.1	13.7	1.2
1985	589	12.4	42.1	25.5	11.7
1986	683.6	16.2	59.6	32.9	15.5
1987	411.4	19.9	76.1	38.4	20.3
1988	725.8	24.6	92.1	44.7	25.2
1989	739.1	31.3	111.9	49.8	32.9
1990	751.2	41.2	138.4	55.6	43.6
1991	768.3	53.0	167.7	62.2	54.1
1992	768.3	64.2	185.2	63.1	61.2

数据来源：强百发：《韩国农业现代化进程研究》，西北农林科技大学出版社 2010 年版。

第三，有效的政策引导，构建农业现代化制度体系。实现工农业均衡发展，消除农业现代化进程中障碍，这些都得益于政府政策的支持、引导。韩国新村运动大致分为四个阶段（见表 8-9），效果显著，主要农产品产量大幅增加，农村基础设施趋于完善，基本实现了农村工业化、产业化发展，农民收入相当于城市居民收入的比重由 1970 年的 75% 提高到 1990 年的 97.4%。① 政府主导、民间团体参与是实现农业现代化的关键，也是最直接的推动力。

其中政府的作为重点在：①财政上支持和政策上鼓励。②把政府的物质支持与资金投入重点放在土地改革和新村运动建设。政府把农村整体的转变作为农业现代化的中心任务。③农民组织机构设置中央委员会为新村运动最高领导机构，其他二级机构则负责全国乡村建设的具体工作。通过新村建设运动，韩国建立并完善了乡村发展组织体系。

① 陈昭玖等：《韩国新村运动的实践及对我国新农村建设的启示》，《农业经济导刊》2006 年第 2 期。

表 8-9　韩国新村运动发展历程

时间	目标内容
第一阶段（1970—1973）	改善农民生产生活环境
第二阶段（1974—1976）	扩散扶助发展阶段，强化农村投入，发展现代农业，增加农户家庭收入
第三阶段（1977—1989）	自主发展与政策引导并重阶段，在政府政策导向下，自下而上依靠农户自身力量扩展产业链，发展农村工业和非农产业
第四阶段（1990 年至今）	自我发展、自我完善优化发展阶段，加强农村社区的道德文明建设与法制建设，促进农村公共服务体系建设

资料来源：相关文献整理。

（2）政府的引导干预机制

韩国是以政府主导实现的城市化，实行中央政府、郡、面三级行政体制（见表 8-10）。韩国政府通过制定综合发展计划，在该框架内推进韩国工业化城市化发展。通过高度集聚的工业园区的设立和开发并且通过投资、税收、土地等相关政策推动劳动力以及生产力要素向某区位快速集聚来完成工业以及新兴城市的崛起。"新村运动"也正是在政府主导下开始的，直至 20 世纪 90 年代，韩国政府开始角色转变，由支持、协调发展为规划、服务来推动新村运动的进一步发展，一方面发展农业，另一方面拓宽农村劳动力的就业渠道，并且迅速缩小城乡差距，实现农村的社会经济繁荣稳定发展。

表 8-10　韩国行政管理体系

行政级别	责任权限
中央级管理	了解郡、面、村三个层面的真实情况，同时根据具体情况制定、调整政策实施。由内务部部长收集全国数据并分析总结，同时制定或调整相关政策。
郡级（县级）管理	确保中央下发的物资准确到达基层（面、村），及时发现并反馈基层情况。
面（乡镇）级管理	监督并督促新村运动的实施，同时收集反馈数据。

资料来源：相关文献整理。

（三）日、韩城乡关系模式经验述评

作为战后成功追赶型经济体，日韩抓住机遇，在相对较短时期内实现城镇化、城乡一体化水平和质量同步高速提升，其中的经验值得借鉴。

1. 工业化、城镇化及城乡融合相互促进依存发展

韩国和日本于1950—1980年间经历以外部驱动为主，迅速进行工业化扩张发展，工业化率每年10%的发展速度同时带动城镇化率年均以1.5个百分点左右的速度增长，正是这种高速发展，使得日韩大约用了30年时间基本完成了发达经济体需要近百年乃至数百年时间才得以完成的城镇化过程。在这一过程中，工业化产业升级、人力资本投资、农村劳动力大幅度转移、农业适度规模经营及全要素生产率提升推动了日本、韩国产业竞争力提升和城乡关系不断优化，在形成具有全球竞争力产业体系的同时，城乡要素流动加速，跨越“中等收入陷阱”，为后发国家城乡一体化与经济的协调良性发展提供了重要借鉴性意义。

2. 政府是工业化、城镇化发展的主导力量

“东亚模式”典型的日本、韩国，通过政策引导、规划干预等有效手段驱动工业化、城镇化的发展。首先，政府对于国土空间规划十分重视，对于城镇空间布局、城乡相对优势发挥以及资源配置方面都起到了积极的指导作用。日本多次修订“全国综合开发规划”并积极推进规划的实施，2008年新的“国土形成计划”实施；韩国从1972年开始四次编制综合国土规划，主张空间政策和产业政策的结合。其次，政府在产业升级和战略转型方面采取积极措施。对于日本来说，针对高新技术产业发展给予相应的税收、土地等政策扶持，而韩国方面则以政府主导进行增长战略计划，而后主张均衡发展战略，为城镇化提供动力支撑。

3. 以城乡统筹提高生产率从而实现农业现代化

韩国、日本一直以提高农业生产率为首要目标，进而以生产率的提高推进城镇化、工业化。日本战后土地制度的改革，将地主土地收买后卖给农民，农民生产积极性因此大幅提高。1960 年《农业基本法》、《农振法》等法规在日本的推行实施，由于立法的规范，农业得到大力发展，并且伴随着农村产业结构的优化升级。并且，农业机械化和村镇综合建设的实施能够促使农村现代化水平得到提升。韩国于 1970 年开展“新村运动”，快速城镇化造成的不良后果得到了极大缓解，农村基础设施建设完善，农民生活水平明显改善，政策起到了良好的作用。

4. 以社会平稳转型破解城镇化过程中的社会矛盾

韩国、日本快速发展的工业化、城镇化带来了严重的社会问题，重工业过度发展导致的环境污染、公害事件的频发。日本政府方面迅速实施针对性措施，颁布如《公害对策基本法》、《大气污染防治法》等 14 项法律法规，发挥地方政府监督管理作用、提高社会的监督力度。韩国的工业化发展历程中，由于企业的过度干预的管理方式，工人歧视以及不良待遇状况频发，种种不良问题促使韩国劳工政策的改革调整。政府强制使用法律和行政手段规范劳资双方行为，在劳资双方关系冲突问题上政府采取中立，强化第三方协商组织的协调协商机制的实施，以求良性的和谐的产业秩序，从而实现社会的成功转型。

尽管日本、韩国在城镇化面前仍存在着各自的问题，但他们却在较短时期内快速提高了城镇化水平，这些成就令人瞩目。在城镇化、城乡转型进程中，不仅发挥资源禀赋优势，也充分发挥政府的规范指导作用，注重农业全面现代化发展，对于我国具有直接的借鉴意义。

从日本、韩国的城乡一体化发展模式不难看出，农业以及农村经济发展是实现城乡一体化的基础。在工业化和城市化发展过程中绝对不能忽略农业和农村经济的发展。其次,强化政府的引导作用,城乡关系的发展、农村面貌的改善都离不开政府的支持与参与,政府在城乡关系的和谐方面发挥积极作用。

四、拉美国家城乡融合发展经验教训

"二战"以后,拉美等部分接近中等收入水平的发展中国家的城镇化发展迅速,与高收入国家80%左右的城镇化率近乎持平,由于超越发展阶段过度追求城市化速度,一些弊端也逐渐显露出来。就拉美国家而言,以约束农业发展为代价超前刺激工业特别是重化工业的产业倾斜政策,以削弱农村为代价激励要素和产业向部分大城市集聚发展的空间倾斜政策,以流动人口特别是失地失业农民贫困化为代价换取"虚假城市"的发展导向,导致社会矛盾加剧和阶层分化是拉美"过度城市化"带来的主要教训。

(一)资源配置战略缺陷,不协调发展的城镇化

首先,资源配置和空间发展战略的失策直接导致了城镇化发展动力不足,工业化发展受阻。初期拉美国家虽然依靠进口替代战略使工业化体系趋于完善,也取得一定的发展成果。但是,产业结构的落后以及机械地执行进口替代战略,从而错失发展机遇,直接导致较低的劳动生产力,经济发展动力不足,工业化进程受阻。

其次,政府未能发挥有效的引导调节作用。拉美国家对经济自由主义的推崇,致使未能处理好政府和市场的关系。一方面,未能进行完善全面的城乡规划统筹,农村劳动力的大量无节制涌入,政府的不作为导致了区域发展的严重失衡。另一方面,收入分配机制的不合理,贫富差距的持续拉大,激化了社会矛盾。同时,经济全球化发展的冲击,由于政策自主调控的空间不足,经济发展受限。

最后，土地制度改革措施不到位。拉美国家的大土地制度和种植园经济是受殖民统治的影响形成的，并且根深蒂固，未完全的改造致使传统农业模式和土地制度仍然占主导地位。一方面，工业生产无法带动农业生产部门的发展，并且初级产品的出口成为拉动经济发展和工业起步的主力军。此外，初级产品出口为主的经济发展现象并不能满足农民的要求，农村生活的艰辛迫使农村劳动力大量涌入城市，致使农村经济发展落后。

（二）典型国家：墨西哥城市化发展

1940 年，墨西哥进入城市化快速发展的阶段，1950—1980 年城镇化率从 42.6%达到 66.3%，基本已经接近欧洲城镇化发展水平，2008 年城镇化率提升至 77.2%，赶超意大利、日本等发达国家。对比欧洲国家城镇化的进程，我们可以发现，从 40%的城镇化率提升到 60%，墨西哥却仅仅用了短短 20 年，快速城镇化的弊端也迅速显露出来。①

1. 超前的人口集聚和“去农业化”

20 世纪 60 年代后，经历了土地兼并、经济衰退、外资对农业的全方位垄断以及城市偏向政策，导致大量破产农民被动进入城市谋生。农村劳动力流失和农业比较优势弱化相互促进，大量人口逃离农村，城市贫困人口增加，贫富差距等现实问题凸显。而城市发展缺乏产业支撑，投入严重滞后，基础设施与公共服务不能满足人口大规模集聚的需要。“进口替代战略”的实施和工业体系不完善导致工业化受挫，滞后的工业化进程同农村人口的过早集聚严重不匹配。在首都墨西哥城大街小巷，沿街拉客的低端服务人员、小商小贩十分普遍，但却是进城农民的主要就业形式，政府每年提供的就业岗位与持续增加的青年劳动力供给严重不匹配。流入城市的农村劳动力整体素质偏低，职

① 王文仙：《20 世纪墨西哥城市化与社会稳定探析》，《史学集刊》2014 年第 4 期。

业培训又相对困难，所以虽然劳动力人口较多，但完全不能满足工业化对技术工人的需求，墨西哥58%的就业人口属于非正式就业，既无保险也无福利。究其实质，墨西哥的城市化是农村经济发展没落之后，被动进行的人口向城市转移。农村经济发展落后和教育、医疗等公共服务供给不足，无法满足农村居民正常生活需求，导致农民大量入城，从而导致“去农业化”的城市化运动。①

2.“城市病”与贫民窟

超越工业化发展阶段的城市化进程，导致城市人口超前集聚，仅首都墨西哥城就容纳了大约20%的全国人口。过度城市化造成的城市病日益显现，交通、环境污染、日益加大的贫富差距等社会问题不断累积。墨西哥城市化发展长期偏重效率而忽视公平，导致了大量贫民窟的产生。数据显示，墨西哥居住在贫民窟中的人口达到了1470万人，占墨西哥全国总人口的约20%（李强，2015）。城市的容纳能力有限，而当地政府却没有适时加大投入解决农村移民的居住问题。农村移民大量聚集在城市边缘地带，贫民窟数量和范围也不断扩大。由于政府无力保障贫民窟区基础设施配套以及其子女的教育问题，贫民窟区小学升入初中的比例仅占40%左右，其中能上到高中的仅有20%，能进入大学的只有1%。种种问题导致贫民窟对政府扩张城市化行为的不满，聚众抗议活动频发，同时贫民窟内暴力犯罪活动也十分活跃，城市冲突以及矛盾激化问题十分严重。

3. 社会发展失衡

失衡主要体现在收入分配差距不断扩大和公共服务不均等方面。墨西哥

---

① 农业比较优势的丧失导致墨西哥“去农业化”趋势明显，一方面，大量农民放弃农业生产而流向城市，留在农村务农的劳动力由于教育缺乏，现代农业步履维艰；另一方面，农民投资农业的意愿持续递减。因农业收入只占农户家庭收入的30%左右，自金融危机以来，约50%—60%的农民停止向农业投资。

全国社会政策评估委员会数据显示，截至 2019 年底，墨西哥全国贫困人口达到 7000 万，占人口总数的 56%。这说明，墨西哥人均 GDP 虽然已经过万，但却有超过 50%的个体每天人均生活费不足 1.25 美元。① 此外，墨西哥城市化快速发展的过程中，城市基尼系数由 0.67 上升至 0.78，收入分配差距严重超越了国际公认的警戒线。贫民窟现象与日益严重的收入分配问题成为墨西哥社会发展失衡的两大标志。

墨西哥公共服务起步较早，有一定发展经验，但却缺乏一个有力且稳定的制度保障。政府公共服务局限于个别项目的推动，普遍存在缺乏整体和系统的机制设计，公共服务覆盖范围小，公共资源短缺。面向城市的养老金只提供给正规就业的人，但多数农民进城后难以得到正式工作，大多为非正式、临时就业，因此难以享受到一体化公共服务。

4. 治理体系相对脆弱

20 世纪 80 年代以来的经济、社会和政治转型过程中，墨西哥治理体系呈现动荡和不稳定，体制缺陷日益显现，政府驾驭危机和应对矛盾的能力相对滞后导致社会失望情绪蔓延，尽管采取了一系列改革措施，但在公共服务供给及治理能力方面的弊端依然严重。②

其一，墨西哥人均 GDP 达到高收入国家标准，但发展的包容性却严重不够，农业优势丧失，收入分配不均，贫富差距突出。在治理机制上，政府将更多“关爱”给予了国际巨头和垄断资本，基层民众的被剥夺感和失望情绪不断累积。其二，墨西哥税负主要由中低收入群体承担，税务部门屈服于大资本家。财政收入来源过少，导致基础设施建设缺乏资金支撑，生活水平不高。同时，由于社区分布的分散，医疗教育服务成本大幅增加，本来微薄的财政收入更是

---

① 为了更加准确地反映发展中国家的生活成本，2008 年世界银行制定了每天生活费不足 1.25 美元的新的贫困线标准。

② 袁东振：《墨西哥的政治经济转型与可治理性问题》，《拉丁美洲研究》2010 年第 2 期。

捉襟见肘。其三，加入 NAFTA 后，墨西哥开始实施农业补贴政策，并开展“乡村直接支持计划”，但是项目却并未达到预期目标。因为大部分农业补贴没有真正落实到贫困农民手中，人均耕种面积不足 5 公顷的贫困小农基本没有得到补贴，相反该项目的 42%的补贴落入了大农场主手中①，如 1994 年以来，墨西哥对农民的现金补贴累计达到 200 亿美元，位居拉美国家补贴之首。但 80%的农业补贴被 10%的大农场主得到，大多数小农户很难得到农业补贴。墨西哥农业补贴项目不但没有起到反贫困的作用，反而一定程度上导致了贫困的恶性循环。

（三）墨西哥城市化的经验启示

墨西哥发展中遇到的问题在我国也是存在的。我们应深刻总结墨西哥的经验教训，防止中国陷入“发展中的痛苦”。

1. 直面“中等收入陷阱”，确立民富优先的改革导向

尽管墨西哥还未整体陷入“中等收入陷阱”，但经济社会发展中的严重问题却值得重视。虽然我国与墨西哥相比面临不同的约束条件，但也存在转型进程中“中等收入陷阱”的潜在风险。未来避免“中等收入陷阱”的关键在于推进“民富优先”的改革，综合考虑经济、政治和社会因素，适时调整发展战略和治理体系，改革创新发展模式，不断保持动态比较优势和持久增长动力，推进城乡收入分配平等、发展机会平等及社会包容公正，这是释放社会总需求、优化供给侧结构的重大选择。

2. 让农民工“居无定所”成为历史

尽管墨西哥农民大量进入城市，但限于就业容量及公共服务缺乏，他们并

① 《墨西哥深陷“发展中的痛苦”农业比较优势丧失》，《经济参考报》2011 年 5 月 17 日。

没有真正融入城市中，处于“半城市化”状态，很多社会问题也由此凸显。吸取墨西哥城市化经验教训，我国应积极推进农民工市民化，创造制度条件，优化公共服务，激励农村转移人口特别是农民工融入各级各类城镇，以防“城市化之痛”的发生。

3. 高度重视粮食安全和资本下乡问题

墨西哥加入北美自贸区后，其农业比较优势逐步丧失，大农场主逐渐处于垄断地位，外资的大量涌入，在带来资金、管理和技术的同时，也形成了对墨西哥农业的全方位控制。这种情况不仅威胁到国家粮食安全，而且导致大批普通农民破产，农民被迫放弃农业生产涌入城市。从实际情况看，我国耕地面积持续减少、人口增长、农业基础相对薄弱，自然灾害频发，消费数量不断增加，消费结构不断升级。在全球粮食竞争加剧以及我国加速城镇化进程中，粮食安全问题应引起重视。需要加大基本农田保护力度、推进农业供给侧结构性改革。在鼓励社会多元资本加大农业投入力度的同时，要维护农户家庭在农业经营中的主体地位，防止外部资本或投机性资本过度下乡，借鉴日本和我国台湾等国家和地区对农业采取的特殊保护措施，维护国家农业产业安全，保障农产品持续供给能力。

4. 推进治理能力现代化

墨西哥社会成员对政府充满质疑和失望，政府作用难以得到有效发挥。面对墨西哥的城市化发展经验，我国政府应优化治理结构，维护公共利益，提升政府公信力。治理体系和治理能力现代化，对实现城乡一体化包容发展、实现可持续发展目标以及维护社会和谐具有重要意义。

结 束 语

党的十九大明确了实施乡村振兴战略,走城乡融合发展之路,加快推进农业农村现代化的顶层设计。城乡融合发展理念是我们党在新时代对城乡关系的深刻认识和准确把握,是未来我国城乡关系调整与重塑的行动指南。本书围绕城乡融合发展进程中的新型城乡形态研究这一主题,归纳梳理了我国城乡融合发展演进中已经形成或正在形成的若干典型新型城乡形态,分析这些新型城乡形态形成发展的现状与特点、阶段性特征及主要驱动因素,揭示了不同区域典型城乡形态形成发展的内外部背景、产业组织与空间特征,针对性地提出了城乡融合发展进程中基于资源禀赋、比较优势、要素融合指向的新型城乡形态构建约束和驱动机制和发展路径。

研究的主要观点如下:

一、在城市化、工业化加速进程中,一批新型城乡形态迅速崛起

改革开放以来特别是近20年以来,随着工业化、城市化的加速推进,在城乡要素流动、产业融合、市场化与政府力量协同作用及全球化等因素综合影响下,我国初步形成了一批城乡互补融合发展的典型新型城乡一体化形态。这些新型城乡形态不同于工业化初期城市偏向、重化工业主导的传统对立的城乡关系,而是以城乡融合、产业联动、要素市场开放、空间分工整合为主要特征、包容性发展的城乡关系。这些新型城乡形态包括互联网与现代农业相互

融合形成的"淘宝镇"、"淘宝村"模式;全域规划和土地流转驱动的"全域成都"城乡关系形态;城中村、棚户区改造与城市内部空间整合形成的城市内部城乡融合形态;旅游资源富集区旅游要素整合形成的桂北城乡旅游一体化形态等。毋庸置疑,这些新型城乡形态是不同驱动机制下城乡融合推进因素共同作用的结果,政府与市场、产业与城乡空间、制度变革与资源配置等对城乡一体化形态形成发展的影响至关重要。

二、作为信息时代推进城乡融合的重要平台,淘宝镇、淘宝村等新型城乡关系模式蔚成风气

互联网已广泛渗透到城镇生活的各个层面并向广大农村延伸。互联网塑造了全新的生活形态,改变着人们的生活与工作模式。同样,互联网对城乡之间要素流动、经济发展、文化传播起到举足轻重的作用。农村电子商务发展滞后于城市,但发展迅速。快速崛起的农村电子商务借助网络平台,促进城乡要素市场一体化,引起农业发展方式的转变,促进农民收入水平提高,城乡差距缩小,贫困人口减少。"赶街"模式、遂昌模式、联盟模式、成县模式等新型城乡一体化电商实体与虚拟的有机结合,实体经济与互联网的共同发展,有利于消费水平的提高、内需的扩大,有利于推动农业升级、农村发展、农民增收,加快农村信息化进程和农村一二三次产业深度融合。农村电子商务平台联合密集的乡村信息化网点,通过标准化、集约化管理,市场化运作及跨城乡跨区域跨行业联合,构筑起有序而健康的城乡商业联合体,提高交易规模和效率,优化农村电商环境和氛围,使农民成为电商平台的最大获利者,促使城乡之间要素更快流动、商品和劳务交易成本大幅降低,深化了城乡地域和产业分工,促进城乡一体化发展,进而导致大批淘宝村、淘宝镇为代表的新型城乡关系形态迅速崛起。

三、在"全域规划"的城乡融合实践中,成都经验和模式独树一帜

近 20 年在统筹城乡发展、破除城乡二元结构的实践中,成都的探索可谓独树一帜。在"全域成都"理念和"全域规划"战略引领下,该区域全方位进行

了统筹城乡发展、破除二元结构的实践探索，并找到了一条城乡包容发展、二元结构逐步淡化的创新之路。与全国相比，成都城乡统筹实践不仅释放、挖掘了经济社会发展新动力，而且形成了一批诸如“五朵金花”、“温江模式”等典型城乡一体化新形态。总结成都统筹城乡发展的主要做法，概括起来涵盖以下内容：以实现城乡融合为总体战略目标，在“全域规划”理念引导下，充分发挥企业家与市场的内生资源配置功能，转变政府治理理念与职能，坚持人本、协调、创新、可持续发展原则，统筹制度架构，通盘考虑新型工业化、新型城镇化和农村现代化；优化空间布局，提升城市综合承载力；着力推进“三个集中”、“六个一体化”和农村“四大基础工程”以及一系列配套体制机制的改革与创新，通过科学的顶层设计和实施路径，最终实现“四化融合”。

四、以旅游资源整合和“全域旅游”培育城乡融合发展新形态

作为旅游资源富集区，城乡一体化是适应经济社会向“新常态”转型，深化旅游供给侧结构性改革，推进城乡旅游要素整合，实现“全域、全季、全民休闲”理念和休闲城乡空间全覆盖的重要支撑。桂林是以旅游、现代服务业为主导的国际旅游胜地，以“全域旅游”理念推进旅游要素空间整合，以旅游产业转型升级与新型城镇化互动促进城乡一体化发展，是实现旅游强市、民生改善、生态优先的可行路径。推进农村一、二、三次产业融合发展，打造特色农业休闲服务体系，以核心景区旅游服务集群区、休闲观光农业集聚区、生态农业集聚区为单元，以生态环保、食品安全、特色效益、高效利用资源为导向，推进农村六次产业融合发展，形成连接城乡的旅游产业—旅游服务链条，引导阳朔、恭城、龙胜、兴安等全面进入国家特色小镇、城乡一体化旅游示范镇行列。

五、城中村、棚户区改造是推进城市内部城乡融合发展的切入点

城中村、棚户区改造是推进我国城乡统筹战略的重要组成部分，是着力于解决快速城镇化进程中形成的城市内部二元结构，促进城市内部城乡一体化发展的重大民生工程和城镇化质量提升工程。城中村、棚户区改造可有效排除城市内部制度壁垒，创造新的经济增长点，是实现约一亿人在中西部地区就

近城镇化的重要举措。城中村改造是一项复杂的系统工程,由于各地城中村形成的原因、特征及问题不尽相同,因此城中村改造的路径和模式也在“因城施策”的探索中砥砺前行。大致而言,我国城中村改造一般采用以下四种模式,即政府主导的改造模式,开发商主导的改造模式,城中村村民主导的改造模式,政府引导、市场主导、居民参与的多元化改造模式。不同改造模式各具优缺点,适用范围、适用的现实条件也不尽相同。

六、中国城乡融合发展进程中新型城乡形态的形成,面临结构优化与制度转型的多重目标

二元经济社会向一元经济社会结构转变,既是生产力发展的过程,更是制度规则不断调整的过程。需要从降低城乡通勤成本和资本、技术、信息等交流成本的角度统筹规划空间结构;从产业结构、产业布局和产业组织角度统筹规划城乡产业形态;从制度角度促进解决城乡一体化进程中城乡公共服务、基础设施水平、社会保障体系等方面的不均衡,并为城乡空间形态和产业形态的规划实施提供制度保障。城乡融合发展是市场手段和政府干预各司其职、相得益彰的发展过程。城乡融合发展是目标和过程的统一,是制度与市场相互补充不断深化的系统性工程,要求经济、社会、环境等方面实现协同发展。虽然不同时期市场和制度激励的重点不同,但制度建设和制度创新需贯穿于整个过程,以保障该系统性工程的不断深化。

不足与展望:

在我国,由于自然条件、历史路径、制度因素以及发展差距,城乡融合发展形态注定是一个极其复杂的实践过程,新旧模式不断更替的同时,驱动机制、矛盾与问题、演变态势也不尽相同。本书只是针对近年形成的城乡融合发展若干典型形态或发展模式进行了初步研究,面对新型城乡关系不断形成的实践,本研究深感任务艰巨且力不从心,仍有不少内容值得继续深入剖析梳理。除此以外,还有诸如城市群驱动的新型城乡融合形态、开发区和产城融合驱动的城乡融合形态等,限于研究力量,本研究并没有涉及。亦即,本研究在处理

归纳主要城乡形态数量过多而超出课题研究的承受能力或过少而缺乏代表性的矛盾方面，仍然没有实现很好的兼顾。

现阶段，我国新型城乡关系形态在快速形成的同时，发展中也面临一系列问题和挑战，当下最迫切的问题包括城乡之间收入差距、基础设施与公共服务差距；获取资源与分配的机会不均等、行政壁垒和空间不平衡；城市内部隐含于城中村、棚户区等非正式空间的多层"次级二元结构"等。本书虽然尽可能将上述问题融入城乡关系形态进行分析，试图找到破解瓶颈的切入点，但限于数据获取、调查的复杂性和相对繁重的工作量，对一些内容的评价、归纳或政策建议，可能出现主观认识和判断上的偏差。这些缺陷与不足也是本书有待进一步完善的目标和努力的方向。

今后针对相关问题的进一步研究中，需要继续深入分析城乡融合发展空间形态、产业形态和制度形态等三种具体形态的构成因素、影响参数及其相关评价指标的选取，尽可能将研究纳入逻辑一致的研究框架；在城市化和城乡融合发展实践中，从全国范围寻找更加具有创新和示范效应的城乡融合形态，加强不同城乡形态之间的深层对比分析；针对区域异质性、结构复杂性特点，强化城乡融合形态的特殊性、驱动机制和比较优势研究，不断探索并提出优化各城乡融合形态长期健康发展的对策措施。

参考文献

一、中文文献

1.国务院发展研究中心:《中国:推进高效、包容、可持续的城镇化》,中国发展出版社2014年版。

2.方创琳:《城乡融合发展机理与演进规律的理论解析》,《地理学报》2022年第4期。

3.国务院发展研究中心课题组:《从城乡二元到城乡一体——我国城乡二元体制的突出矛盾与未来走向》,《管理世界》2014年第9期。

4.任迎伟、胡国平:《城乡统筹中产业互动研究》,《中国工业经济》2008年第8期。

5.刘彦随:《中国新时代城乡融合与乡村振兴》,《地理学报》2018年第4期。

6.罗楚亮:《城乡分割、就业状况与主观幸福感差异》,《经济学季刊》2006年第3期。

7.蔡昉:《改革时期农业劳动力转移与重新配置》,《中国农村经济》2017年第10期。

8.魏后凯:《深刻把握城乡融合发展的本质内涵》,《中国农村经济》2020年第6期。

9.郑文哲、郑小碧:《中心镇推进城乡一体化的时空演进模式研究:理论与实证》,《经济地理》2013年第6期。

10.张永岳、陈承明:《论城乡一体化的理论与实践——兼论中国特色城乡一体化的联动机制》,《毛泽东邓小平理论研究》2011年第3期。

11.潘泽泉:《中国城市流动人口的发展困境与社会风险——社会排斥与边缘化的生产和再生产》,《战略与管理》2004年第1期。

12.戴宾:《新型城乡形态的内涵及其建构》,《财经科学》2011 年第 12 期。

13.张建华:《城乡一体化进程中的新型城乡形态》,《农业经济问题》2010 年第 12 期。

14.叶裕民、焦永利;《中国统筹城乡发展的系统架构与实施路径——来自成都实践的观察与思考》,中国建筑工业出版社 2013 年版。

15.吴一洲:《转型时代城市空间演化绩效的多维视角研究》,中国建筑工业出版社 2013 年版。

16.李泉:《全球化时代的城乡一体化发展——兼论中国城乡一体化发展中的新型城乡形态》,《贵州社会科学》2014 年第 3 期。

17.张红宇:《城乡居民收入差距的平抑机制:工业化中期阶段的经济增长与政府行为选择》,《管理世界》2004 年第 4 期。

18.张车伟:《农村劳动力转移与新农村建设》,《中国农村经济》2006 年第 7 期。

19.张文、徐小琴:《城乡劳动力市场一体化理论初探:内涵、特征与实现条件》,《求实》2011 年第 9 期。

20.马晓河:《建国 60 年农村制度变迁及其前景判断》,《改革》2009 年第 10 期。

21.张勇:《城乡发展一体化进程中的制度供给与农民需求——基于湖北省鄂州市土地流转调查的实证分析》,《学习与实践》2013 年第 12 期。

22.陈美球、刘桃菊:《城乡发展一体化目标下的农村土地制度创新思考》,《中国土地科学》2013 年第 4 期。

23.梁琦、陈强远、王如玉:《户籍改革、劳动力流动与城市层级体系优化》,《中国社会科学》2013 年第 12 期。

24.林刚:《中国工农——城乡关系的历史变化与当代问题》,《中国农村观察》2014 年第 5 期。

25.余向华、陈雪娟:《中国劳动力市场的户籍分割效应及其变迁——工资差异与机会差异双重视角下的实证研究》,《经济研究》2012 年第 12 期。

26.王亮:《北京市城乡建设用地扩展与空间形态演变分析》,《城市规划》2016 年第 1 期。

27.闫小培、毛蒋兴:《高密度开发城市的交通与土地利用互动关系——以广州为例》,《地理学报》2004 年第 5 期。

28.刘守英:《中国城乡二元土地制度的特征、问题与改革》,《国际经济评论》2014 年第 3 期。

29.曹现强、朱明艺:《城市化进程中的城乡空间正义思考》,《理论探讨》2014 年第

1 期。

30.罗光华:《城乡治理体系的现代化与乡村治理能力塑造》,《当代世界与社会主义》2014 年第 6 期。

31.刘永强等:《城乡一体化发展背景下中国农村土地管理制度创新研究》,《经济地理》2013 年第 10 期。

32.魏佳容:《城乡一体化导向的生活垃圾统筹治理研究》,《中国人口·资源与环境》2015 年第 4 期。

33.朱贵水、朱泓宇:《城乡一体化背景下村级治理机制研究——以成都为例》,《农村经济》2014 年第 6 期。

34.王丽惠:《控制的自治:村级治理半行政化的形成机制与内在环境——以城乡一体化为背景的问题讨论》,《中国农村观察》2015 年第 2 期。

35.刘卫平:《论统筹城乡发展中社会管理的协同治理》,《江西社会科学》2013 年第 7 期。

36.李慧芳、孙津:《城乡统筹中新型城市形态创制的要素关系》,《中国人口·资源与环境》2008 年第 2 期。

37.罗丹、严瑞珍、陈洁:《不同农村土地非农化模式的利益分配机制比较研究》,《管理世界》2004 年第 9 期。

38.张合林、郝寿义:《城乡统一土地市场制度创新及政策建议》,《农业经济导刊》2007 年第 7 期。

39.谭丹、黄贤金等:《中国土地市场化程度及其影响因素分析城市科学》,《城市问题》2008 年第 1 期。

40.张曙光:《破解中央与地方“土地博弈”困局》,《探索》2009 年第 2 期。

41.冀县卿、钱忠好:《论我国征地制度改革与农地产权制度重构》,《农业经济问题》2007 年第 2 期。

42.田光明、曲福田:《中国城乡一体土地市场制度变迁路径研究》,《中国土地科学》2010 年第 2 期。

43.夏南凯、王岱霞:《我国农村土地流转制度改革及城乡规划的思考》,《城市规划学刊》2009 年第 3 期。

44.李晓曼、张顺:《中国城乡二元体制的形成及其变革》,《经济与管理研究》2013 年第 4 期。

45.[美]刘易斯·芒福德:《城市发展史:起源、演变与前景》,倪文彦、宋峻岭译,中国建筑工业出版社 1989 年版。

46.[英]埃比尼泽·霍华德:《明日的田园城市》,金经元译,商务印书馆 2009 年版。

47.[美]刘易斯:《二元经济论》,施炜等译,北京经济学院出版社 1989 年版。

48.高帆:《二元经济结构理论最新进展》,《经济学动态》2003 年第 9 期。

49.周民良:《增长极理论与西方的区域政策》,《中国工业经济研究》1994 年第 7 期。

50.李美云:《国外产业融合研究新进展》,《外国经济与管理》2005 年第 6 期。

51.杨荣南:《城乡一体化及其评价指标体系初探》,《城市研究》1997 年第 2 期。

52.顾益康、许勇军:《城乡一体化评估指标体系研究》,《浙江社会科学》2004 年第 6 期。

53.洪银兴:《城乡差距和缩小城乡差距的优先次序》,《经济理论与经济管理》2008 年第 2 期。

54.刘红梅、张忠杰、王克强:《中国城乡一体化影响因素分析——基于省级面板数据的引力模型》,《中国农村经济》2012 年第 8 期。

55.朱允卫、黄祖辉:《经济发展与城乡统筹互动关系的实证分析——以浙江省为例》,《农业经济问题》2006 年第 5 期。

56.焦必方、林娣、彭婧妮:《城乡一体化评价体系的全新构建及其应用——长三角地区城乡一体化评价》,《复旦学报(社会科学版)》2011 年第 4 期。

57.李志杰:《我国城乡一体化评价体系设计及实证分析——基于时间序列数据和界面数据的综合考察》,《经济与管理研究》2009 年第 12 期。

58.廖其成:《大力推进城乡发展一体化建设》,《求实》2013 年第 6 期。

59.贾兴梅、刘俊杰、贾伟:《城乡一体化与经济增长的空间计量分析》,《城市规划》2015 年第 2 期。

60.凌守兴:《我国农村电子商务产业集群形成及演进机理研究》,《商业研究》2015 年第 1 期。

61.崔丽丽、王骊静、王井泉:《社会创新因素促进“淘宝村”电子商务发展的实证分析——以浙江丽水为例》,《中国农村经济》2014 年第 12 期。

62.李艳菊:《论我国农业电子商务发展动力机制与策略》,《求索》2015 年第 3 期。

63.李育林、张玉强:《我国地方政府在“淘宝村”发展中的职能定位探析——以广东省军埔村为例》,《科技管理研究》2015 年第 10 期。

64.郭承龙:《农村电子商务模式探析——基于淘宝村的调研》,《经济体制改革》2015 年第 5 期。

65.岳欣:《推进我国农村电子商务的发展》,《宏观经济管理》2015 年第 10 期。

66.郑亚琴、郑文生:《关于构建农村电子商务评价指标体系的探讨》,《技术经济》2007 年第 3 期。

67.郑亚琴:《我国农村电子商务区域基础设施发展水平的主成分聚类分析》,《中国科技论坛》2007 年第 1 期。

68.赵志田、何永达、杨坚争:《农产品电子商务物流理论构建及实证分析》,《商业经济与管理》2014 年第 7 期。

69.胡俊波:《农产品电子商务发展模式研究:一个模式构想》,《农村经济》2011 年第 6 期。

70.周丹、王德章:《"互联网+农产品流通"融合发展研究》,《学术交流》2015 年第 1 期。

71.何广文、何婧:《农商行电商平台发展》,《中国金融》2015 年第 2 期。

72.许婵、吕斌、文天祚:《基于电子商务的县域就地城镇化与农村发展新模式研究》,《国际城市规划》2015 年第 1 期。

73.贾华强:《用"沙集模式"化解"三农"问题》,《理论视野》2012 年第 2 期。

74.李艳菊:《论我国农业电子商务发展动力机制与策略》,《求索》2015 年第 3 期。

75.戴宾、邓立新:《基于建设世界现代田园城市的成都空间发展思路与对策》,《城市发展研究》2011 年第 8 期。

76.缪小林等:《城乡公共服务:从均等化到一体化——兼论落后地区如何破除经济赶超下的城乡"二元"困局》,《财经研究》2016 年第 7 期。

77.曾悦:《三分编制七分管理——成都城乡统筹规划经验总结》,《城市规划》2012 年第 6 期。

78.范逢春:《农村公共服务多元主体协同治理的实证研究——对"成都模式"的检验》,《经济体制改革》2014 年第 2 期。

79.姜晓萍:《统筹城乡中基本公共服务均等化研究——以四川省成都市为例》,《社会科学研究》2012 年第 6 期。

80.四川省社会科学院课题组:《成都新型城乡形态构建研究》,《经济体制改革》2010 年第 5 期。

81.陈艺:《工业化、城镇化与农业现代化协调发展研究——以统筹城乡综合配套改革试验区成都为例》,《农村经济》2014 年第 3 期。

82.郭风华等:《成都"五朵金花"乡村旅游地形象认知——基于博客游记文本的分析》,《旅游学刊》2015 年第 4 期。

83.李莺莉、王灿:《新型城镇化下我国乡村旅游的生态化转型探讨》,《农业经济问题》2015 年第 6 期。

84.保继刚、钟新民:《桂林市旅游发展总体规划 2001—2020 年》,中国旅游出版社 2011 年版。

85.周玲强:《国际旅游城市指标体系研究——以杭州市为例》,航空工业出版社 2004 年版。

86.白永秀等:《国际视野下中国城乡发展一体化模式研究》,中国经济出版社 2013 年版。

87.王开泳、陈田:《半城市化地区城乡一体化协调发展模式研究——以成都市双流县为例》,《地理科学》2008 年第 2 期。

88.王万茂等:《城乡土地资源利用的合理规划研究》,《资源科学》2002 年第 1 期。

89.顾朝林、李阿琳:《从解决“三农”问题入手推进城乡发展一体化》,《经济地理》2013 年第 1 期。

90.毛通:《城乡社会保障一体化评价体系研究及实证分析》,《社会保障研究》2012 年第 1 期。

91.魏立华、阎小培:《中国经济发达地区城市非正式移民聚居区——“城中村”的形成与演进——以珠江三角洲城市为例》,《管理世界》2005 年第 8 期。

92.冯健等:《快速城市化地区城乡关系协调研究——以广州市“城中村”改造为例》,《城市规划》2004 年第 3 期。

93.李立勋:《广州市城中村形成及改造机制研究》,中山大学博士学位论文,2001 年。

94.周新宏:《城中村问题:形成、存续与改造的经济学分析》,复旦大学博士学位论文,2007 年。

95.孟维华、周新宏、诸大建:《城中村改造中的“市场失灵”和“政府失灵”及防止途径》,《城市问题》2008 年第 10 期。

96.刘昕:《深圳城市更新中的政府角色与作为——从利益共享走向责任共担》,《国际城市规划》2011 年第 1 期。

97.白永秀、王颂吉:《城乡发展一体化的实质及其实现路径》,《复旦学报》2013 年第 4 期。

98.陈钊:《面向和谐发展的城乡融合:目标、难点与突破》,《国际经济评论》2015 年第 3 期。

99.黄小明:《收入差距、农村人力资本深化与城乡融合》,《经济学家》2014 年第

1 期。

100.叶裕民:《特大城市包容性城中村改造理论架构与机制创新——来自北京和广州的考察与思考》,《城市规划》2015 年第 8 期。

101.赵常兴:《社会转型期城中村形成的制度性因素探析》,《当代经济》2011 年第 3 期。

102.何元斌、林泉:《城中村改造中的主体利益分析与应对措施——基于土地发展权视角》,《地域研究与开发》2012 年第 4 期。

103.张侠、赵德义、朱晓东等:《城中村改造中的利益关系分析与应对》,《经济地理》2006 年第 3 期。

104.陶海燕、周淑丽、卓莉:《城中村有序改造的群决策——以广州市城中村改造为例》,《地理研究》2014 年第 7 期。

105.汪丽、李九全:《西安城中村改造中流动人口的空间剥夺——基于网络文本的分析》,《地域研究与开发》2014 年第 4 期。

106.左为、吴晓、汤林浩:《博弈与方向:面向城中村改造的规划决策刍议——以经济平衡为核心驱动的理论梳理与实践操作》,《城市规划》2015 年第 8 期。

107.孙华、吴瑶、管宁:《城中村改造利益相关方的利益均衡分析》,《中国人口·资源与环境》2014 年第 3 期。

108.李润国、赵青、王伟伟:《新型城镇化背景下城中村改造的问题与对策研究》,《宏观经济研究》2015 年第 8 期。

109.贾生华、郑文娟、田传浩:《城中村改造中利益相关者治理的理论与对策》,《城市规划》2011 年第 5 期。

110.蔡玉梅、李天威、王昊:《中国和欧盟土地利用规划环境影响评价对比研究》,《地理科学进展》2008 年第 3 期。

111.陈晓华、张小林、梁丹:《国外城市化进程中乡村发展与建设实践及其启示》,《世界地理研究》2005 年第 3 期。

112.谈明洪等:《英国城市绿化带土地利用及其对中国的启示——以斯佩尔索恩区为例》,《地理科学进展》2012 年第 1 期。

113.胡娟、朱喜钢:《西南英格兰乡村规划对我国城乡统筹规划的启示》,《城市问题》2006 年第 3 期。

114.汤爽爽:《法国光辉 30 年领土整治中的"均衡化"政策》,《国际城市规划》2013 年第 3 期。

115.李玉磊、李华、肖红波:《国外农村一二三产业融合发展研究》,《世界农业》

2016 年第 6 期。

116.蔡宗夏:《法国的领土整治及其特点》,《地理与地理信息科学》1987 年第 3 期。

117.卓健、刘玉民:《法国城市规划的地方分权——1919—2000 年法国城市规划体系发展演变综述》,《国外城市规划》2009 年第 1 期。

118.刘健:《基于城乡统筹的法国乡村开发建设及其规划管理》,《国际城市规划》2010 年第 2 期。

119.叶剑平、毕宇珠:《德国城乡协调发展及其对中国的借鉴——以巴伐利亚州为例》,《中国土地科学》2010 年第 5 期。

120.傅阳:《从德国城乡建设的经验看江苏省城市化战略的实施》,《东南大学学报(自然科学版)》2005 年第 1 期。

121.郭永奇:《国外新型农村社区建设的经验及借鉴——以德国、韩国、日本为例》,《世界农业》2013 年第 3 期。

122.孟广文等:《二战以来联邦德国乡村地区的发展与演变》,《地理学报》2011 年第 12 期。

123.李勤、张元红、张军:《国外城乡统筹实践及其启示》,《世界农业》2009 年第 6 期。

124.龙花楼、胡智超、邹健:《英国乡村发展政策演变及启示》,《地理研究》2010 年第 8 期。

125.李恩平:《韩国城市化的路径选择与发展绩效》,中国商务出版社 2006 年版。

126.任军利、张强:《日本、韩国政府在农业发展中的作用及其对我国的启示》,《农业经济》2011 年第 6 期。

127.邹璇:《城乡统筹综合配套改革纵深拓展研究》,西南财经大学出版社 2014 年版。

128.白永秀:《国际视野下中国城乡发展一体化模式研究》,中国经济出版社 2013 年版。

129.陈昭玖等:《韩国新村运动的实践及对我国新农村建设的启示》,《复印报刊资料:农业经济导刊》2006 年第 2 期。

130.雷俊忠、饶开宇、谭静:《中国农业现代化建设的理论与实践》,电子科技大学出版社 2011 年版。

二、外文文献

1.Spilimbergo A., Ubeda L., “A Model of Multiple Equilibria in Geographic Labor

Mobility", Journal of Development Economics, Vol.73, 2004.

2.Plater T., Ginsburg N., Koppel B., "The Extended Metropolis: Settlement Transition in Asia", Journal of Asian Studies", Vol.51, 1991.

3.Bas Van Bavel, Tine De Moor, Jan Luiten Van Zanden, The Institutional Organization of Land Market, Londen: Cambridge University Press, 2008.

4.Sauer, S., "Market-led 'Agrarian Reform' in Brazil: a Dream has Become a Debt Burden", Progress in Development Studies, Vol.9, 2009.

5.Harder G., "The Role of National Rural Organization and Agricultural Extension Services in Relation to Women", Tiers Monde, Vol.26, 1985.

6.Chen X.Y., "Spatial Structure Reorganization of Hengyang City Based on Interaction Between Urban and Rural Area—Theory and Practice", Scientia Geographica Sinica, Vol. 25, 2005.

7.Preston D., "Rural-urban and Inter-settlement Interaction: Theory and Analytical Structure", Area, Vol.7, 1975.

8.Rondinelli, Dennis A., "Applied Methods of Regional Analysis: The Spatial Dimensions of Development Policy", Colorado, Westview, 1985.

9.Unwin T., "Agricultural Restructing and Integrated Rural Development in Estonia", Journal of Rural Studies, Vol.13, 1997.

10.Plater T., Ginsburg N., Koppel B., "The Extended Metropolis: Settlement Transition in Asia", Journal of Asian Studies, Vol.51, 1991.

11.Sibbons J.L.H., Boudeville J.R., "Problems of Regional Economic Planning", Geographical Journal, Vol.133, 1967.

12.Kuklinski A., Petrella R., Growth Poles and Regional Policies, 1972.

13.Rapach D.E., Strauss J. K., "Regional Economic Development ", Nature, Vol. 208, 1965.

14.Arjomand S.A., Halliday F., "Iran: Dictatorship and Development", Contemporary Sociology, Vol.10, 1981.

15.A, Kevin Honglin Zhang, and S. S. B., "Rural-urban Migration and Urbanization in China: Evidence from Time-series and Cross-section Analyses-Science Direct", China Economic Review, Vol.14, 2003.

16.Long H., Zou J., Liu Y., "Differentiation of Rural Development Driven by Industrialization and Urbanization in Eastern Coastal China", Habitat International, Vol.33, 2009.

17.Luc, Anselin, "Local Geographic Spillovers between University Research and High Technology Innovations" ,Journal of Urban Economics, Vol.42, 1997.

18.Lee L., "A Spatial Dynamic Panel Data Model with Both Time and Individual FixedEffect", Econmertic Theory, Vol.26, 2010.

19. Elhorst J. P., " Spatial Panel Data Models ", Springer Briefs in Regional Science, 2014.

20.McGee T.G., The Emergence of Desakota Regions in Asia: Expanding a Hypothesis, Honolulu: University of Hawail Press, 1991.

21.Clark, B.D., "Garden Cities of Tomorrow", Urban Studies, Vol.4, 1967.

22.Mumford L., "The City in History: its Origins, its Transformations, and its Prospects", Journal of Aesthetics and Art Criticism,Vol.67, 1961.

23.Boeke J.H., Economies and Economic Policy of Dual Societies as Exemplified by Indonesia, New York: Institute of Pacifier Relation, 1953.

24. Lewis W. A., " Economy Development with Unlimited Supplies of Labor ", Manchester School Studies,Vol.7,1954.

25.Ham W.A.,Kleeman M.J., "Size-resolved Source Apportionment of Carbonaceous Particulate Matter in Urban and Rural Sites in Central California ", Atmospheric Environment, Vol.45, 2011.

26.Balomenou C., Maliari M., Lagos D., "Interaction Between Bank Branches, Local Entrepreneurship and Development on Rural and Suburban Areas Regional Unity of Serres", Vol.1, 2012.

27.Satterthwaite D.,Tacoli C., "The Urban Part of Rural Development: The Role of Small and Intermediate Urban Centres in Rural and Regional Development and Poverty Reduction", Vol.1, 2003.

28.Andreas Faludi, "The Application of the European Spatial Development Perspective: Evidence from the North - West Metropolitan Area", European Planning Studies, Vol. 9, 2001.

29.Communities S., Regions, Statistical Yearbook, Office for Official Publications of the European Communities, 2000.

30.Wilson A.G., Haggett P., Cliff A.D., "Locational Analysis in Human Geography: Volume. 1: Locational Models" ,*Journal of the Royal Statistical Society*,Vol.141,1978.

31.Musgrave P., Development and Change, Development and change, Mouton,1969.

32.Wilson G.A.,Buller H., "The Use of Socio-economic and Environmental Indicators in Assessing the Effectiveness of EU Agri-environmental Policy", European Environment, Vol.11, 2010.

33.Garrod B.,Wornell R., Youell R., "Re-conceptualising Rural Resources as Countryside Capital: The Case of Rural Tourism", Journal of Rural Studies, Vol.22, 2006.

34.Ward N., "Actors, Institutions and Attitudes to Rural Development in the UK", World-Wide Fund for Nature, 2000.

35.Bianconi M.,Gallent N., Greatbatch I., "The Changing Geography of Subregional Planning in England", Environment & Planning Government & Policy, Vol.24, 2006.

后　　记

本书是课题团队集体研创的结果。广西师范大学经济管理学院、珠江—西江经济带发展研究院刘俊杰教授拟定写作大纲，最后由刘俊杰、叶允最完成统稿。

各章主要执笔人如下：

第一章，导论，刘俊杰（广西师范大学）

第二章，城乡融合形态研究的理论基础，刘俊杰（广西师范大学）

第三章，我国城乡融合空间格局及发展绩效，刘俊杰（广西师范大学），叶允最（广西金融职业技术学院）

第四章，"互联网+"驱动的城乡一体化形态，刘俊杰（广西师范大学），王己妃（广西师范大学），陈韬（广西师范大学）

第五章，全域规划的城乡关系形态：成都实践，刘俊杰（广西师范大学），谢晓茵（广西师范大学）

第六章，旅游资源富集区城乡一体化：桂林实践，刘俊杰（广西师范大学），彭刚望（广西师范大学）

第七章，城中村改造驱动的新型城乡关系，刘俊杰（广西师范大学），梁煜涛（广西师范大学）

第八章，国外城乡融合典型模式及经验启示，刘俊杰（广西师范大学），梁

文静(广西师范大学)

本书在写作和出版过程中得到朋友以及同事的关心支持,在此表示衷心感谢！特别需要提出感谢的是广西师范大学经济管理学院、珠江—西江经济带研究院钟学思教授,人民出版社吴广庆老师,他们的热心督促以及细致入微的后续工作,是本项研究得以顺利出版的保障。鉴于本书撰写涉及多个作者,受制于专业背景及认知程度,疏漏乃至错误在所难免,在文责自负的原则下,恳请读者提出宝贵的批评意见。

刘俊杰

2023 年 4 月 10 日桂林

责任编辑：吴广庆
封面设计：胡欣欣

图书在版编目(CIP)数据

我国城乡融合发展基本格局及典型形态研究/刘俊杰 等 著. —
北京:人民出版社,2023.8
ISBN 978-7-01-025788-4

Ⅰ.①我… Ⅱ.①刘… Ⅲ.①城乡建设-经济发展-研究-中国
Ⅳ.①F299.21

中国国家版本馆 CIP 数据核字(2023)第 119377 号

我国城乡融合发展基本格局及典型形态研究

WOGUO CHENGXIANG RONGHE FAZHAN JIBEN GEJU JI DIANXING XINGTAI YANJIU

刘俊杰 等 著

人民出版社 出版发行
(100706 北京市东城区隆福寺街 99 号)

北京九州迅驰传媒文化有限公司印刷 新华书店经销

2023 年 8 月第 1 版 2023 年 8 月北京第 1 次印刷
开本:710 毫米×1000 毫米 1/16 印张:17.75
字数:260 千字

ISBN 978-7-01-025788-4 定价:69.00 元

邮购地址 100706 北京市东城区隆福寺街 99 号
人民东方图书销售中心 电话 (010)65250042 65289539